All New Edition

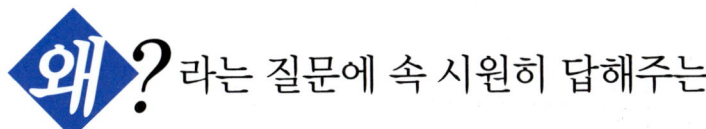

왜? 라는 질문에 속 시원히 답해주는

중국어문법책

원저 相原茂·石田知子·戸沼市子　감수 김준헌　해설 박귀진·민병석

왜? 라는 질문에 속시원히 답해주는
중국어 문법책 개정2판

초 판 발 행	2001년 3월 5일
개정 1판 발행	2007년 4월 30일
개정 2판 16쇄	2025년 5월 10일
저자	相原茂, 石田知子, 戸沼市子
감수	김준헌
해설	박귀진, 민병석
편집	최미진, 연윤영, 徐洁
펴낸이	엄태상
디자인	진지화
콘텐츠 제작	김선웅, 장형진
마케팅본부	이승욱, 노원준, 조성민, 이선민
경영기획	조성근, 최성훈, 김로은, 최수진, 오희연
물류	정종진, 윤덕현, 신승진, 구윤주
펴낸곳	시사중국어사(시사북스)
주소	서울시 종로구 자하문로 300 시사빌딩
주문 및 문의	1588-1582
팩스	0502 989-9592
홈페이지	http://www.sisabooks.com
이메일	book_chinese@sisadream.com
등록일자	1988년 2월 12일
등록번호	제300 - 2014 - 89호

ISBN 978-89-7364-681-4 14720
　　　978-89-7364-527-5(set)

ⓒ 2007 相原茂 石田知子 戸沼市子
『Why? にこたえるはじめての中国語の文法書』
株式会社同学社 라이선스 독점 출판

* 이 책의 내용을 사전 허가 없이 전재하거나 복제할 경우 법적인 제재를 받게 됨을 알려 드립니다.
* 잘못된 책은 구입하신 서점에서 교환해 드립니다.
* 정가는 표지에 표시되어 있습니다.

머리말

이 책에는 **몇 가지 특징**이 있다.

> ▶ 어떤 이유로 그렇게 되는지 Why?라는 의문에 답을 해준다.
> ▶ 단어와 문장의 뜻이 적혀 있어 사전 없이 혼자 공부할 수 있다.
> ▶ 문법 사항이 장(章)마다 정리되어 있어 외우기 쉽다.

이 중에서 가장 중요한 것은 맨 처음의 것이다. 도대체 왜 그렇게 되는지, 중국어를 배워가다 보면 여러 가지 의문점과 궁금증이 생긴다. 이 책은 그런 의문에 충실히 답하려고 노력했다. 중국어의 문법책 중에서 이런 시도는 처음이라 생각된다.

중국어에서는 '이해하는' 것이 중요하다. 문법 혹은 어법 규칙이 왜 그렇게 되는지를 확실히 짚고 넘어가야 한다. 어떤 일이든 사람이 이치를 깨닫지 않고는 외울 수 없다. 자신이 납득하지 못한 것은 머릿속에 들어가지 않는 법이다.

다행히 중국어에서는 기계적인 암기가 필요없다. 영어에서처럼 복잡하게 격변하는 시제, '3인칭-단수-현재' 등 암기사항은 거의 없다. 이런 점에서 중국어는 입문(入門)하기 쉬운 언어다. 그래서일까, 중국어 인구는 크게 늘었으나 대부분은 초급에 머물러 있다.

이유는 여러 가지가 있을 것이다. 리스닝을 더 많이 하라든가, 회화에 더 힘을 기울이라는 등의 이야기를 많이 하는데, 다 옳은 말씀이다. 개인적으로는 '공부의 양' 자체가 부족하다고 본다. 듣기에서부터 회화, 읽기, 그리고 훈련에 이르기까지 모두 부족한 것이다.

어떤 언어든 열정을 가지고 덤벼들지 않으면 진정한 달인(達人)이 될 수 없다. 이 책은 진정으로 중국어를 공략하려는 사람, '달인'의 수준을 목표로 한 것이다. 그 결과 이런 책이 되었다. 나는 이것이 표준이라고 생각한다. 이 책에 있는 것쯤은 알아두어야 한다.

끝으로, 바쁘신 가운데에도 이 책의 중국어 교열을 보아준 李孫華(중국 수도사범대학)씨와 陳愛玲(일본 중앙대학)씨, 그리고 방대한 양의 일러스트를 기분좋게 그려준 富田淳子씨에게 감사드린다.

일본 오차노미즈대학 연구실에서 저자

머리말 · 3
중국어의 기초지식 · 9

01 명사 · 수사 · 양사　024
01 명사　02 물건 세는 법 | 단수 · 복수 | 10까지의 수와「몇 개」|「1권」|'二'과 '两'| 의문대명사 '几'

02 시간 · 연월일 · 돈　033
01 100까지의 숫자　02 년 · 월 · 일 · 요일　03 오전(오후) ~시 ~분　04 어제 · 오늘 · 내일　05 시량과 시점 '一天'과 '一号'　06「얼마죠?」　07 명사술어문

03 지시대명사와 인칭대명사　041
01 지시대명사 '这', '那', '哪'　02 인칭대명사 '我', '你', '他'와 '们'　03 친족 호칭　04 관형어와 '的 ~의' | 관형어와 중심어 | 소유 · 소속을 뜻하는 '的' |'的'의 생략 |「~의 (것)」　05 여러 개의 관형어를 나열하는 법　06「나의 누이」, 「나와 누이」, 「나의 누이, 燕燕」

04 여러 가지 숫자 표현　048
01 한 · 중의 수 체계　02 분수와 퍼센트　03 소수　04 배수　05 대략의 수　06 서수

05 여러 가지 형용사와 구별사　057
01 성질형용사와 상태형용사 | 성질형용사 | 상태형용사　02 성질형용사+'的'　03 여러 개의 수식어를 나열하는 법　04 구별사

06 형용사술어문　067
01 형용사술어문 만드는 법 | 상태형용사 | 성질형용사　02 부정　03 의문문 |'吗'의문문 | 정반의문문 | 선택의문문 '还是' | 의문대명사 '怎么样'　04 주술술어문

07 동사술어문　076
01 동사술어문의 어순 | S+V | S+V+O | S+V+O+O | 상황어+V　02 동사술어문의 부정　03 의문문 만드는 법 |'吗'의문문 | 정반의문문 | 선택의문문 | 의문대명사의문문　04 소유를 나타내는 '有'

08 동사술어문 '是' — 086

01 'A是B'「A는 B이다」 02 부정은 '不是' 03 '是'의 의문문 04 말하는 이의 인정·판단을 나타내는 '是' 05 주술술어문 06 동사(구) + '的'

09 존재의 표현 — 094

01 3종류의 「있다」 문형 | 장소 + 有 + 존재하는 사람/사물 | 존재하는 사람/사물 + 在 + 장소 | 장소 + 是 + 존재하는 사람/사물 | '有'와 '是'의 차이 02 여러 가지 유형의 장소 – 대명사·방위사·명사 | 지시대명사 | 방위사 | 명사 03 명사의 장소성

10 연동문(1) · 중첩형 — 104

01 **연동문 (1)** | 동작이 행해지는 순서대로 | '不'나 '也'는 V₁ 앞에 | 「했다」의 '了₁'는 맨 끝의 V 뒤에 | 연동문이 아닌 '**喜欢看电影**' 02 **중첩형** | 동사의 중첩형 | 형용사의 중첩형 | 수사, 양사, 수량사의 중첩형 | 명사의 중첩형

11 의문문(1) — 113

01 '吗'의문문의 정리 | '吗'의문문의 주의할 점 | 억양(인토네이션)의문문 | 의문대명사를 포함하는 '吗'의문문 02 의문대명사 의문문 | 어순 | '怎么'와 '怎么样(怎样)' | '怎么H'와 '怎么W' | 의문대명사의 활용 03 '多少'와 '几'

12 의문문(2) — 122

01 多 + 형용사 : 얼마나 ~합니까? 02 명사 + '呢'의문문 03 의문대명사 '전체형'과 '분석형' 04 '물음'과 '의문' : 의문문의 2대 분류

13 전치사(개사) — 129

01 전치사의 구조와 역할 02 전치사의 동사 03 중요한 전치사 및 그 용법 | 장소·방향 | 시간 | 대상 | 기타

14 전치사, '是~的'구문 — 136

01 전치사구를 포함하는 문장 | 부정형 | 부정의 범위 | 의문문 02 '是~的'구문 | '是~的'에서 강조되는 것 | 부정형 | 의문문 | 목적어의 후치(後置) | '是'의 생략

15 상용 부사 145

01 부사의 종류 | 의미에 따른 분류 | 문장 중의 위치에 따른 분류 **02 부사의 역할과 특징** | 역할 | 문법적인 특징 **03 상용 부사 해설**

16 문장 성분의 정리 157

01 문장 성분의 기본 순서 02 주어와 술어 | 주어와 술어의 관계 | 동사, 형용사도 그대로 주어로 | 명사도 형태 그대로 술어로 **03 목적어** | 동사와 목적어 | 동사, 형용사도 목적어로 **04 관형어(한정어)와 부사어(상황어)** | 관형어 | 부사어

17 존재·출현·소실의 문장, 비주술문, 명령문 168

01 존현문 | 존재 | 출현 | 소실 | 존재·출현·소실의 문장에 자주 사용되는 동사 **02 비(非)주술문** : 주어가 없는 문장 **03 명령문** | 상대에게 명령·요구 | [동사+着]로 상대에게 요구 | 别, 不要, 甭, 别…了, 少

18 조동사(능원동사) 178

01 주요 조동사 02 조동사의 성질 03 조동사의 의미와 용법 04 조동사의 부정 : 대표 선수의 등장

19 중국어란 어떤 언어? 189

어순에 대해 | '조금 춥다'라는 표현에 대해 | 보어가 발달된 중국어에 대해 | 시제와 동태에 대해 | V-O의 관계에 대해 | 우리말과의 차이점에 대해 | 부사의 중요성에 대해 | 문법용어에 대해 | 중국어의 관용구에 대해 | 동사중심주의에 대해 | 유의어의 관점에 대해 | 어휘력과 청취력에 대해 | 말할 수 있게 된다면 좋겠다

20 진행의 애스펙트(aspect) 201

01 '애스펙트'란 02 중국어의 애스펙트(동태 : 动态) 03 진행형 | '正在…呢'의 다양성 | 부정은 '没有', 의문은 '吗' | 과거·현재·미래 모두 쓸 수 있다

21 지속의 동태 표시 207

01 지속형 | V + '着' | 부정은 '没有' | 의문은 '吗'와 'V着没有' | 과거·현재·미래 모두 사용한다 **02 진행형과 지속형 : 어떻게 다른가?** | 동작의 종류와 모습 | 진행과 지속은 사이가 좋다

22 완료·실현의 동태 213

01 완료·실현형 | V + '了₁' | 부정은 '没有' | 의문은 '吗' 의문문과 정반의문문 02 또 하나의 '了₂' : 어기조사 03 문장을 끝내는 방법 | 수식이 없는 목적어 | (수량사 등) 관형어 + 목적어 | '我写了信'은 뒤에 말이 이어짐

23 경험과 임박의 동태 221

01 경험형 : V + '过' | 긍정 | 부정은 '没(有)' | 의문문 02 '过' : 종결의 '过₂ + 了' 03 임박형 : '要…了' | 다양한 '要…了' | 의문은 '吗', 부정의 대답에는 '还没(…)呢' | 「곧 ~하려 했을 때」

24 '得' 보어 : 정도보어와 양태보어 229

01 정도보어 02 양태보어 | 「달리는 것이 빠르다」 | 목적어가 있을 때 | 부정 | 의문 | 「기뻐서 뛸 듯하다」

25 V + 결과보어 237

01 2단 구성의 결과보어 02 결과보어가 되는 동사와 형용사 03 '了', '过', 목적어 04 부정은 '没(有)' 05 의문 06 동사와의 어깨동무

26 방향보어 246

01 V + 来/去 : 단순형 1류 02 V + V8 멤버 : 단순형 2류 03 V + V8 멤버 + 来/去 : 복합형 04 목적어의 위치 | V +V8 멤버 | '来/去'가 붙은 것 05 부정

27 방향보어의 파생의 255

01 파생의란 02 잘 쓰이는 파생의

28 결과보어·방향보어의 가능형 262

01 사이에 끼어드는 '不'와 '得' 02 부정형을 많이 씀 03 긍정형이 쓰이는 경우 04 '能' '可以'와의 만남 | 「~할 수 없다」 | 「~할 수 있다」 05 목적어의 위치 | 가능형의 뒤 | 방향보어의 복합형 06 가능형으로 잘 쓰이는 것들 07 写得清楚 : 비교해 보면

29 동량·시량·차량 272

01 수량은 동사·형용사 뒤에 02 동량(動量) | 동량사 | 목적어의 위치 | 부정은 '没有' 03 시량(時量) | 시량을 말하는 법 | 지속되는 시량 | 경과된 시량 04 차량(差量)

30 비교 표현법 — 283

01 A跟B一样 : A와 B는 같다 | 비교하는 대상 | 부정 | 의문   02 A有B那么/这么 : A는 B와 거의 같다 | 有 : ~에 달하다 | 부정 | 의문   03 A比B… | 「~보다 ~하다」 | 차량(差量) | '更', '还' | 부정 | 의문   04 최상급

31 把구문 — 292

01 把구문이란 | 把구문의 형태 | 把구문의 의미 | O는 특정, 동사에는 결과의 모습 | 부정 | 의문의 형태 | 把구문의 특징   02 '자리 매김' '변신'의 把구문 | 把 + O + V在/到 + 장소 | 把 + O + V成 + 변신한 것 | 把 + O + V给 + 대상   03 다양한 把구문

32 被구문 — 301

01 피동의 표시 단어가 없는 피동문 : 의미상의 피동문   02 피동 표시 단어가 있는 피동문 | 被 | 让, 叫, 给 | 被(为)…所…   03 把구문과 被구문

33 연동문(2) — 309

01 연동문(2)의 형태   02 V₁의 의미에 따른 분류 | 사역을 나타내는 동사 | 호칭·인정을 나타내는 동사 | '有'를 사용하는 연동문

34 어기조사 · 반어문 — 316

01 어기조사 | 어기조사란 | 상용 어기조사 (1) | 상용 어기조사 (2) | '着呢'와 '来着'   02 반어문

35 복문 · 긴축문 — 328

01 단문과 복문 | 단문 | 복문   02 복문의 유형 | 형태상으로 보면 | 의미관계에서 보면   03 접속사 | 접속사 : 호응의 세 유형 | 편정유형의 접속사 | 동일의문대명사의 호응   04 긴축문

중국어의 기초지식

01   중국어의 발음
02   성조(声调)
03   모음(韵母)
04   자음(声母)
05   결합모음(结合韵母)
06   경성(轻声)
07   성조부호 표기 방법
08   성조의 변화
09   儿化音
10   표기상 기타 중요사항

01 중국어의 발음

Point 1

「한어병음자모(汉语拼音字母)」란

한자밖에 없는 중국어, 그 읽는 법을 어떻게 나타내면 좋을까요? 한자는 눈으로 보고 의미를 알기에는 편리하지만, 아주 중요한 「소리」를 나타내지는 못합니다. 우리의 한글과 같이, 음을 나타내는 어떤 문자가 필요합니다.

이에 중국에서는 1958년 한자 읽는 법을 나타내는 알파벳 로마자 표기법을 제정 공포했습니다. 이를 「한어병음자모」(汉语拼音字母)라고 합니다. 중국의 어린아이가 학교에 들어가면 먼저 이 한어병음자모를 배웁니다.

이 책에서도 이 한어병음자모로 중국어 발음을 표시합니다. 현행 사전이나 교과서, 라디오나 TV의 텍스트 등은 거의 모두가 이 기호로 발음 표시를 하고 있습니다.

Point 2

「간체자(简体字)」란

중국어에서는 한자를 씁니다. 그러나 그 한자는 우리가 쓰는 것과 형태가 다른 것이 있습니다. 꽃은 「花」, 사람은 「人」이라고 하여 우리나라에서 쓰는 한자와 같지만, 말은 「马」, 머리는 「头」로 표기합니다. 이렇게 중국에서 독자적으로 간략화한 한자를 「간체자(简体字)」라고 합니다. 이것은 결코 속자가 아니고, 중국어를 표기하는 정식 글자입니다. 그러나 대만에서는 우리가 쓰는 한자와 같은 「번체자(繁体字)」를 씁니다.

Point 3

우리가 배우는 중국의 「보통어」

우리는 보통「중국어」라고 하지만 중국인은 '한위(汉语)'라 부릅니다. 한(漢)민족의 언어라는 뜻이겠지요. '한위'에는 북경어, 상해어, 광동어 등 다양한 사투리가 포함됩니다. 중국은 방언이 많은 나라입니다. 그러나 사투리만으로는 곤란하겠지요. 한 나라에는 전국 공통의 표준어가 필요합니다. 그래서 널리(普), 통(通)하는 말이라는 뜻의 '보통화(普通话 pǔtōnghuà)'가 정해졌으며, 이것이 라디오나 TV, 신문, 학교 등 공식 장소에서 사용되고 있습니다. 우리가 배우는 것은 바로 이 普通话입니다.

02 성조(声调)

1 성조란

중국어는 음절 하나하나 마다 높낮이의 변화, 즉 올리고 내리는 성조(tone)가 있습니다. 성조에는 4가지 종류가 있는데 이를 「4성(四声)」이라고 부릅니다.
똑같은 음(音)이라도 성조가 다르면 뜻이 완전히 달라집니다.

2 성조의 발음요령

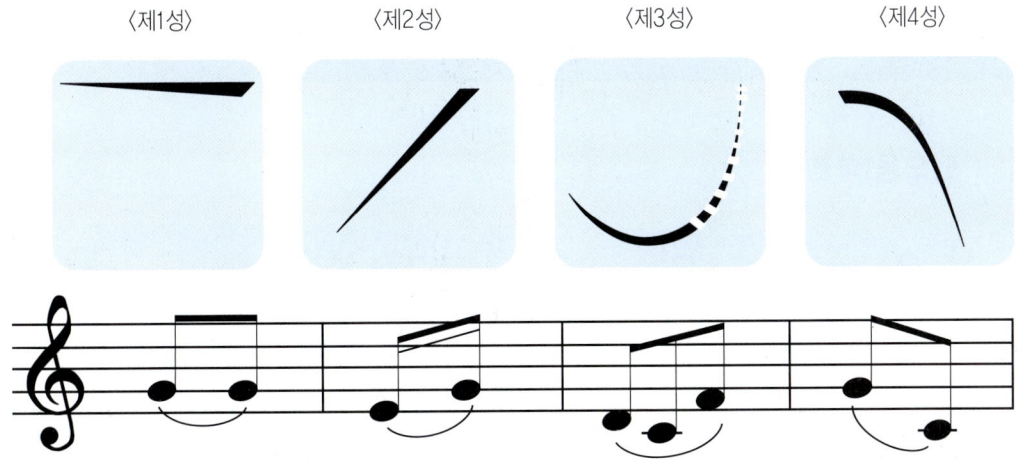

- 제1성   높고 평평하게 끝까지 힘을 빼지 않고 높이를 유지합니다. "야호"라고 높게 발음해 보세요.
- 제2성   단숨에 짧게 끌어올리며 뒤쪽에 힘을 넣습니다. "뭐?"라고 놀라서 되물어 보는 듯한 느낌으로 소리내어 보세요.
- 제3성   숨을 내쉬며 낮게 누른 후 자연스럽게 상승시킵니다. "꺼억" 하고 트림을 하는 듯이 소리내어 보세요.
- 제4성   높은 음 앞 부분에 힘을 주고 툭 떨어뜨립니다. "넷!" 하고 군대식 대답을 하는 것처럼 해보세요.

2 성조부호

- 제1성 mā
- 제2성 má
- 제3성 mǎ
- 제4성 mà

① 성조부호는 모음 위에 표기합니다. 모음이 2개 이상이면 a→e→o→i→u/ü 순서로 표기한다는 걸 기억하세요.
② 경성(轻声)은 가볍고 짧게 앞 발음에다 덧붙이며 부호는 표기하지 않습니다.(단, 사전에서는 병음 앞에 점을 찍어 ·ma와 같이 표기하는 경우도 있습니다.)

03 모음(韵母)

1 단모음(单韵)

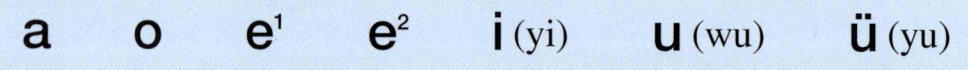

a   o   e¹   e²   i (yi)   u (wu)   ü (yu)

① 모음을 운모(韵母)라고도 합니다.
② i u ü는 자음과 결합하지 않거나 맨 앞에 놓이면 Yi · Wu · Yu로 표기합니다.

a 입을 크게 벌리고 혀를 낮게 하며 밝고 길게 [아] 소리를 냅니다.

o 우리말 [오]의 입 모양으로, [어] 소리를 길게 내어 합성시킵니다.

e¹ (단독으로 쓰이는 경우) 우리말 [으]의 입 모양으로, [어] 소리를 길게 내어 합성시킵니다.

e² (다른 운모와 함께 쓰이는 경우) 우리말 [에]와 동일한 소리입니다.

i 입술을 좌우로 많이 끌어당겨 [이] 소리를 길게 냅니다.

u 우리말 [오]보다 입 모양을 둥글게 하고 입술을 돌출시켜 [우] 소리를 길게 내어 합성시킵니다.

u 발음의 입 모양으로 [이] 소리를 길게 내어 합성시킵니다.
우리말의 복모음 [위]처럼 [우+이]로 발음하면 틀립니다.

2 복모음(复韵)

ai   ei   ao   ou

① 표기상 모음이 2개인 것 같지만 앞쪽이 길고 뒤쪽이 짧은 하나짜리 모음입니다. 결합모음과 혼돈하기 쉽습니다. 예를 들어 ai는 a와 i가 결합된 것이 아닙니다.
② ou 발음은 한국음으로 「와우」가 아닙니다.

ai [아]를 강하고 길게 발음하다 끝을 [이]의 입 모양으로 가볍게 오므립니다.

ei [에]를 강하고 길게 발음하다 끝을 [이]의 입 모양으로 가볍게 오므립니다.

ao [아]를 강하고 길게 발음하다 끝을 [오우]의 입 모양으로 가볍게 오므립니다.

ou 입술을 둥글게 해서 [어] 소리를 길게 발음하다 끝을 [우]의 입 모양으로 가볍게 오므립니다.

3 비모음(附声韵)

an   en   ang   eng   ong

① -n, -ng 발음은 비음을 이용합니다.
② eng, ong은 자음이 꼭 앞에 와야만 발음됩니다.

an [아] 소리를 내다가 혀끝은 윗잇몸에 붙여 [안] 소리를 섞어 발음합니다.

en [어] 비슷한 소리를 내다가 혀끝을 윗잇몸에 붙여 [언] 소리를 섞어 발음합니다.

입을 크게 벌려 안쪽에서 [아] 소리를 내다가 끝까지 입을 크게 벌린 채 [앙] 콧소리를 섞어 발음합니다.

 [어] 비슷한 소리를 내다가 입을 벌린 채 [엉] 콧소리를 섞어 발음합니다.

 입술을 조금 내밀고 [오] 소리를 내다가 [웅] 콧소리를 섞어 발음합니다.

4 권설모음(卷舌韵)

 ① 북방에서 자주 사용되는 음으로 자음이 앞에 오는 경우가 없습니다.

[으] 입 모양으로 [어] 소리를 내며 동시에 혀끝을 가볍게 꼬부려 올린 후 [ㄹ]음을 첨가하여 발음합니다. 이때 혀끝이 입천장에 닿으면 틀립니다. 영어의 r 발음과 비슷합니다.

5 발음연습

모음을 성조에 맞춰 연습해 봅시다.

・ā	á	ǎ	à	・ō	ó	ǒ	ò
・ē	é	ě	è	・yī	yí	yǐ	yì
・wū	wú	wǔ	wù	・yū	yú	yǔ	yù
・āi	ái	ǎi	ài	・ēi	éi	ěi	èi
・āo	áo	ǎo	ào	・ōu	óu	ǒu	òu
・ān	án	ǎn	àn	・ēn	én	ěn	èn
・āng	áng	ǎng	àng	・ēr	ér	ěr	èr

▶ eng, ong은 자음이 앞에 붙어야만 발음되기 때문에 여기서는 연습할 수 없습니다.
▶ 중국의 모음은 길게 늘려 발음합니다.

04 자음(声母)

b(o)	p(o)	m(o)	f(o)
d(e)	t(e)	n(e)	l(e)
g(e)	k(e)	h(e)	
j(i)	q(i)	x(i)	
Zh(i)	ch(i)	sh(i)	r(i)	권설음(卷舌音)
Z(i)	c(i)	s(i)		설치음(舌齿音)

무기음(无气音)　유기음(有气音)

① 자음을 중국어로 성모(声母)라고 합니다.
② ( ) 안의 모음을 첨가해야만 소리를 낼 수 있습니다.
③ 무기음, 유기음 발성에 특별히 주의해야 합니다.
④ f, l, h 발음은 한국음과 많이 다릅니다.
⑤ 권설음은 혀끝을 꼬부려 올려서 소리를 내며, 설치음은 혀를 윗니에 대고 소리를 냅니다.
⑥ zh(i), ch(i), sh(i), r(i)의 i(-으)는 기본모음 i(-이)와는 다릅니다.
⑦ z(i), c(i), s(i)의 i(-으)는 기본모음 i(-이)와는 또 다릅니다.

1 21개의 자음의 발음요령

음의 종류	자음(声母)	발음	발음요령
쌍순음(双唇音) 양입술을 다물었다 떼며 내는 소리	b	bo	[오] 입 모양으로 [뻐] 발음
	p	po	[오] 입모양으로 [퍼] 발음
	m	mo	[오] 입 모양으로 [머] 발음
순치음(唇齿音) 윗니를 아랫입술 안쪽에 살짝 댔다 떼며 내는 소리	f	fo	[오] 입 모양으로 [영어의 f]+[어] 발음 ※한국음은 없음.

설첨음(舌尖音) 혀끝을 윗잇몸에 붙였다 떼면서 내는 소리	d	de	[으] 입 모양으로 [떠] 발음
	t	te	[으] 입 모양으로 [터] 발음
	n	ne	[으] 입 모양으로 [너] 발음
	l	le	[으] 입 모양으로 [러] 발음
설근음(舌根音) 혀뿌리로부터 강하게 마찰하면서 내는「목구멍소리」	g	ge	[으] 입 모양으로 [꺼] 발음
	k	ke	[으] 입 모양으로 [커] 발음
	h	he	[으] 입 모양으로 [허] 발음
설면음(舌面音) 혓바닥 전체를 이용해서 내는 소리	j	ji	입술을 좌우로 끌어당겨 [지] 발음
	q	qi	입술을 좌우로 끌어당겨 [치] 발음
	x	xi	입술을 좌우로 끌어당겨 [씨] 발음
권설음(卷舌音) 혀를 말아올려서 내는 소리	zh	zhi	혀끝을 꼬부려 올리고 [즈] 발음
	ch	chi	혀끝을 꼬부려 올리고 [츠] 발음
	sh	shi	혀를 꼬부려 올리고 [스] 발음
	r	ri	혀끝을 더 뒤로 당겨올리고 [르] 발음
설치음(舌齒音) 혀끝을 윗니와 마찰시켜 내는 소리	z	zi	입을 좌우로 당겨 혀끝을 윗니와 마찰시켜 [쯔] 발음
	c	ci	입을 좌우로 당겨 혀끝을 윗니와 마찰시켜 [츠] 발음
	s	si	입을 좌우로 당기고 혀끝을 윗니와 마찰시켜 [쓰] 발음

2 발음연습1

자음에 모음을 병음하여 1성으로 발음해 봅시다.

- bō   pō   mō   fō
- dē   tē   nē   lē
- gē   kē   hē
- jī   qī   xī
- zhī   chī   shī   rī
- zī   cī   sī

i에 성조를 붙일 때는 "··"을 생략합니다.

3 발음연습2

무기음과 유기음을 구별하여 발음해 봅시다.

① 무기음: bī　　dī　　gū　　jī　　zhū　　zū
② 유기음: pī　　tī　　kū　　qī　　chū　　cū

무기음

유기음

05 결합모음(结合韵母)

1 개음 'i'와 결합

개음 (介音)	단모음(单韵)			복모음(复韵)				비모음(附声韵)					
	a	o	e	ai	ei	ao	ou	an	en	ang	eng	ong
i (yi)	ia (ya)		ie (ye)			iao (yao)	iou (you)	ian (yan)	in (yin)	iang (yang)	ing (ying)	iong (yong)

▶ ( ) 안은 자음없이 단독으로 발음될 경우

● 결합요령

　　　개음　주모음
① 　i　+　a　→　ya　　: 이아
② 　i　+　e　→　ye　　: 이에
③ 　i　+　ao　→　yao　: 이아오우
④ 　i　+　ou　→　you　: 이어우
⑤ 　i　+　an　→　yan　: 이앤
⑥ 　i　+　en　→　yin　: 이인
⑦ 　i　+　ang　→　yang　: 이앙

| ⑧ | i | + | eng | → | ying | : 이잉 |
| ⑨ | i | + | ong | → | yong | : 용 |

▶ 결합모음은 두 음절 중 앞음절(개음)은 짧게 뒤음절(주모음)은 길게 발음합니다.
▶ ④는 자음이 앞에 올 때 예 diou(x) → diu로 표기합니다.
▶ ⑥, ⑧은 결합될 때 발음표시와 발음이 달라집니다.
▶ ⑨는 원래가 ü+eng 으로 개음 ü와 결합되는 경우이나 한어병음 표기상 변화된 모음 ong 을 비모음으로 인정하여 개음 i와 ong 으로 결합되는 경우로 분리했습니다.

2 개음 'u'와 결합

개음 (介音)	단모음(单韵)			복모음(复韵)				비모음(附声韵)				
	a	o	e	ai	ei	ao	ou	an	en	ang	eng	ong
u (wu)	ua (wa)	uo (wo)		uai (wai)	uei (wei)			uan (wan)	uen (wen)	uang (wang)	ueng (weng)	

▶ ( ) 안은 자음없이 단독으로 발음될 경우

● 결합요령

	개음		주모음			
①	u	+	a	→	wa	: 우아
②	u	+	o	→	wo	: 우어
③	u	+	ai	→	wai	: 우아이
④	u	+	ei	→	wei	: 우에이
⑤	u	+	an	→	wan	: 우안
⑥	u	+	en	→	wen	: 우언
⑦	u	+	ang	→	wang	: 우앙
⑧	u	+	eng	→	weng	: 우엉

▶ 결합모음은 두 음절 중 앞음절(개음)은 짧게 뒤음절(주모음)은 길게 발음합니다.
▶ ④, ⑥, ⑧은 자음이 앞에 올 때 예 duei(x) → dui   으로 표기합니다.
　　　　　　　　　　　　　　　　duen(x) → dun
　　　　　　　　　　　　　　　　dueng(x) → dong

3 개음 'ü'와 결합

개음 (介音)	단모음(单韵)			복모음(复韵)				비모음(附声韵)				
	a	o	e	ai	ei	ao	ou	an	en	ang	eng	ong
ü (yu)			üe (yue)					üan (yuan)	ün (yun)			

▶ ( ) 안은 자음없이 단독으로 발음될 경우

● 결합요령

      개음   주모음
① ü + e → yue : 위엔
② ü + an → yuan : 위앤
③ ü + en → yun : 윈

▶ 결합모음은 두 음절 중 앞음절(개음)은 짧게 뒤음절(주모음)은 길게 발음합니다.
▶ ①, ②, ③의 경우 자음 j, q, x 뒤에 ü는 " ¨ "를 떼어내고 u라고만 표기합니다.
   예) jué, qún, xuǎn
▶ ②는 [위안]으로 읽기도 합니다.
▶ 한글표기상 [위]라고 발음을 표시했지만 한국음으로 [위]가 아닙니다. 끝소리가 [이]로 들리면 안됩니다.

4 발음연습1

자음에 결합모음을 병음하여 발음해 봅시다.

① yā → jiā　　　　　　　⑨ yé → bié
② yǎo → biǎo　　　　　　⑩ yǎn → diǎn (표기와 발음이 다름)
③ yīn → jīn　　　　　　　⑪ yāng → jiāng
④ yǐng → qǐng　　　　　　⑫ yóng → xióng
⑤ wā → guā　　　　　　　⑬ wō → duō
⑥ wài → kuài　　　　　　⑭ wān → guān
⑦ wáng → huáng　　　　　⑮ yué → jué
⑧ yuán → quán (표기와 발음이 다름)　⑯ yún → xún

▶ ⑫에서 자음과 결합할 때 i는 ü에 가깝게 발음해야 합니다.
▶ ⑧, ⑮, ⑯에서 j, q, x 뒤에 u는 ü에 해당됩니다.

5 발음연습2

틀리기 쉬운 결합모음을 발음해 봅시다.

- yōu ⟶ diou(×) ⟶ diū
- wèi ⟶ duei(×) ⟶ duì
- wèn ⟶ duen(×) ⟶ dùn
- wēng ⟶ dueng(×) ⟶ dōng

06 경성(轻声)

1 경성

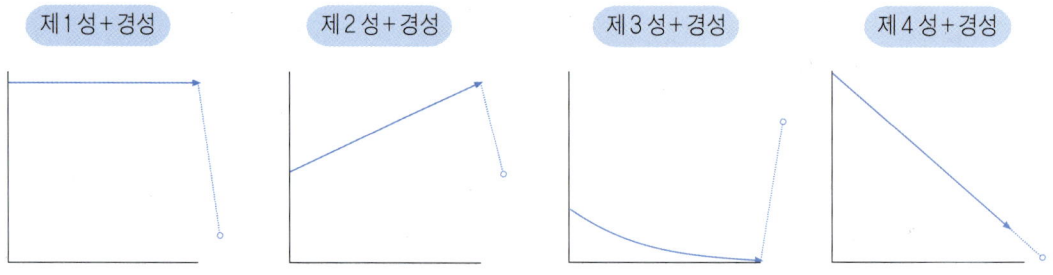

① 경성은 가볍고 짧고 경쾌하게 발음을 합니다.
② 경성의 높이는 앞 성조에 의해 변화됩니다.
③ 경성에는 성조부호를 표기하지 않습니다.

2 발음연습

경성을 유의하여 발음해 봅시다.

- bàba   māma   gēge
- zhège   nàge   năge
- wŏmen   nĭmen   tāmen

- wŏde   nĭde   tāde
- bízi   érzi   yĭzi

 **성조부호 표기 방법**

① 자음 뒤에 모음이 하나일 때는 무조건 모음 위에 표기합니다.
② "i" 위에 표기할 때는 "i" 위의 "·"을 빼고 표기합니다.
③ 모음이 두 개 이상일 때는 a→e→o→i→u/ü의 모음순서에 의해 표기합니다.
④ i와 u가 결합한 경우, 무조건 뒷모음에 표기합니다.
⑤ 경성은 성조부호를 표기하지 않습니다.
 단 사전에는 한어병음 앞에 ·을 표기하는 경우도 있습니다.(예: ·ma)

1 발음연습

성조부호 표기에 유의하여 발음해 봅시다.

· dà	gē	nà	kè	· dī	jǐ	zhī	cì
· dào	tái	gāng	bàn	· bié	dōu	dōng	lěng
· duì	jiǔ	guì	qiú	· ma	ba	ne	le

▶ 성조 표기는 중요 모음 위에 표기하며 2개 이상의 모음이 결합할 때는 a → e → o → i → u/ü의 순서입니다.

 **성조의 변화**

1 제3성의 변화

① 제3성이 연속될 때 앞의 3성은 제2성으로 발음됩니다.

∨ + ∨ → ∕ + ∨

② 제3성 뒤에 제 1, 2, 4성 및 경성이 올 때는 앞의 3성을 아래로 떨어뜨리기만 하고 올리지 않습니다. 이것을 반3성(半三声)이라고 합니다.

"不 bù"는 4성이 올 때 제2성으로 발음되며 변화된 성조로 표기합니다.

$$bù + ` \longrightarrow bú + `$$

"一 yī"는 뒤에 제1, 2, 3성이 올 때 제4성으로 발음되며 제4성이 올 때는 제2성으로 바뀝니다. 단, 서수일 경우나 숫자를 하나씩 읽을 때는 그냥 원래 1성으로 발음되며 변화된 성조로 표기합니다.

$$yī + \begin{bmatrix} ˉ \\ ˊ \\ ˇ \end{bmatrix} \longrightarrow yì + \begin{bmatrix} ˉ \\ ˊ \\ ˇ \end{bmatrix}$$

$$yī + ` \longrightarrow yí + `$$

2 발음연습

성조변화에 유의하여 발음해 봅시다.

① 我买 wǒ mǎi ⟶ wó mǎi
② 我喝 wǒ hē   ⟶ wò hē
③ 我看 wǒ kàn ⟶ wò kàn
④ 不吃 bù chī
⑤ 不冷 bù lěng
⑥ 一杯 yī bēi ⟶ yì bēi
⑦ 一碗 yī wǎn ⟶ yì wǎn
⑧ 第一次 dì yī cì

⑨ 你好 nǐ hǎo ⟶ ní hǎo
⑩ 我来 wǒ lái ⟶ wò lái
⑪ 我的 wǒ de   ⟶ wò de
⑫ 不忙 bù máng
⑬ 不去 bù qù   ⟶ bú qù
⑭ 一盘 yī pán ⟶ yì pán
⑮ 一次 yī cì   ⟶ yí cì

▶ ⑬에서 j, q, x 뒤에 "ü"가 올 때는 "¨"를 떼어내고 "u"라고만 쓰고, 자음 n, l 뒤에 "ü"가 올 때는 그냥 "ü"라고 쓰면 됩니다.

09 儿化音

음절 끝에 r이 붙는 것을 er(얼)化라고 합니다. r은 단독음절을 이루지 않으며 끝 부분에 가서 혀를 살짝 꼬부릴 뿐입이다. 북경인이 습관적으로 많이 사용하는 발음입니다.

① -a, -e + r ➡ 음의 변화가 없음
　huàr　　gēr

② -ai, -ei + r ➡ -i 묵음
　xiǎohái r　　wèir

③ -an, -en + r ➡ -n 묵음
　yìdiǎnr　　wánr

④ -un(wen), -ui(wei) + r ➡ -n 묵음, -e 첨가
　bīnggùnr　　yíhuìr

⑤ (설치음)(권설음) -i + r ➡ -e 첨가
　guǒzhīr　　méishìr

⑥ -ong, -ing + r ➡ 비음화
　yǒukòngr　　diànyǐngr

10. 표기상 기타 중요사항

1 격음부호(隔音符号)란

"西安 Xī'ān"과 같이 뒷음절이 "a, o, e"로 시작되는 경우에는 앞음절과 혼동되는 것을 방지하기 위해 격음부호 " ' "를 사용합니다.

　　天安门 Tiān'ānmén　　女儿 nǚ'ér

2 대문자 표기방법

① 문장 맨 앞 철자
② 고유명사 맨 앞
　　 → 철자는 알파벳 대문자로 표기합니다.

3 단어의 띄어쓰기

음절이 여러 개 있을 경우라도 하나의 단어는 띄어쓰기를 하지 않고 모두 붙여 씁니다.

4 발음연습

중국지명을 발음해 봅시다.

- 北京　Běijīng
- 天津　Tiānjīn
- 上海　Shànghǎi
- 广州　Guǎngzhōu
- 南京　Nánjīng
- 西安　Xī'ān

01

명사·수사·양사

01 명사
02 물건 세는 법
  • 단수·복수
  • 10까지의 수와 「몇 개」
  • 「1권」
  • '二'과 '两'
  • 의문대명사 '几'

01. 명사

猫	手	江	山	衣服
māo	shǒu	jiāng	shān	yīfu

병음(拼音pīnyīn)
중국에서 한자의 발음을 나타내는 알파벳(로마자) 표기

위의 다섯 개 단어는 한자를 조금이라도 아는 한국인이라면 거의 그 뜻을 아는 것들입니다. 중국어와 한국어는 그만큼 비슷합니다. 한자 아래에는 로마자가 붙어 있는데, 이를 병음(拼音 pīnyīn)이라 하며, 중국어의 발음을 나타냅니다.
다음 단어들을 봅시다.

时间	天气	学习	电话	小说
shíjiān	tiānqì	xuéxí	diànhuà	xiǎoshuō

우리 한자와 비슷하지만 글자 모양이 좀 다릅니다. 중국에서는 「简体字」라는 한자를 사용합니다. 간체자는 원래 한자(繁体字)의 일부만 남기거나, 모양을 간략화하거나 아니면 형태를 변화시켜 만들었습니다. 각각의 번체자를 [ ] 안에 나타내면 다음과 같습니다.

时间[時間]　　　天气[天氣]　　　学习[學習]
电话[電話]　　　小说[小說]

번체자로 바꿔 놓으니 의미를 쉽게 아시겠지요? 그러면 다음의 단어는 어떻습니까?

手表	老婆	汽车	猪	床
shǒubiǎo	lǎopo	qìchē	zhū	chuáng

글자와 그림을 비교해 보세요. 상상했던 것과는 상당히 다르지 않습니까?

手表　　　　　　老婆　　　　　　汽车

손목시계　　　　아내　　　　　자동차

여기까지 오면, 우리가 사용하는 한자로는 더 이상 짐작할 수 없게 됩니다. 같은 한자를 사용하기는 하지만 중국어는 역시 외국어! 우리 한국인은 한자문화권 밖의 사람들보다는 좀 낫겠지만 '중국어도 한자니까 문제없어' 라는 생각은 금물입니다.

02 물건 세는 법

1 단수 · 복수

영어에서는 a cat, two cats처럼 단수, 복수에 따라 명사의 모양이 달라집니다. 중국어는 그렇지 않습니다. 단수와 복수가 기본적으로 같은 형태입니다. 예를 들어, '鸡蛋 jīdàn (달걀)' 은 1개이든 4개이든 '鸡蛋' 그대로입니다.

사람을 나타내는 명사에는 '学生们 xuéshengmen 학생들' 처럼 '们 men' 이라는 접미사를 붙여 복수를 나타낼 수 있습니다.

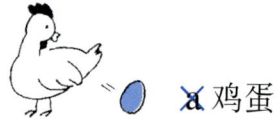 

2 10까지의 수와 「몇 개」

우선 1부터 10까지의 수, 그리고 「몇 개」라고 물을 때의 의문사입니다.

一	二	三	四	五	六	七	八	九	十	几
yī	èr	sān	sì	wǔ	liù	qī	bā	jiǔ	shí	jǐ
일	이	삼	사	오	육	칠	팔	구	십	몇

3 「1권」

우리말에서 물건을 셀 때는 「한 장, 두 장」「한 권, 두 권」처럼 '장, 권' 등의 의존명사를 사용합니다. 중국어에서는 이에 해당하는 품사를 양사(量词)라고 합니다. 명사는 보통 자기 나름의 양사를 가지고 있습니다.

> **TiP**
> '一件 yí jiàn' 의 '一'는 본래 제1성 'yī'이지만, 뒤에 제4성의 'jiàn'이 오기 때문에 제2성 'yí'로 성조가 변합니다. (본장 '一'의 성조변화 참조)

一*件   한 벌
yí jiàn

三 件   세 벌
sān jiàn

一 架   한 대
yí jià

四 架   네 대
sì jià

옷에는 '件' 비행기에는 '架'로군.

수사는 명사를 직접 수식할 수 없습니다. 예를 들어 한 권의 책이라면 영어로 a book이지만, 중국어에서는 '书 shū (책)' 앞에 '一'를 붙여 '一书 yì shū'라고 표현하지 않습니다. 사이에 「권」을 뜻하는 양사 '本 běn'을 넣어 '一本书'라고 말합니다.

또한 우리말에서는 「티켓 3장」이라고도 하고 「3장의 티켓」이라고도 말하지만 중국어에서는 「수사＋양사＋명사」의 어순을 취합니다.

一 张 纸   종이 1장
yì zhāng zhǐ

三 个 学生   학생 3명
sān ge xuésheng

五 把 椅子   의자 5개
wǔ bǎ yǐzi

四 杯 茶   차 4잔
sì bēi chá

4 '二'과 '两'

수를 표시하는 방법으로 우리말과 다른 점은 '2'를 나타내는 데 두 가지 방법이 있다는 것입니다. '二 èr'과 '两 liǎng'입니다.

二 「일, 이, 삼」하고 수를 셀 때나, 순서를 나타낼 때 사용합니다.

十二 12   二十 20   二月 2월
shí'èr*   èrshí   èr yuè

> **격음부호(')**
> 'a, o, e'로 시작하는 음절이 다른 음절의 바로 뒤에 붙을 때, 구별하기 위한 표시입니다.
> 平安 píng'ān 평안하다
> 女儿 nǚ'ér 딸

两 「하나, 둘, 셋」 하고 수량을 나타낼 때 사용합니다. 물건의 수를 세기 때문에 '两'의 뒤에는 양사가 옵니다. 즉 양사의 앞에는 '两'을 씁니다.

两个 2개
liǎng ge

两封信 편지 2통
liǎng fēng xìn

(×) 二个

(×) 二封信

그러나 12나 20은 뒤에 양사가 있어도 늘 '十二' '二十'와 같이 '二'을 씁니다.

十二 枝 铅笔 연필 12자루
shí'èr zhī qiānbǐ

5 의문대명사 '几'

'几 jǐ'는 「몇」, 수를 묻는 의문사입니다. 10 이하의 수를 예상하고 물을 때 사용합니다. 이외에, 「몇」이라고 수를 묻는 의문사로 '多少 duōshao'도 있습니다. 이것은 그 수를 10이하로 제한하지 않습니다.

几 个? 몇 개?
jǐ ge?

几 本 书? 몇 권의 책?
Jǐ běn shū?

월, 일이나 시간처럼 특정한 사이클을 반복하는 경우에는 10 이상이라도 '几 jǐ'를 씁니다.

几 月 几 号?   —   十一月 二十 号。
Jǐ yuè jǐ hào?   Shíyīyuè èrshí hào.
몇 월 며칠이지?   11월 20일입니다.

'一'의 성조변화

수사인 '一 yī'는 본래 제1성이지만, 다음과 같은 성조변화를 일으킵니다.

① 一张 yì zhāng　（一 + 제1성）⎤
　一台 yì tái　　（一 + 제2성）⎬ 뒤에 제1, 2, 3성이 이어질 때는
　一本 yì běn　　（一 + 제3성）⎦ 제4성으로 발음

② 一块 yí kuài　（一 + 제4성）제4성 앞에서는 제2성으로 발음

③ 一个 yí ge　　（一 + 경성 ← 제4성）뒤에 제4성이 경성으로 변화된 것이 쓰이는 경우에는 제2성으로 발음
　'个 ge'는 본래 'gè'로 제4성인 것이 경성 'ge'로 바뀌었음.

④ 统一 tǒngyī : 말의 끝에 위치할 경우 ⎤
⑤ 숫자 혹은 서수를 나타내는 경우　　⎬ 본래의 제1성 그대로
　一月 yīyuè、十一月 shíyīyuè （서수）　1991 yī jiǔ jiǔ yī

상용 양사 일람

양사는 각각의 명사가 나타내는 물건의 형상적 특징을 나타내고 있습니다. 형태적으로 비슷하다고 판단되는 물건은 하나의 양사를 공유하는 경향이 있습니다. 아래에 대표적인 양사와 명사를 들어 둡니다. 나중에라도 한번 쭉 훑어보세요.

个 ge	사람 혹은 일반적인 사물에 널리 쓰임 추상적인 것	人 rén 사람 问题 wèntí 문제	苹果 píngguǒ 사과
把 bǎ	손잡이가 있는 물건	刀 dāo 칼 扇子 shànzi 부채 茶壶 cháhú 차주전자	椅子 yǐzi 의자 雨伞 yǔsǎn 우산
本 běn	책 등	书 shū 책 词典 cídiǎn 사전	杂志 zázhì 잡지
架 jià	기계 등 조립되어 만들어진 물건	飞机 fēijī 비행기 照相机 zhàoxiàngjī 사진기 录音机 lùyīnjī 녹음기	
件 jiàn	옷이나 짐, 사건류	衣服 yīfu 옷 行李 xíngli 짐	事 shì 일
棵 kē	초목 등 식물류	树 shù 나무 麦子 màizi 밀	白菜 báicài 배추

块 kuài	덩어리로 된 것, 딱딱한 것	石头 shítou 돌 肥皂 féizào 비누 手表 shǒubiǎo 손목시계	肉 ròu 고기* 土 tǔ 흙
辆 liàng	차, 탈 것	汽车 qìchē 자동차 自行车 zìxíngchē 자전거	
片 piàn	얇고 평평한 것	肉 ròu 고기 雪花 xuěhuā 눈송이	叶子 yèzi 잎
条 tiáo	가늘고 긴 것	河 hé 강　街 jiē 거리 裤子 kùzi 바지	鱼 yú 고기
张 zhāng	평면이 두드러지는 것	纸 zhǐ 종이 地图 dìtú 지도 照片 zhàopiàn 사진	票 piào 표 桌子 zhuōzi 탁자
支 zhī	가는 원통형의 것	铅笔 qiānbǐ 연필 枪 qiāng 총	烟 yān 담배
只 zhī	작은 동물	猫 māo 고양이 鸡 jī 닭	鸟儿 niǎor 새
只 zhī	'쌍'이 되는 것의 한쪽	手 shǒu 손 耳朵 ěrduo 귀	鞋 xié 신발
座 zuò	크고 무거운 것	山 shān 산 桥 qiáo 다리	大楼 dàlóu 빌딩
位 wèi	존중할 사람	客人 kèren 손님 先生 xiānsheng ~씨	
기타	一**顶**帽子 yì dǐng màozi 모자 两**朵**花 liǎng duǒ huā 꽃 四**家**商店 sì jiā shāngdiàn 가게 五**间**屋子 wǔ jiān wūzi 방 八**所**房子 bā suǒ fángzi 집		三**封**信 sān fēng xìn 편지 七**匹**马 qī pǐ mǎ 말 九**头**牛 jiǔ tóu niú 소

같은 고기라도 덩어리 고기에는 '**块**'를 얇은 편육은 '**片**'을 사용합니다.
즉 모양(형상)에 따라 양사가 달라지는 수도 있습니다.

쌍 혹은 집합을 나타내는 양사

副 fù	'쌍'으로 이루어진 것(동류)	眼镜 yǎnjìng 안경 耳环 ěrhuán 귀걸이 对联 duìlián 대련	
对 duì	'쌍'으로 이루어진 것 (이질적, 상대적)	夫妻 fūqī 부부 鸳鸯 yuānyāng 원앙 花瓶 huāpíng 꽃병 孪生子 luánshēngzi 쌍둥이	
双 shuāng	원래 '쌍'으로 이루어진 것	鞋 xié 신발 手套 shǒutào 장갑 筷子 kuàizi 젓가락 眼睛 yǎnjing 눈	袜子 wàzi 양말 手 shǒu 손
套 tào	세트로 이루어진 것	茶具 chájù 다구 房子 fángzi 집	西服 xīfú 양복
批 pī	무더기로 모여 있는 것	人 rén 사람 学生 xuésheng 학생	货 huò 화물
群 qún	무리·떼지어 있는 것	人 rén 사람 孩子 háizi 아이	羊 yáng 양

차용(용기) 양사

杯 bēi	컵을 단위로	茶 chá 차 咖啡 kāfēi 커피	水 shuǐ 물
壶 hú	주전자를 단위로	茶 chá 차	酒 jiǔ 술
瓶 píng	병을 단위로	酒 jiǔ 술 花儿 huār 꽃	药 yào 약
碗 wǎn	(공기)그릇을 단위로	饭 fàn 밥	茶 chá 차

两瓶啤酒　一杯啤酒

임시 양사

수사 '一'만을 취하면서 「가득한, 전체의」라는 의미를 갖게 하는 양사입니다.

一	脸	汗水	yì liǎn hànshuǐ	얼굴에 가득한 땀
一	桌子	菜	yì zhuōzi cài	상에 가득한 요리
一	屋子	人	yì wūzi rén	방에 가득한 사람
一	头	白发	yì tóu báifà	머리에 가득한 백발

수량사가 들어가는 중국어 속담을 소개합니다.

三 个 妇女 一 台 戏。
Sān ge fùnǚ yì tái xì.

'三个妇女'은 세 사람의 여인, '台'는 '戏(중국 전통극)'의 양사입니다. 여자 세 명이 모이면 연극 한 편이 만들어진다. 즉 「여자 셋이 모이면 접시가 깨진다」의 중국식 표현이라 할 수 있습니다. 적어도 동양에서만큼은 여성들의 '수다'가 공통인가 봅니다.

多 个 朋友 多 条 路, 多 个 冤家 多 堵 墙。
Duō ge péngyou duō tiáo lù, duō ge yuānjia duō dǔ qiáng.

'多(一)个朋友'는 친구 한 사람이 많아지는 것. '冤家'는 적이고 '墙'은 벽입니다. 「친구가 한 사람 많아지면 길(배경, 백)이 하나 많아지고, 적이 하나 늘어나면 길을 가로막는 벽도 하나 많아진다」. 즉 친구가 많을수록 도움도 더 많이 받을 수 있다는 것입니다. '个'는 '朋友' '冤家' 등, 사람을 세는 양사, '条'는 '路'의, '堵'는 '墙'의 양사입니다. 둘 다 그 앞에 '一'가 생략되어 있습니다. '朋友'에게서 「우정」과 같은 낭만적인 것은 찾지 않고 「배경, 백」 등 현실적 이익을 생각하는 것도 역시 중국적입니다.

一 块 臭肉 坏了 一 锅 汤。
Yí kuài chòuròu huàile yì guō tāng.

「한 덩이(一块)의 상한 고기(臭肉)가 한 냄비(一锅)의 국(汤)을 못 쓰게 한다」. '块'는 덩어리 모양을 헤아리는 양사, '锅'는 국의 양을 나타내는 차용 양사입니다. 「악화(惡貨)는 양화(良貨)를 구축(驅逐)한다」라는 말도 있습니다만 「惡」이 지닌 전파력은 어디에 있어도 강력한가 봅니다.

시간 · 연월일 · 돈

- 01 100까지의 숫자
- 02 년 · 월 · 일 · 요일
- 03 오전(오후) ~시 ~분
- 04 어제 · 오늘 · 내일
- 05 시량과 시점 '一天'과 '一号'
- 06 「얼마죠?」
- 07 명사술어문

01. 100까지의 숫자

1부터 10까지는 이제 말할 수 있습니까? 이 과에서는 100까지의 숫자를 사용해 여러 가지 표현을 배웁니다. 먼저 다음의 병음을 소리내어 읽어 보세요.

| 十一 shíyī 11 | 十二 shí'èr 12 | 十三 shísān 13 | 十四 shísì 14 | 十五 shíwǔ 15 | 十六 shíliù 16 | 十七 shíqī 17 |

| 十八 shíbā 18 | 十九 shíjiǔ 19 | 二十 èrshí 20 | 二十一* èrshiyī 21 | 二十二 èrshi'èr 22 | 二十三 èrshisān 23 | ... |

| 三十 sānshí 30 | ... | 九十九 jiǔshijiǔ 99 | 一百 yìbǎi 100 |

'十 shí'의 성조는 제2성. '二十一'와 같이 앞뒤에 숫자가 오는 때는 'èrshiyī'와 같이 경성으로 읽습니다.

99까지는 우리말과 같습니다. 다만 100은 '一百'라고 표현하여 '一'가 필요합니다. 또한 0은 '零'이라 쓰고 'líng'으로 읽습니다.

02. 년·월·일·요일

서기 몇 년이라 할 때는 숫자를 하나씩 읽습니다.

一九九六 年
yī jiǔ jiǔ liù nián

二〇〇五 年
èr líng líng wǔ nián

一九九几 年? 천구백구십 몇 년?
yī jiǔ jiǔ jǐ nián?

이렇게 하나하나 읽는 것은 이밖에도 3자리 이상의 방번호, 전화번호 등이 있습니다. 또 숫자 1과 7의 발음이 비슷하기 때문에 1을 'yāo'로 읽게 되어 있습니다.

523房间
wǔ èr sān fángjiān

852-1877
bā wǔ èr yāo bā qī qī

월(月)을 말하는 방법은 우리말과 같습니다.

| 一月 1월 | 二月 2월 | 三月 1월 | … |
| yīyuè | èryuè | sānyuè | |

| 十一月 11월 | 十二月 12월 | 几 月? 몇 월? | … |
| shíyīyuè | shí'èryuè | jǐ yuè? | |

일(日)은 '一, 二, 三…'에다 구어체에서는 '号'를, 문어체에서는 '日'를 붙입니다.

一 号(日)	二 号(日)	三 号(日)…
yī hào (rì)	èr hào (rì)	sān hào (rì)
1일	2일	3일

三十 号(日)	三十一 号(日)	几 号(日)?
sānshí hào (rì)	sānshíyī hào (rì)	jǐ hào (rì)?
30일	31일	며칠?

요일은 '星期' 또는 '礼拜'의 뒤에 '一, 二…'를 붙입니다.

월요일	星期(礼拜) 一	xīngqī(lǐbài) yī
화요일	星期(礼拜) 二	xīngqī(lǐbài) 'èr
수요일	星期(礼拜) 三	xīngqī(lǐbài) sān
목요일	星期(礼拜) 四	xīngqī(lǐbài) sì
금요일	星期(礼拜) 五	xīngqī(lǐbài) wǔ
토요일	星期(礼拜) 六	xīngqī(lǐbài) liù
일요일	星期(礼拜) 天(日)	xīngqī(lǐbài) tiān (rì)
무슨 요일?	星期(礼拜) 几?	xīngqī(lǐbài) jǐ?

 ## 오전(오후) ○시 ○분

오전·오후와 아침·낮·저녁을 말하는 법을 외워둡시다.

早上	上午	中午	下午	晚上
zǎoshang	shàngwǔ	zhōngwǔ	xiàwǔ	wǎnshang
아침	오전	정오	오후	저녁

그밖에 하루를 주간과 야간으로 나눠

白天	夜里
báitiān	yèli
낮	밤

으로 말할 수도 있습니다.

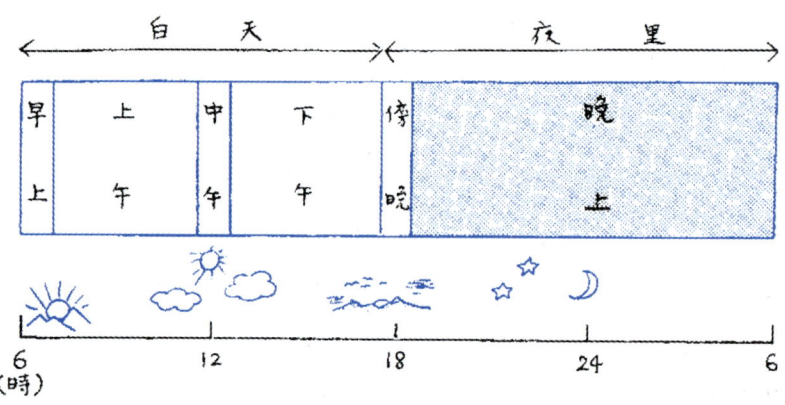

시각은 다음과 같이 나타냅니다.

2:00	两点(钟)	liǎng diǎn (zhōng)
2:02	两点零二分	liǎng diǎn líng èr fēn
2:15	两点一刻	liǎng diǎn yí kè
	两点十五分	liǎng diǎn shíwǔ fēn
2:30	两点半	liǎng diǎn bàn
	两点三十分	liǎng diǎn sānshí fēn
2:45	两点三刻	liǎng diǎn sān kè
	两点四十五分	liǎng diǎn sìshiwǔ fēn
2:55	两点五十五分	liǎng diǎn wǔshiwǔ fēn
	差五分三点	chà wǔ fēn sān diǎn
몇 시 몇 분	几点几分?	jǐ diǎn jǐ fēn?

제3성의 변화 : 제3성 + 제3성 → 제2성 + 제3성

• 제3성이 연속으로 나와 쉬지 않고 읽을 때는 앞의 제3성을 제2성으로 읽습니다.
两点 liǎng diǎn → liáng diǎn
단, 성조부호는 원래대로 나타냅니다.
五把伞 wǔ bǎ sǎn
• 중간이 끊어질 때는(포즈 pause) 그 사이에 성조변화가 나타납니다.
我有五把伞。
Wǒ yǒu|wǔ bǎ sǎn.
→ Wó yǒu|wú bá sǎn.
나는 우산을 다섯 개 가지고 있다.

- '2시'는 '两点(钟)'('钟'은 생략 가능)으로, '二点(钟)'이라고는 말하지 않습니다. '분'의 경우는 '二分'이 보통이나, '两分'이라 해도 괜찮습니다. 옛날에는 종(钟)소리의 수를 세어 시각을 알았기 때문에 2시에 '两'을 사용하였습니다.
- '刻'는 quarter에 상당하는 단위로, '一刻'는 15분, '三刻'는 45분입니다.
- '差'는 '부족하다'는 뜻입니다.
- '5분 넘어'는 '过五分'으로 '过 guò'를 넣을 수도 있습니다.
- '十三点'(13시)이나 '二十一点'(21시)처럼 말할 수도 있습니다.

04. 어제 · 오늘 · 내일

과거에서 미래로 시간의 흐름을 따라가 보면 다음과 같이 됩니다.

	과거			현재		미래	
일	大前天 dàqiántiān 그끄저께	前天 qiántiān 그저께	昨天 zuótiān 어제	今天 jīntiān 오늘	明天 míngtiān 내일	后天 hòutiān 모레	大后天 dàhòutiān 글피
주		上上(个)星期 shàngshàng (ge) xīngqī 지지난 주	上(个)星期 shàng (ge) xīngqī 지난 주	这(个)星期 zhè (ge) xīngqī 이번 주	下(个)星期 xià (ge) xīngqī 다음 주	下下(个)星期 xiàxià (ge) xīngqī 다다음 주	
월		上上个月 shàngshàng ge yuè 지지난 달	上个月 shàng ge yuè 지난 달	这个月 zhè ge yuè 이번 달	下个月 xià ge yuè 다음 달	下下个月 xiàxià ge yuè 다다음 달	
년	大前年 dàqiánnián 재재작년	前年 qiánnián 재작년	去年 qùnián 작년	今年 jīnnián 금년	明年 míngnián 내년	后年 hòunián 내후년	大后年 dàhòunián 내내후년

오늘이 4월 12일이라면 '大前天'은 며칠?

05. 시량과 시점 '一天'과 '一号'

1일과 하루, 1월과 한 달은 다릅니다. '1일, 1월'은 시간의 흐름 속의 어느 점, 즉 시점(時點) 표현입니다. 반면 '하루, 한 달'은 시간의 양으로 인식되는 것, 즉 시량(時量) 표현입니다.

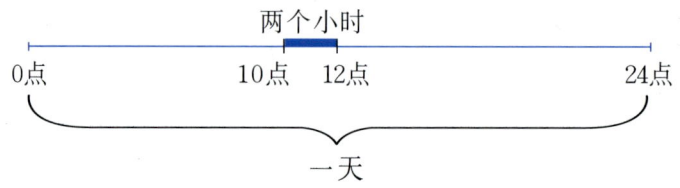

시점				시량			
1/2초	一 yī	/ 二	秒 miǎo	1/2초간	一 yì	/ 两	秒 miǎo
1/2분	一	/ 二	分 fēn	1/2분간	一	/ 两	分 fēn
15분	一		刻 kè	15분간	一		刻 kè
1/2시	一 yì	/ 两	点 diǎn	1/2시간	一	/ 两（个）	小时 xiǎoshí
					一	/ 两 个	钟头 zhōngtóu
1/2일	一	/ 二	号 hào (日 rì)	1/2일간	一	/ 两	天 tiān
제1/2주	第一 dì yī	/ 第二	周 zhōu	1/2주간	一	/ 两（个）	星期 xīngqī
1/2월	一	/ 二	月 yuè	1/2개월	一	/ 两 个	月 yuè
제1/2년	第一	/ 第二	年 nián	1/2년간	一	/ 两	年 nián

- 시점은 본래 서수 표현으로, '一'는 yī 제1성으로 발음하고, 2도 '二'을 씁니다. 단, '1시, 2시'를 나타낼 때는 '一点 yìdiǎn' '两点 liǎng diǎn'으로 합니다.
- '시간'은 '小时 xiǎoshí、钟头 zhōngtóu' 둘 다 쓰이지만 '钟头' 쪽이 보다 구어적 표현입니다.
- '年、天、刻、分、秒' 등은 그 말 자체에 양사의 성질을 가지고 있기 때문에 '个'를 필요로 하지 않습니다. '月, 钟头'는 반드시 '个'가 필요하지만, '星期, 小时'는 반드시 붙일 필요는 없습니다.

시간의 양을 물을 때는 '几' 이외에 '多少 duōshao'도 씁니다.

几 个 小时? — 两 个 小时。
Jǐ ge xiǎoshí?　　Liǎng ge xiǎoshí.
몇 시간입니까?　　두 시간입니다.

多少 天?　—　二十五 天。
Duōshao tiān?　　Èrshiwǔ tiān.
며칠 간입니까?　　25일간입니다.

'几+양사'　　'几'는 10 이하의 수를 예상하고 묻는 것입니다. 단 10 이상이라도 월/일/시간처럼 특정한 사이클을 반복하는 경우에는 '几'를 쓸 수 있으며 뒤에 양사가 필요합니다.

'多少+(양사)'　　'多少'는 수에 제한이 없으며, 뒤에 양사를 쓰지 않아도 괜찮습니다.

几个孩子?

多少(个)人

06. 「얼마죠?」

금전의 단위는 '元, 角, 分'이며, 실제 중국 지폐에는 '元'이 아닌 '圆 yuán'으로 인쇄되어 있습니다만, 구어에서는 '元, 角' 대신에 '块, 毛'라는 말을 씁니다.

구어 : 块 kuài　　毛 máo　　分 fēn

문어 : 元 yuán　　角 jiǎo　　分 fēn

1元(块) = 10角(毛) = 100分처럼 10진법으로 나갑니다.
'얼마죠?'는 '多少钱? duōshao qián', '几块钱? jǐ kuài qián'.

这个 多少 钱?　—　二十三 块 五*。
Zhège duōshao qián?　　Èrshisān kuài wǔ.
이거 얼마죠?　　23元 5角입니다.

几 块 钱 一 斤*?　—　两 块 二*。
Jǐ kuài qián yì jīn?　　Liǎng kuài èr.
한 근에 얼마죠?　　2元 2角입니다.

우리말과 어순에 차이가 있으니, 주의하세요. '1개 5元'은 '五块钱一个 wǔ kuài qián yí ge' 입니다.

'二十三块五' 와 같이 마지막 단위(毛)는 생략됩니다.
'斤'은 무게의 단위로 500g입니다.
'块, 毛'의 단위에는 '两'을, '分'의 단위에는 '二'을 쓰는 경우가 많습니다.

 명사술어문(名词谓语句)

명사나 명사구, 수량사 등이 직접 술어(谓语)가 되는 문장을 명사술어문이라 하며, 주로 시간/본적/연령/수량 등을 나타내는 데 쓰입니다. 회화체에 많이 쓰입니다.

〈주어〉	〈술어〉	
今天 Jīntiān	星期天。 xīngqītiān.	오늘은 일요일입니다.
明年 Míngnián	二〇一三 年。 èr líng yī sān nián.	내년은 2013년입니다.
现在 Xiànzài	几 点? jǐ diǎn?	지금 몇 시입니까?
她 Tā	北京人。 Běijīngrén.	그녀는 베이징 사람입니다.
小燕 Xiǎo Yàn	十一 岁。 shíyī suì.	燕양은 11세입니다.
这 件 衣服 Zhè jiàn yīfu	二十二 块 钱。 èrshi'èr kuài qián.	이 옷은 22元입니다.
十五 个 人 Shíwǔ ge rén	一 班。 yì bān.	15명이 한 반입니다.

주어를 직관적으로 설명하고 묘사하는 문장이기 때문에 보통은 부정형식이 없습니다. 반박하거나 변명해야 할 때는 '是 shì' 라는 동사의 부정형 '不是 búshì(~가 아니다)'를 씁니다.

今天 二十三 号 吧?
Jīntiān èrshisān hào ba?
오늘 23일이죠?

— 今天 不是 二十三 号, 是 二十四 号。
Jīntiān búshì èrshisān hào, shì èrshisì hào.
오늘은 23일이 아니라, 24일이에요.

지시대명사와 인칭대명사

01 지시대명사 '这', '那', '哪'
02 인칭대명사 '我', '你', '他'와 '们'
03 친족 호칭
04 관형어와 '的 ~의'
   - 관형어와 중심어
   - 소유·소속을 뜻하는 '的'
   - '的'의 생략
   - 「~의 (것)」
05 여러 개의 관형어를 나열하는 법
06 「나의 누이」, 「나와 누이」, 「나의 누이, 燕燕」

# 지시대명사 '这', '那', '哪'

사람이나 사물을 가리키는 경우 '지시어'를 사용합니다. 우리말에는 '이, 그, 저' 등과 같이 가깝고 먼 정도에 따라 세 가지로 구분하며, 의문을 나타내는 것으로 '어느'가 있습니다. 하지만 중국어에는 공간적/심리적/시간적으로 가까운 것과 먼 것 두 가지로 구분하여 가까울 때는 '这 zhè'를, 멀 때는 '那 nà'를 사용하며, 의문을 나타내는 '哪 nǎ'가 있습니다.

중국어의 지시대명사는 「이것, 저것, 어느 것 这个/那个/哪个」와 「여기, 저기, 어디 这儿/那儿/哪儿」 등이 있습니다. 이외에도 「이런, 저런, 어떤」이나 「이렇게, 저렇게, 어떻게」 등의 의미를 나타내는 '这么/那么/哪么' '这(么)样/那(么)样/哪(么)样' 등도 있습니다. 이들은 명사의 역할만을 한다고 볼 수 없기 때문에 '지시대명사'라고 하지 않고 '지시대사(指示代词)'라고도 합니다.

가까운 것 (근칭)	먼 것 (원칭)	의문
这 zhè	那 nà	哪 nǎ
这个 zhège	那个 nàge	哪个 nǎge
这些 zhèxiē	那些 nàxiē	哪些 nǎxiē

- '这个' '那个' '哪个'를 구어체에서는 'zhèige / nèige / nèige'라고 말합니다. 왜냐하면 '这个'는 본래 '这一个 zhè yí ge'로서, 수사 '一 yī'의 소리가 남아 있기 때문입니다.
- '这个'는 '这一个'의 준말이기 때문에 단수 「이것, 이」의 뜻이며, '些'는 「어느 정도 모여 있는 수량」을 나타내는 양사이기 때문에, '这些'는 복수 「이것들, 이들의」의 뜻입니다. 단, 복수라도 수가 확실한 경우에는 사용하지 않습니다. '那些 그것들' '那三个 저 3개'라고는 말하지만, '哪些三个(×)'라고는 말하지 않습니다.

这(一)个　　　　　이것, 이
zhè (yí) ge

那 两 本　　　　　그 2권
nà liǎng běn

那些　　　　　　　그것들
nàxiē

지시대명사도 보통은 사이에 양사를 넣습니다. 「이 책」은 '这书'가 아니고 '这本书'라고 표현하지만, '这书' '那人'처럼 양사를 빼고 말하는 방식도 가능합니다.
지시대명사, 수사, 양사, 명사는 다음 순서로 연결됩니다.

지시대명사 + 수사 + 양사 + 명사

这	两	本	书 shū	이 두 권의 책
那		些	雨伞 yǔsǎn	그 우산들
哪(一)		个	苹果 píngguǒ	어떤/어느 사과

02. 인칭대명사 '我', '你', '他'와 '们'

	단 수	복 수
제1인칭	我 wǒ	我们 wǒmen 咱们 zánmen
제2인칭	你 nǐ 您 nín	你们 nǐmen
제3인칭	他(她/它) tā	他(她/它)们 tāmen
인칭의문사	谁 shéi / shuí	

- 제2인칭 '你 nǐ'를 보다 공손히 경의를 표할 때에 '您 nín'을 씁니다.
- '咱们'은 듣는 상대방을 포함한 「우리」를 나타냅니다.

咱们 都 是 亚洲人。
Zánmen dōu shì Yàzhōu rén.

- 「그, 그녀」를 나타내는 '他, 她'와, 사람 이외의 동물과 사물을 가리키는 '它'라는 말은, 문자상으로는 구별할 수 있지만, 음성상으로는 모두 'tā'라고 읽습니다.
  인칭대명사의 복수형은 '们'을 붙이면 됩니다. 단 '谁们'이라고는 하지 않습니다. 또한 '们'은 사람을 나타내는 명사에도 붙습니다. 단, 구체적인 수가 있을 때에는 '们'을 쓰지 않습니다.

  朋友们 péngyoumen　친구들

  同志们 tóngzhìmen　동지들

  工人们 gōngrénmen　노동자들

  五个孩子 wǔ ge háizi　다섯명의 아이들　　　　五个孩子们 (×)

친족 호칭

친족을 부르는 법은 상당히 복잡합니다. 아래에 제시한 것은 기본적인 것입니다. 동그라미 (○) 표시가 되어 있는 것은 상대를 부를 때도 쓸 수 있습니다.

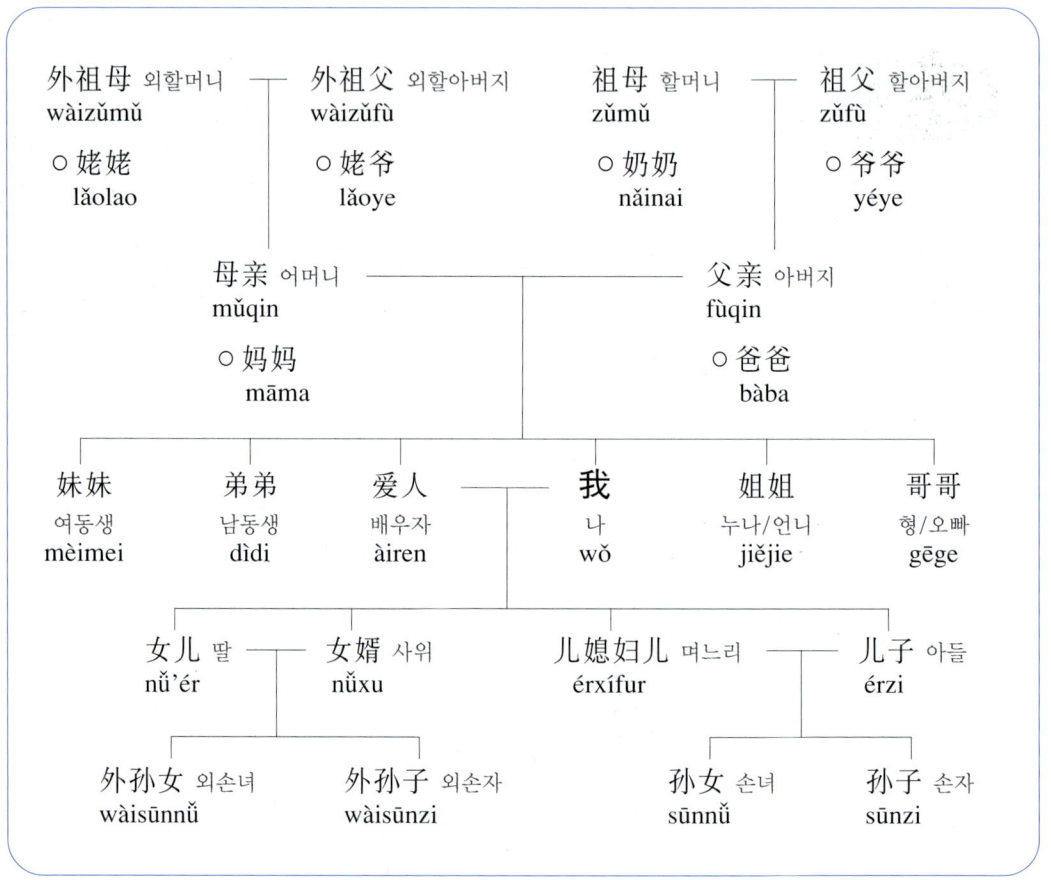

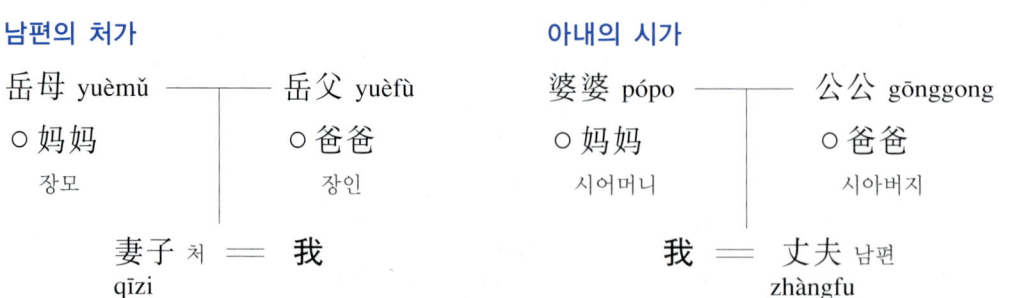

형도 누이도 사어(死語)가 된다고?

하나 낳기 운동(计划生育政策 jìhuà shēngyù zhèngcè)이 실시된 이후, 대부분의 가정에 아이가 하나뿐이라서(独生子女家庭 dúshēng zǐnǚ jiātíng), 교실이 온통 외아들 또는 외동딸 투성이가 되어버린 중국. 앞으로는 큰아버지(伯父 bófù), 삼촌·숙부(叔父 shūfù), 큰어머니(伯母 bómǔ, 고모(姑母 gūmǔ)는 물론, '哥哥、姐姐、弟弟、妹妹'라는 말도 사어(死語)가 될 것 같습니다.

 관형어와 '的 ~의'

1 관형어와 중심어

명사를 수식하는 말을 「관형어」(중국어로는 '定语 dìngyǔ'라고 합니다)라고 부릅니다.

中国地图	Zhōngguó dìtú	중국 지도
两本书	liǎng běn shū	2권의 책
这块手表	zhè kuài shǒubiǎo	이 손목시계

'中国', '两本', '这块' 등이 관형어가 되어 뒤의 명사(「중심어」라고 합니다)를 수식하고 있습니다.
관형어가 되는 것에는 그밖에 형용사(구), 동사(구), 전치사구 등이 있습니다.

新书	xīn shū	새 책
参观的人	cānguān de rén	견학하는 사람
从中国来的老师	cóng Zhōngguó lái de lǎoshī	중국에서 온 선생님

2 소유·소속을 뜻하는 '的'

명사나 대명사가 '的 de'라는 조사[구조조사(构造助词)라고 합니다]를 동반하여 관형어가 되면, 일반적으로 소유·소속 관계를 나타냅니다.

我的词典	wǒ de cídiǎn	나의 사전
谁的衣服	shéi de yīfu	누구의 옷
图书馆的书	túshūguǎn de shū	도서관의 책

3 '的'의 생략

우리말의 「~의」처럼, 중국어에서도 항상 '的'를 붙여야 하는 것은 아닙니다. 다음의 경우에는 '的'가 생략됩니다.

- 긴밀하게 연결되어 숙어처럼 쓰이는 경우

英文杂志	Yīngwén zázhì	영어 잡지
中国老师	Zhōngguó lǎoshī	중국인 선생님

- 인칭대명사 + 가족이나 인간관계/소속단체명

我母亲	wǒ mǔqin	우리 어머니
我师傅	wǒ shīfu	나의 스승
我朋友	wǒ péngyou	내 친구
我们学校	wǒmen xuéxiào	우리 학교
我们主任	wǒmen zhǔrèn	우리 주임
我们单位	wǒmen dānwèi	우리 직장

- 수량사가 명사를 수식하는 경우

우리말 어순에 따라서는 「의」가 필요하지만 중국어에서는 '的'를 넣지 않습니다.

三把椅子	sān bǎ yǐzi	3개의 의자
两个孩子	liǎng ge háizi	두 명의 아이

4 「~의 (것)」

또한 '的' 뒤에 오는 중심어가 무엇인지 전후의 관계로 알 수 있는 경우, 그 중심어는 생략할 수 있습니다.

哥哥 的	gēge de	형의 〈것〉
学校 的	xuéxiào de	학교의 〈것〉

我 的 词典 在 这儿, 你 的 呢？
Wǒ de cídiǎn zài zhèr, nǐ de ne?
내 사전은 여기 있는데, 네 것은?

여러 개의 관형어를 나열하는 법

    왕씨의 양복   老王的西服   Lǎo Wáng de xīfú
    저 3벌의 양복   那三件西服   nà sān jiàn xīfú

이 두 개의 구(句)를 합쳐서 「왕씨의 저 3벌의 양복」이라고 말할 때에는 소유·소속을 표하는 관형어, 즉 '老王的'를 앞에 두어 다음과 같이 표현합니다.

    老王 的 那 三 件 西服

「나의 누이」,「나와 누이」,「나의 누이, 燕燕」

나의 누이	我 妹妹	
	※친족은 '的' 생략	
나와 누이	我 和hé 妹妹	
	※병렬은 '和'(~와)로	
나와 누이와 남동생	我、妹妹 和 弟弟	
	※「、」로 연결하여 맨 나중에 '和'	
나의 누이 燕燕	我 妹妹 燕燕Yànyan	
	※동격은 그대로 나열	

TiP
구두점 '、'(우리말로는 '모점'이라고 합니다.)은 '顿号 dùnhào'라고 하며, 단어와 구의 병렬을 나타냅니다.

04

여러 가지 숫자 표현

01   한·중의 수 체계
02   분수와 퍼센트
03   소수
04   배수
05   대략의 수
06   서수

01 한·중의 수 체계

100까지의 수에서도 배웠지만 중국어에서 수를 나타내는 방법은 기본적으로 우리말과 같습니다.
'一·十·一百·一千'에서 나아가 '万'이 되고, 또한 '一(万)·十(万)·一百(万)·一千(万)'을 지나면 '亿'가 되는 만진법(萬進法)으로, 이어서 다음 블럭으로 나아갑니다.
각 블럭을 지배하는 단위는 '(个), 万, 亿, 兆…'로 바뀌며, 같은 단위는 더 이상 나오지 않습니다. 이것을 「비순환단위」라고 합니다.
한편 각 블럭 내에서는 '(个)·十·百·千'이라는 단위가 몇 번이고 반복되어 나타납니다. 이것을 「순환단위」라고 합니다.

> **TiP**
> '亿 yì'는 '万'을 두 번 겹쳐 '万万 wàn wàn'이라고도 부릅니다.
> 중국에서는 '일'의 단위라고 하지 않고 '个'의 단위, 즉 '个位 gèwèi'라고 부릅니다.

兆	亿*	万	(个)*	……비순환단위
zhào	yì	wàn	gè	
…… 千百十(个)	千百十(个)	千百十(个)		……순환단위
		qiān bǎi shí gè		

한·중의 수 표현은 아래의 4가지 점에서 다릅니다.

1 다른 점 ① : 단위 앞에 '一'가 필요하다

우리말	十	百	(一) 千	(一) 萬
중국어	(一) 十	一 百	一 千	一 万
	(yī) shí	yì bǎi	yì qiān	yí wàn

우리말에서는 특별한 경우가 아니면 「一」를 쓰지 않지만, 중국어에서는 百 이상이면 반드시 '一'가 붙습니다. 또 '十'의 경우에도 '六百一十三'처럼 숫자의 도중에 나올 때에는 필요합니다.
숫자의 도중에 나오는 '十' 앞에 붙는 '一'는 제1성 그대로 쓰이며 성조변화를 하지 않습니다.

六百一十三 liùbǎi yīshísān

2 다른 점 ② : '零'이 필요하다

숫자	우리말	중국어	
101	百一	一百零一	yì bǎi líng yī
110	百十	一百一(十)	yì bǎi yī (shí)
1001	千一	一千零一	yì qiān líng yī
1010	千十	一千零一十	yì qiān líng yīshí
1100	千百	一千一(百)	yì qiān yī (bǎi)

위의 숫자에는 모두 '0'이 포함되어 있습니다. 우리말에서는 이 '0'을 읽지 않지만 중국어에서는 '零 líng'이라는 말을 사용합니다. '零'이 필요할 때와 필요하지 않을 때를 정리하면 다음과 같습니다.

3 '零'의 사용 규칙

규칙 1	3자리 이상 숫자의 사이에 0이 있을 때는 '零'이 필요하다.	405 5045	四百零五 五千零四十五
규칙 2	0이 여러 번 계속되어도 '零'은 한 번만 읽는다.	4005 40005	四千零五 四万零五
규칙 3	단, 각 블럭의 끝에 0이 나타날 때는 '零'이라고 읽을 필요가 없다.	304500	三十万四千五(百)

'零'은 제로(0)의 뜻 이외에,「and」「끝수는」「넘어서」라는 뉘앙스가 있기 때문에 여러 번 계속되어도 한 번만 읽습니다.

4 다른 점 ③ : '个' 블럭 내에서는 단위 생략이 일어난다

'个'의 블럭 내에 있어서 말미에 '0'이 있을 때는, 그 직전의 단위를 생략하는 것이 가능합니다. 단, 도중에 '0'이 끼어 있지 않은 경우에 한합니다.

450	四百五(十)	'十'는 생략 가능
4500	四千五(百)	'百'는 생략 가능
4050	四千零五十	'十'는 생략 불가

숫자 뒤에 '个'나 그 밖의 양사가 있을 때, 이 단위 생략은 불가능해집니다.

450	四百五(十)
450个	四百五十个
450张	四百五十张

5 다른 점 ⑤ : '二'과 '两'을 구분하여 사용한다

둘 다 「2」라는 수를 나타내지만 용법에 차이가 있습니다.

'二'만을 사용하는 경우

- 1+1=2 등, 수학에서 사용될 때   一加一等于二 yī jiā yī děngyú èr
- 양사를 사용하지 않고 「일, 이, 삼」 하고 수를 셀 때. 「십이」도 마찬가지.   一、二、三…、十二
- 단위를 나타내는 「十」 앞에서   二十、二十一…二十九
- 서수에서   第二　二月　二哥 èrgē 둘째 형
- 소수에서   零点 diǎn 二 (0.2)
- 분수에서   二分之 fēn zhī 一 (1/2)
- 3자리 이상 숫자의 맨 앞 이외에   三万二千　四千二百
- 중량을 나타내는 도량형 단위 '两'(=50g) 앞에서, 중복을 피하기 위해   二两 liǎng 2량

'二'과 '两' 둘 다 사용할 수 있는 경우

(1) 둘 다 쓸 수 있지만 '二'이 일반적인 것

- 단위를 나타내는 '百' 앞에서 二 / 两百* (200)
- 중국의 재래식 도량형 단위 '亩'(1/15헥타), 二 / 两亩 mǔ   二 / 两斤 jīn
  '斤'(1/2kg), '尺'(1/3m) 등의 앞에서 二 / 两尺 chǐ

200은 '二百'쪽이 '两百'보다 더 많이 사용됩니다.

(2) 둘 다 쓸 수 있지만 '两'이 일반적인 것
- 맨 앞에 위치하는 단위수사 '千, 万, 亿'의 앞   两千三百   两万四千
  两亿五千

'两'을 쓰는 경우
- '本' '个' '次' 등 일반적인 양사의 앞   两本书   两个学生
  两次 cì 2회

- 서구식 도량형 단위인 '公里'(km),   两公里 gōnglǐ   两吨 dūn
  '吨'(ton), '平方米'(m²) 등의 앞에서   两平方米 píngfāngmǐ

Plus α   소리를 내어 읽어 봅시다.

1 + 2 = 3   一加二等于三   yī jiā èr děngyú sān
3 − 1 = 2   三减一等于二   sān jiǎn yī děngyú èr
3 + (−8) = −5   三加负八等于负五   sān jiā fù bā děngyú fù wǔ
6 × 4 = 24   六乘以四等于二十四   liù chéng yǐ sì děngyú èrshísì
12 ÷ 3 = 4   十二除以三等于四   shí'èr chú yǐ sān děngyú sì

플러스는 '正 zhèng'
(−) × (−) = (+)
负 乘 负 得 正
fù chéng fù dé zhèng

02 분수와 퍼센트 / 소수

분수는 '分之 fēn zhī(~분의)'를, 대분수는 '又 yòu(~과)'를 사용합니다.

$5\frac{3}{4}$ 은 '五又四分之三 wǔ yòu sì fēn zhī sān'

퍼센트도 이 '分之'를 사용하여

75% = $\frac{75}{100}$ 따라서 '百分之七十五 bǎi fēn zhī qīshiwǔ'

소수점은 '点 diǎn'. 소수점 이하는 몇 자리라도 그냥 읽기. 소수점 이상은 두 가지가 있습니다.

0.57	零点五七	líng diǎn wǔ qī
41.32	四十一点三二	sìshiyī diǎn sān èr
	四一点三二	sì yī diǎn sān èr

03 배수

배수의 '倍 bèi'를 사용할 때는 약간의 주의를 요합니다. 「올해의 생산량은 작년의 3배이다」를 표현하는 방법으로는

① 「~이다」를 나타내는 동사 '是 shì'를 써서

今年 的 产量 是 去年 的 三 倍。
Jīnnián de chǎnliàng shì qùnián de sān bèi.
올해의 생산량은 작년의 3배이다.

② 「빼기하면 얼마나 더 증가했는가」를 나타내는 방식

今年 的 产量 比 去年 增加了 两 倍。
Jīnnián de chǎnliàng bǐ qùnián zēngjiāle liǎng bèi.
올해의 생산량은 작년에 비해 2배 증가했다.

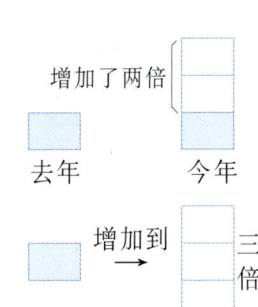

③「증가한 결과 3배가 되었다」는 결과에 대해 언급하는 방식

今年 的 跟 去年 的 相比 增加到 三 倍。
Jīnnián de gēn qùnián de xiāngbǐ zēngjiādào sān bèi.
올해 것을 작년 것과 비교하면, 3배 증가했다.

04 대략의 수

여러 가지 표현법이 있지만 대표적인 몇 가지를 소개합니다.

숫자를 나열한다.

| 七八岁 | qī bā suì | 7, 8세 |
| 三五天 | sān wǔ tiān | 삼사일, 사오일 |

左右 zuǒyòu ~정도, 쯤. 수량사와 결합합니다.

一年左右	yì nián zuǒyòu	1년 정도
十二点左右	shí'èr diǎn zuǒyòu	12시 쯤
(×) 春节左右	chūnjié zuǒyòu	('春节설날'는 수량이 아니므로 불가)

前后 qiánhòu 시점과 결합하며, 숫자 외에도 가능. 시간의 양은 사용할 수 없습니다.

十一前后	Shí-Yī qiánhòu	10월 1일 국경절 전후
春节前后	chūnjié qiánhòu	설날 쯤
(×) 三天前后		('三天삼일간'은 시간의 양이므로 불가)

上下 shàngxià 주로 연령, 높이, 무게 등

二十(岁)上下	èrshí (suì) shàngxià	20세 전후
一米八(十)上下	yì mǐ bā (shí) shàngxià	1m 80 정도
五十公斤上下	wǔshí gōngjīn shàngxià	50kg 정도

几 jǐ   수~, 몇~

十几个	shí jǐ ge	열 몇 개, 십수 개
几十个	jǐ shí ge	수십 개

多 duō   ~남짓, +1~2

十多个	shí duō ge	열 개 남짓
一个多月	yí ge duō yuè	한 달 남짓
一年多	yì nián duō	일년 남짓

来 lái   ~정도, 안팎, ±1~2

三十来个	sānshí lái ge	30개 정도
四里来路	sì lǐ lái lù	4리 정도

05 서수

기본적으로는 '第 dì'를 붙입니다.

第一天	dì yī tiān	첫째 날
第二名	dì èr míng	2등
第三卷	dì sān juàn	세 권째
第三十五号	dì sānshiwǔ hào	제35호

'第'를 붙이지 않고도

一月	yīyuè	1월
二号	èr hào	2일
二哥	èrgē	둘째 형
三弟	sāndì*	셋째 동생
一九九五年	yī jiǔ jiǔ wǔ nián	1995년

등도 서수입니다. 서수를 나타낼 때 '一'는 성조 변화를 하지 않고 'yī' 그대로, 2는 '两'이 아니고 '二' 입니다.

'多'와 '来'의 두 가지 어순

'多'와 '来'는 직전의 말에 붙어 각각 +α, ±α 를 나타내기 때문에 놓인 위치가 양사의 앞이냐 뒤냐에 따라 의미하는 양이 달라집니다. (α 는 1, 2할)

十多里路는 10(리)의 +α 로 11, 12리
十来里路는 10(리)의 ±α 로 8, 9 ~ 11, 12리
十里多路는 10과 「1(리)」의 ±α 로 10.1, 10.2리
十里来路는 10과 「1(리)」의 ±α 로 9.8, 9.9리에서 10.1, 10.2리

이렇게 '多'와 '来'가 양사의 앞뒤에 놓일 수 있는 것도 사용되는 양사가 도량형 양사처럼 연속량을 나타내는 것이기 때문이며, 불연속량을 나타내는 '个'(사람) '本'(책) 등의 개별 양사와 함께 쓰일 때는 양사의 앞에만 올 수 있습니다.

十多个人	(×) 十个多人
十来个人	(×) 十个来人
三十多本书	(×) 三十本多书
三十来本书	(×) 三十本来书

 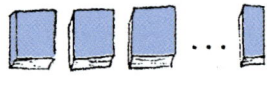

✗ 十个多人   ✗ 三十本多书

여러 가지 형용사와 구별사

01 성질형용사와 상태형용사
  • 성질형용사
  • 상태형용사
02 성질형용사 + '的'
03 여러 개의 수식어를 나열하는 법
04 구별사

 성질형용사와 상태형용사

형용사(形容词)는 그 형태나 역할에 따라 여러 가지로 나눌 수 있지만, 크게 보면 성질형용사와 상태형용사로 나눌 수 있습니다.
이 두 가지는 같은 형용사라 하더라도 형태와 문법적인 쓰임새, 그리고 나타내는 의미 등이 아주 다릅니다.

1 성질형용사

성질형용사는 사람과 사물의 성질이나 속성을 나타내는 것으로, 단순한 형태를 하고 있습니다.

(1) 형태

단음절 형용사와 2음절 형용사가 있습니다.

단음절 형용사 (A형)

好	hǎo	좋다
坏	huài	나쁘다
高	gāo	높다
低	dī	낮다
快	kuài	빠르다 / 날카롭다
慢	màn	느리다

2음절 형용사 (AB형)

清楚	qīngchu	분명하다
高兴	gāoxìng	기쁘다
干净	gānjìng	깨끗하다
伟大	wěidà	위대하다

(2) 문법적인 쓰임새

① 정도부사의 수식을 받는다
　「대단히 덥다」「매우 덥다」「조금 덥다」처럼 똑같은 더위라도 그 정도는 갖가지입니다.

성질형용사는 정도를 나타내는 부사의 수식을 받을 수 있습니다.

非常　热　　대단히 덥다
fēicháng　rè

很　热　　매우 덥다
hěn　rè

有点儿　热　　조금 덥다
yǒudiǎnr　rè

대표적인 정도부사는 다음과 같습니다.

最好　　가장 좋다
zuì hǎo

太多　　너무 많다
tài duō

相当长　　상당히 길다
xiāngdāng cháng

特别大　　특별히 크다
tèbié dà

很干净　　매우 깨끗하다
hěn gānjìng

有点儿冷　　약간 춥다
yǒudiǎnr lěng

非常高兴　　매우 기쁘다
fēicháng gāoxìng

比较忙　　꽤 바쁘다
bǐjiào máng

② '不'로 부정한다

성질형용사는 부정을 나타내는 부사 '不 bù'(~가 아니다)로 부정합니다.

不　热　　덥지 않다(뜨겁지 않다)
bú　rè

不　清楚　　분명치 않다
bù　qīngchu

'不'는 뒤에 제4성의 말이 올 때 제2성으로 성조가 변화합니다. (제6장 참조)

不　坏　　나쁘지 않다
bú　huài

不　慢　　느리지 않다
bú　màn

05 여러가지 형용사와 구별사

③ 자유롭게 명사를 수식하지 못한다
일부 성질형용사는 명사를 직접 수식할 수 있지만, 그 활용은 제한되어 있습니다. 「성질형용사+명사」 만남의 제한은 역사적, 습관적인 것으로 확실한 의미적, 문법적 근거는 없습니다. '白纸 bái zhǐ(흰 종이)'는 괜찮지만 '白家具 bái jiāju(하얀 가구)'는 안 됩니다. '短发 duǎnfà(짧은 머리)'는 되지만 '短布 duǎn bù(짧은 옷감)'는 안 됩니다.

新书	xīn shū	새로운 책
短发	duǎnfà	짧은 머리
重要 问题	zhòngyào wèntí	중요한 문제

성질형용사의 대부분은 앞에는 정도부사를, 뒤에 '的'를 두어 상태형용사화(化)되며, 상태형용사로 변한 성질형용사는 명사를 수식할 수 있습니다.

很 漂亮 的 衣服 hěn piàoliang de yīfu	매우 아름다운 옷
最 可爱 的 孩子 zuì kě'ài de háizi	가장 귀여운 아이
非常 干净 的 病房 fēicháng gānjìng de bìngfáng	대단히 깨끗한 병실

④ 술어가 될 때는 '很 hěn'이 필요하다
성질형용사가 술어로 쓰이는 경우에는 보통 정도부사인 '很'의 수식이 필요합니다. 이 '很'은 형식적으로 필요한 것으로 「매우」라는 의미는 약합니다. (제6장 참조)

今天 很 热。 Jīntiān hěn rè.	오늘은 덥다.
这 本 书 很 厚。 Zhè běn shū hěn hòu.	이 책은 두껍다.

2 상태형용사

상태형용사란 사람이나 사물을 리얼하고 생생하게 묘사하는 것으로,「확실히 그런 상태다」라고 말하는 사람이 인정한다는 느낌을 포함하고 있습니다. 관형어, 술어가 될 때는 「생생하게 그 모습을 묘사」하고, 부사어(状语;상황어)가 될 때는 「강조」를 뜻합니다.
형태로서는 본래 상태형용사인 것과 성질형용사에 어떤 조작을 가해 상태형용사화(化)한 것 두 가지가 있습니다.

(1) 형태
① 본래적인 상태형용사에는 AB형과 ABB형이 있습니다

〈특수 2음절 형용사 AB형〉

「마치 A처럼 B하다」, 「A의 정도로 B하다」라는 구조를 가진 2음절 형용사

雪白	xuěbái	눈처럼 하얗다 → 새하얀
冰凉	bīngliáng	얼음처럼 차갑다 → 매우 차가운
笔直	bǐzhí	붓처럼 똑바르다 → 똑바른
飞快	fēikuài	나는 것처럼 빠르다 → 매우 빠른
通红	tōnghóng	주위를 물들일 정도로 빨간 → 새빨간

이러한 형용사의 중첩형은 ABAB가 됩니다.

雪白雪白 (○)   雪雪白白 (×)
冰凉冰凉 (○)   冰冰凉凉 (×)

〈ABB형 형용사〉

형용사 A에 접미사 BB가 붙어 있는 것

热乎乎	rèhūhū	따끈따끈한
干巴巴	gānbābā	바삭바삭한
红通通	hóngtōngtōng	새빨간
绿油油	lǜyōuyōu	짙푸른
黑洞洞	hēidōngdōng	캄캄한

그외에 상태형용사에는 또 한 가지, A里AB형이 있습니다. 이 형태의 낱말은 거의 다 의미상 좀 안 좋은 이미지를 나타냅니다.

糊里糊涂	húlihútu	어리벙벙하다
古里古怪	gǔligǔguài	괴상하다
肮里肮脏	āngli'āngzāng	더러운

② 성질형용사에 어떤 조작을 가해 상태형용사가 된 것

〈AA형〉

단음절 형용사 A의 중첩형. 제2음절은 종종 제1성으로 변하고, 어미는 ~er화(~儿化)하는 경우가 많다.

好好儿	hǎohāor	잘
小小儿	xiǎoxiāor	조그만
大大	dàdà	커다란
高高	gāogāo	높다란

〈AABB형〉

2음절 형용사 AB의 중첩형. 제2음절을 가장 가볍게 발음하고, 강세는 맨끝 음절에 있다.

清清楚楚　qīngqingchǔchǔ　　　분명하다
高高兴兴　gāogaoxìngxīng　　　기쁘다

〈정도부사＋성질형용사＋的〉

성질형용사가 앞에는 정도부사, 뒤에는 '的'를 동반한다.

很　漂亮　的　　매우 아름다운
hěn piàoliang de

非常　可爱　的　　대단히 귀여운
fēicháng kě'ài de

最　高兴　的　　가장 기쁜
zuì gāoxìng de

(2) 문법적인 쓰임새

상태형용사는 정도부사의 수식을 받지 않으며, '不'로 부정되는 일도 없습니다. 상태형용사는 어떤 성질, 예를 들면 「하얗다」, 「뜨겁다」라는 성질이 존재하고 있다는 것을 전제로 하여 그 성질이 어느 정도인지, 어떠한지를 더 깊이 파고들어가 묘사합니다. 따라서 기본적 성질에 대해 긍정적으로 인정하는 기분이 있어, 부정도 안되고 정도부사의 수식도 받지 않는 것입니다.

(×)很　雪白　　　(×)太　热乎乎　　　(×)非常　高高兴兴
(×)不　雪白　　　(×)不　热乎乎　　　(×)不　　高高兴兴

상태형용사가 뒤에 '的'를 동반하게 되면 자유롭게 명사를 수식할 수 있습니다.

雪白　的　衬衫　　새하얀 셔츠
xuěbái de chènshān

热乎乎　的　包子　　따끈따끈한 찐빵
rèhūhū de bāozi

상태형용사는 보통 뒤에 '的'를 수반하여 술어가 되기도 합니다. 성질형용사가 술어가 될 때 필요한 '很'은 상태형용사에서는 필요하지 않습니다.

台布　雪白雪白　的。　　테이블보는 새하얗다.
Táibù xuěbáixuěbái de.

馒头　热乎乎　的。　　찐빵은 따끈따끈하다.
Mántou rèhūhū de.

(×)孩子们　很　高高兴兴　的。

이상의 것들을 표로 정리합니다.

성질형용사와 상태형용사의 비교 대조

	형	역할	명사를 수식	정도부사의 수식	'不'의 수식	술어가 된다
성질형용사	〈단순〉 白 黑 热 清楚	성질이나 속성을 나타낸다 관념적·추상적이다	제한된 조합은 직접 '白纸'/그 이외에는 '很'과 '的', 즉 상태형용사화 很白的家具	받는다 很黑 非常热 比较清楚	'不'로 부정할 수 있다 不黑 不清楚	장식의 '很' 필요(제6장 참조) 屋里很黑
상태형용사	〈복잡〉 雪白 黑洞洞 热乎乎 清清楚楚	생생하게 살아 있는 상황 묘사 화자가 이미 인정하는 느낌이 있다.	'的'자를 넣어 자유롭게 雪白的墙 黑洞洞的枪口 清清楚楚的问题	받지 않는다 × 非常雪白 × 很黑洞洞 × 太清清楚楚	'不'로 부정할 수 없다 × 不雪白 × 不黑洞洞	장식의 '很' 불필요(제6장 참조) × 屋里很黑洞洞的。

家具 jiāju 가구　　屋里 wūli 방
墙 qiáng 벽　　枪口 qiāngkǒu 총구

02. 성질형용사 + 的

대명사나 명사에 '的'가 붙을 때와 마찬가지로 성질형용사에도 '的'가 붙어 「~한 것」이라는 의미를 나타낼 수 있습니다. 이 경우에도 전후의 관계에서 그것이 구체적으로 무엇을 가리키는지를 알 수 있습니다.

大的　　　　　　큰 것
dà de

一本厚的　　　　두꺼운 것 한 권
yì běn hòu de

红的　　　　　　빨간 것
hóng de

一件干净的　　　깨끗한 것 한 벌
yí jiàn gānjìng de

 **여러 개의 수식어를 나열하는 법**

那 一 辆 自行车 저 한 대의 자전거
Nà yí liàng zìxíngchē

小张 的 自行车 장 군의 자전거
Xiǎo Zhāng de zìxíngchē

很 新 的 自行车 새 자전거
Hěn xīn de zìxíngchē

'自行车'를 수식하는 관형어가 여러 개 있지만 이들을 전부 합쳐 중심어 '自行车'에 걸리는 수식어로 할 때, 어떤 어순으로 하면 좋을까요?

우선 수량사를 중심에 놓고 생각하세요. '一辆'입니다. 그 직전에는 '这, 那'와 같은 지시대명사가 옵니다. '那一辆'이 정해지면 그 앞에는 한정성 수식어(=어디, 언제, 누구, 무엇)를 두고, 뒤에는 묘사성 수식어(=어떤)를 둡니다. 이것이 일반적인 관형어의 어순입니다.

한정성	+ 这, 那 +	수량사	+ 묘사성 +	명사
小张的	那	一辆	很新的	自行车

 **구별사(형용사와 명사의 중간)**

'男 nán (남), 女 nǚ (여), 正 zhèng (정), 副 fù (부)'와 같이 주로 사물을 분류하거나 구별을 나타내는 구별사가 있습니다. 술어가 되지 않는다는 성질에 주목하여, 구별사를「非谓语形容词비술어형용사」라고 부르기도 합니다.

(1) 구별사의 특징

이들은 형용사/명사와 닮았으나 형용사가 가진
㉠ 정도부사의 수식을 받는다 ┐ 등의 성질을 가지고 있지 않습니다.
㉡ 술어가 된다   ┘

　　(×) 很男
　　(×) 他很正

또한 명사가 가지고 있는
㉠ 수량사의 수식을 받는다 ┐
㉡ 주어, 목적어가 된다   ┘ 등의 성질도 가지고 있지 않습니다.

  (×) 一个男
  (×) 他是男

그 밖에 구별사에는 다음의 특징이 있습니다.

- 명사에 직접 붙여 명사구를 만든다.

男人	nánrén	남자
副食	fùshí	부식
大型企业	dàxíng qǐyè	대형 기업

- '的'를 뒤에 수반하여 「~의 것」이란 의미를 나타낸다.

彩色的	cǎisè de	컬러인 것
新式的	xīnshì de	신식의 것

- 부정은 '非'(~가 아니다)를 사용하여 나타낸다.

非大型	fēidàxíng	
非国营	fēiguóyíng	

(2) 중요 구별사 목록

구별사는 그 숫자가 많지 않은 품사입니다. 중요한 것들을 들어봅니다.

男	nán	남		女	nǚ	여
正	zhèng	정		副	fù	부
金	jīn	금		银	yín	은
雄	xióng	수컷		雌	cí	암컷
公	gōng	수컷		母	mǔ	암컷
单	dān	단수의		双	shuāng	복수의
横	héng	횡의		竖	shù	종의
个别	gèbié	개별의		共同	gòngtóng	공동의
民用	mínyòng	민간용		军用	jūnyòng	군용
主要	zhǔyào	주요한		次要	cìyào	부차적인

天然	tiānrán	천연의		人为	rénwéi	인위적인
急性	jíxìng	급성의		慢性	mànxìng	만성의

쌍이 이루어지지 않는 구별사도 있습니다.

粉	fěn	핑크의		别	bié	다른
公共	gōnggòng	공공		国产	guóchǎn	국산
正式	zhèngshì	공식		所有	suǒyǒu	모든

형용사술어문

01 **형용사술어문 만드는 법**
   - 상태형용사
   - 성질형용사

02 **부정**

03 **의문문**
   - '吗' 의문문
   - 정반의문문
   - 선택의문문 '还是'
   - 의문대명사 '怎么样'

04 **주술술어문**

01. 형용사술어문 만드는 법

'무엇이 어떠하다'고 사람과 사물의 성질/상태에 대해 묘사합니다.

> **She is pretty.**
> 그녀는 예쁘다.

영어에서는 형용사가 그대로 술어가 되지 못하고 반드시 be동사가 필요합니다. 하지만 우리말에서는 형용사가 동사와 마찬가지로 그대로 술어가 됩니다. 중국어의 형용사도 이 점에서는 우리말과 비슷합니다.

1 상태형용사

'的'를 붙여 술어가 됩니다.

주부(主部)	술부(述部)
姑娘 的 脸 Gūniang de liǎn 아가씨의 얼굴은 살짝 붉어졌다.	红红 的。 hónghóng de.
事情 Shìqing 일은 이미 분명해졌다.	已经* 明明白白 的。 yǐjing míngmingbáibái de.
这些 纸 Zhèxiē zhǐ 이 종이들은 모두 새하얗다.	都* 雪白 的。 dōu xuěbái de.
屋里 Wūli 방 안은 깜깜하다.	黑洞洞 的。 hēidōngdōng de.

> **TiP**
> '已经' yǐjing(이미), '都' dōu(모두) 둘 다 부사로서, 술어의 형용사와 함께 술부를 구성합니다.

상태형용사는 어떤 사실에 대해 생생하게 구체적인 묘사를 하는 것으로, '빨강'이라면 빨강에 대해 더욱 깊이 들어가 묘사를 합니다. 그러므로 '빨강'이라는 기본적 성질을 우선적으로 인정하고 있기 때문에, 소위 긍정적인 인정의 기분(이를 심적 태도라고 합니다)을 전제로 합니다.

사실과 심적 태도

상대에게 무언가를 전하려 할 때 문장을 기본단위로 말합니다. 예를 들어 "비가 오려나?"라는 문장에서 볼 때, '비가 오다'라는 객관적인 사실을 나타내는 부분(이것을 명제라고 합니다)과 '~하려나'라고 하여 의문을 표명하는 마음의 태도를 나타내는 부분(모댈리티; modality)의 두 요소로 성립된다고 볼 수 있습니다. "반드시 비가 올 겁니다."에서는 '반드시 ~할 겁니다'가 '비가 오다'에 대해 확실한 예측이라는 마음의 태도를 나타내는 부분입니다.

이렇게 말하는 이의 마음의 태도를 나타내는 요소, 즉 모댈리티는 대개 객관적인 사실을 나타내는 요소, 즉 명제의 앞이나 뒤에 붙는 성질을 지니고 있습니다.

| 모댈리티 | 명제 | 모댈리티 |

2 성질형용사

성질형용사가 술어가 되기 위해서는 정도부사가 필요하며, '장식품 很'을 자주 사용합니다.

(1) 장식품 '很'

今天　很　冷。
Jīntiān　hěn　lěng.
오늘은 춥다.

姐姐　很　瘦。
Jiějie　hěn　shòu.
누나는 야위었다.

这　间　屋子　很　干净。
Zhè　jiān　wūzi　hěn　gānjìng.
이 방은 깨끗하다.

위 번역에는 '很 매우'의 의미가 들어 있지 않습니다. 성질형용사는 사물의 속성을 나타냅니다. 즉 그것이 어떤 성질을 가졌는지만을 나타내기 때문에, 이것만으로는 문장을 구성하는 데 필요한 말하는 이의 마음의 태도가 결여되어 있습니다. 그래서 앞 과에서 공부한 정도부사 그 중에서도 특히 '很'을 사용해 문장을 성립시킵니다. 이 '很'은 그러한 문법적 필요에서 들어가기 때문에 '매우'라는 의미를 가지지 않고, 가볍게 읽어 넘기며, 번역에도 있듯이 '오늘은 춥다'라는 의미를 나타냅니다. 단 이 문장도 '很'에 액센트를 넣어 강하게 읽으면 '오늘은 매우 춥다'라는 뜻을 나타냅니다.

(2) 물론 그 외의 정도부사도 자주 사용됩니다. 이들은 '很'과는 달리 단어 본래의 의미를 나타냅니다.

这个　孩子　真　可爱。
Zhège　háizi　zhēn　kě'ài.
이 아이는 정말 귀엽다.

这个　东西　有点儿　贵。
Zhège　dōngxi　yǒudiǎnr　guì.
이 물건은 약간 비싸다.

(3) 성질형용사가 단독으로 쓰이면 '비교·대조'를 나타냅니다.

'今天很冷。Jīntiān hěn lěng. 오늘은 춥다'라고 하지 않고 '今天冷。'이라고 말하면 어떻게 될까요? 이때의 '今天冷。'은 「비교/대조」입니다.

(昨天暖和 zuótiān nuǎnhuo,) 今天　冷。
(어제는 따뜻했지만) 오늘은 춥다.

'(어제는 따뜻했지만) 오늘은 춥다'라는 비교의 느낌이 숨어 있습니다. 예를 들면;

这　间　屋子　大。
Zhè　jiān　wūzi　dà.
이 방은 크다. (하지만 저 방은 좁다)

这　本　书　厚，那　本　书　薄。
Zhè　běn　shū　hòu,　nà　běn　shū　báo.
이 책은 두껍고, 저 책은 얇다.

비교의 기분이 들어 있지 않고, 다만 그 대상에 대해 말할 때는 '장식품 很'이 필요합니다.

상태형용사	성질형용사	
●'的'를 동반한다	●단독으로는 비교	●'很'을 붙여서
屋里静悄悄的。 Wūli jìngqiāoqiāo de. 방은 아주 조용하다.	姐姐漂亮。 Jiějie piàoliang. 언니는 예쁘다 [, 하지만 동생은…].	姐姐很漂亮。 Jiějie hěn piàoliang. 언니는 예쁘다.

 부정(否定)

北京 的 秋天 不 热。
Běijīng de qiūtiān bú rè.
베이징의 가을은 덥지 않다.

她 的 头发 不 长。
Tā de tóufa bù cháng.
그녀의 머리는 길지 않다.

성질형용사가 술어로 쓰인 문장을 부정할 때는, 형용사 앞에 '不 bù'라는 부정을 나타내는 부사를 붙입니다.

 '不'의 성조변화

본래의 성조는 제4성 bù
不+제1성 : 不多 bù duō 많지 않다
不+제2성 : 不同 bù tóng 같지 않다
不+제3성 : 不好 bù hǎo 좋지 않다

제4성의 앞에서는 제2성으로 변합니다.
不+제4성 : 不对 bú duì 맞지 않다

*형용사를 부정하는 또 하나의 부사 '没 méi'에 대해서는 제15장을 참조하세요.

1 장식품 '很'과 '不'

'不'는 그 자체로 '~하지 않다'라는 부정의 판단/인정을 나타내는 말이기 때문에, 이것도 일종의 '화자의 마음 상태'를 나타내는 것이라 볼 수 있습니다. 따라서 '장식품 很'은 이제 필요없게 됩니다. 불필요한데도, 부정사 '不'와 함께 존재한다면 이것은 이제 '장식품'이 아니라, 반드시 번역해야 합니다.

她 姐姐 不 很 漂亮。
'매우 예쁘지는' 않다 → '그렇게 예쁘지는 않다'

她 姐姐 很 不 漂亮。
매우 '예쁘지 않다' → '전혀 예쁘지 않다'

상태형용사는 그 속에 이미 긍정적으로 인정하는 기분이 포함되어 있어, 이를 부정하는 것은 불가능합니다.

(×) 不雪白　　(×) 不热乎乎　　(×) 不高高

 의문문(疑问句)

보통 성질형용사가 쓰입니다.

1 '吗' 의문문

의문의 어기(語氣)를 나타내는 조사 '吗 ma'를 문장 끝에 붙입니다.

北京 的 秋天 凉快 吗?
Běijīng de qiūtiān liángkuai ma?
베이징의 가을은 시원합니까?

这个 苹果 甜 吗?
Zhège píngguǒ tián ma?
이 사과는 답니까?

2 정반의문문(正反疑问句)

술어의 긍정형과 부정형을 나열합니다.

北京 的 秋天 凉快 不凉快?
Běijīng de qiūtiān liángkuai buliángkuai?
베이징의 가을은 시원합니까?

这个 苹果 甜 不甜?
Zhège píngguǒ tián butián?
이 사과는 답니까?

'不'는 보통 가볍게 발음합니다.

Plus α

'也 yě ~도'나 '都 dōu 모두', '很 hěn' 등과 같이 '범위'나 '정도'를 나타내는 부사가 있을 때는, 문장 끝에 '吗'를 붙인 '吗' 의문문을 사용하고, 정반의문문은 사용하지 않습니다.

这个 苹果 也 甜 吗? 이 사과도 답니까?
- 这个 苹果 也 甜不甜? (×)

这些 苹果 都 甜 吗? 이 사과들은 모두 답니까?
- 这些 苹果 都 甜不甜? (×)

那个 苹果 很 甜 吗? 저 사과는 매우 답니까?
- 那个 苹果 很 甜不甜? (×)

의문문에는 어떤 사실(명제)이 '불확정'이라는 말하는 이의 기분(마음의 태도)이 들어 있기 때문에 '장식품 很'은 필요하지 않습니다. 또한 대답에도 '很' 없이 대답합니다. '很' 없이도 비교/대조의 의미가 들어 있지 않습니다. 물론「매우」라는 의미를 나타낼 때는 '很'을 붙이고 액센트도 '很'에 두어 대답하면 좋습니다.

这个 苹果 甜吗? ➡ 甜。 / 很甜。 / 不甜。
这个 苹果 甜不甜? 달아요. 매우 달아요. 달지 않아요.

3 선택의문문 '还是 háishi'

접속사 '还是 háishi' (아니면)를 사용해 두 개 혹은 그 이상에서 적당한 것을 선택하는 의문문입니다.

你 的 词典 厚 还是 薄?
Nǐ de cídiǎn hòu háishi báo?
당신의 사전은 두껍습니까, 아니면 얇습니까?

— 厚。 / 薄。 / 很厚。 / 很薄。
두껍습니다. / 얇습니다. / 매우 두껍습니다. / 매우 얇습니다.

4 의문대명사 '怎么样 zěnmeyàng'

'怎么样'은 '성질/방법/상태' 등이 어떠한지를 묻는 의문문입니다.

A : 天气 怎么样？
　　Tiānqì zěnmeyàng?
　　날씨가 어떻습니까?

B : 很 好。／ 不 太 好。
　　Hěn hǎo. / Bú tài hǎo.
　　좋습니다. / 그다지 좋지 않습니다.

대답에는 '장식품 很'이 필요합니다. 그것은 '怎么样'이라는 물음 속에 아무런 예측이 들어 있지 않고, 또한 여러 가지 중에서 선택하는 대답과도 다르기 때문입니다.

장식품 '很'

- 단독으로 쓰인 성질형용사 — '비교/대조'의 의미를 나타낸다.
  这 本 书 厚, 那 本 书 薄。

- 단순히 '이 책은 두껍다'라고 하기 위해서는 장식품 '很'이 필요. — '很'은 가볍게 읽는다.
  这 本 书 很 厚。

- ~吗/정반/선택의문문의 답으로는 장식품 '很'은 불필요.
  这 本 书 厚 吗?
  这 本 书 厚 不厚?
  这 本 书 厚 还是 薄?
  这 本 书 厚。
  这 本 书 很 厚 吗? — 「매우」의 의미 부활.

- '怎么样'으로 물으면 장식품 '很' 필요.
  他 最近 怎么样? — (他) 很 好。잘 지냅니다.

 **주술술어문(主谓谓语句)**

우리말의 '코끼리는 코가 길다'와 비슷한 구조의 문장이 있습니다.

대(大)주어　대(大)술어
| 他 | 个子 | 很高。 |

Tā gèzi hěn gāo.
그는 키가 크다.

　　　　소(小)주어　소(小)술어
| 个子 | 很高 |

이렇게 대(大)술어가 다시 '주어＋술어'(小주어, 小술어라고 합니다)로 구성되는 문장입니다. 다른 예를 들어봅시다.

我　牙　有点儿　疼。
Wǒ　yá　yǒudiǎnr　téng.
나는 이가 좀 아프다.

我们　单位　年轻人　不　少。
Wǒmen　dānwèi　niánqīngrén　bù　shǎo.
우리 직장은 젊은 사람이 적지 않다.

这　种　汽车　性能　好, 样子　美观, 价格　适宜。
Zhè　zhǒng　qìchē　xìngnéng　hǎo, yàngzi　měiguān, jiàgé　shìyí.
이런 종류의 자동차는 성능이 뛰어나고, 외관이 아름답고, 가격도 적당하다.

小王　体重　七十一　公斤, 身高　一　米　七二。
Xiǎo Wáng tǐzhòng qīshíyī gōngjīn, shēngāo yì mǐ qī'èr.
왕군은 체중이 71킬로이며, 신장이 172센티다.

주술술어문의 술어(즉 大술어)는 주로 大주어를 설명하거나 묘사합니다. 이 문형은 아주 유용하며 특히 회화체에서 많이 쓰입니다.
우리말에도 같은 표현형식이 있기 때문에 우리에겐 쓰기 쉬운 문형이라 하겠습니다.

 **주술술어문의 부정과 의문**

他　个子　不　高。　　　他　个子　高　吗?
他　个子　高　不高?　　他　个子　高　还是矮 ǎi(작다)?
他　个子　怎么样?

부정문이나 의문문을 만들 때는 주술술어문의 小술어 부분을 바꾸면 됩니다.

06 형용사술어문 **75**

동사술어문

01 동사술어문의 어순
- S+V
- S+V+O
- S+V+O+O
- 상황어+V

02 동사술어문의 부정

03 의문문 만드는 법
- '吗'의문문
- 정반의문문
- 선택의문문
- 의문대명사의문문

04 소유를 나타내는 '有'

01 동사술어문의 어순

이 장에서는 술부의 주요 부분이 동사로 되어 있는 문장을 배웁니다.

1 S + V

我 唱。
Wǒ chàng.
나는 노래한다.

你 听。
Nǐ tīng.
당신은 듣는다.

他们 表演。
Tāmen biǎoyǎn.
그들은 연기한다.

'唱' '听' '表演' 은 동사로서, 각 문장의 술어입니다.

2 S + V + O

我 唱 歌儿。
Wǒ chàng gēr.
나는 노래를 부른다.

你 听 广播。
Nǐ tīng guǎngbō.
당신은 방송을 듣는다.

他们 表演 舞蹈。
Tāmen biǎoyǎn wǔdǎo.
그들은 춤을 춘다.

'歌儿' '广播' '舞蹈' 등의 목적어는 동사의 뒤에 놓입니다.

V O 구조의 동사

동사 자체가 「동사+목적어」 즉 「V O 구조」로 되어 있는 것이 있습니다.

毕业 bìyè 졸업하다

「업(業)을 필(畢)하다」라는 뜻으로, '毕业' 그 자체가 V O 구조입니다. 일반적으로 V O 구조의 동사는 그 뒤에 목적어를 또 하나 가질 수 없습니다. 「대학을 졸업하다」라고 말할 때는 '毕业大学' 가 아니고 '大学' 를 앞에 놓아 '大学毕业' 가 됩니다.
이런 종류의 동사가 목적어를 가질 때에는 여러 가지 모습이 됩니다.

结婚 jiéhūn　　　　婚을 結하다, 결혼하다
→ 跟 gēn 她结婚　　그녀와 결혼하다

看病 kànbìng　　　病을 看하다, 진찰하다
→ 给 gěi 他看病　　그를 진찰하다

帮忙 bāngmáng　　忙을 帮하다, 돕다
→ 帮他的忙　　　그를 돕다

生气 shēngqì　　　氣(화)를 生하다, 화내다
→ 生他的气　　　그에게 화내다

처음의 두 개는 '跟 gēn (~와)' '给 gěi (~에게)' 라는 전치사(介词)로 목적어를 앞에 나오게 합니다. 뒤의 두 개는 목적어를 두 글자 사이에 끼워 넣습니다.

NOTE * '毕 bì'의 번체자는 '畢', '마치다, 완성하다, 완료하다' 란 뜻입니다.

3　S + V + O(간접) + O(직접)

동사에 따라서는 목적어를 두 개 취하는 것도 있습니다. 간접목적어는 앞에, 직접목적어는 뒤에 놓입니다.

老师 教 我们 汉语。
Lǎoshī jiāo wǒmen Hànyǔ.
선생님은 우리에게 중국어를 가르친다.

他 送 朋友 一 件 礼物。
Tā sòng péngyou yí jiàn lǐwù.
그는 친구에게 선물을 하나 준다.

哥哥 给 我 一 个 足球。
Gēge gěi wǒ yí ge zúqiú.
형은 나에게 축구공을 한 개 준다.

我们　称　他　老王　师傅。
Wǒmen chēng tā Lǎo Wáng shīfu.
우리는 그를 王사부라고 부른다.

이중목적어를 취하는 동사는「주다」「취득하다」「~라고 부르다」라는 의미를 가지며, 그 숫자는 제한되어 있습니다. 그 중에는 다음과 같은 것들이 있습니다.

递 dì 건네다　　　　还 huán 돌려주다　　　交 jiāo 넘겨주다
借 jiè 빌리다, 빌려주다　收 shōu 받다　　　　问 wèn 묻다
叫 jiào ~라고 부르다　告诉 gàosu 알리다　　通知 tōngzhī 통지하다

 **이중목적어의 동사인가, 아닌가**

다음 동사는 이중목적어를 취할 것처럼 생겼지만, 사실은 아니므로 주의해야 합니다.

介绍 jièshào 소개하다　　打电话 dǎ diànhuà 전화걸다　　写信 xiě xìn 편지쓰다

'给你 gěi nǐ (당신에게)' 등을 동사 앞에 놓고 표현합니다.

给你介绍 gěi nǐ jièshào　　　　给他打电话 gěi tā dǎ diànhuà
给妈妈写信 gěi māma xiěxìn

4 상황어 + V

술어의 수식성분인 부사어는, 상황어(状语 zhuàngyǔ)라고 부르며, 보통은 동사나 형용사의 앞에 놓여 술어동사/형용사와 함께 술부를 구성합니다.
상황어에는 시간/장소/범위나 목적 등을 나타내는 것부터 동작이 행해지는 모습을 묘사하는 것까지, 여러 가지 타입이 있습니다.

他　明天　去　上海。　　　　　◀ 명사
Tā míngtiān qù Shànghǎi.
그는 내일 상하이에 간다.

她　在　屋里　看　书。　　　　◀ 전치사(구)
Tā zài wūli kàn shū.
그녀는 방에서 책을 읽는다.

我们　都　游览　长城。　　　　◀ 부사
Wǒmen dōu yóulǎn Chángchéng.
우리는 모두 만리장성을 구경한다.

他们　常常　打　乒乓球。　　　　　◀ 부사
Tāmen chángcháng dǎ pīngpāngqiú.
그들은 자주 탁구를 친다.

他们　热烈地　欢迎　我们。　　　　◀ 형용사
Tāmen rèliède huānyíng wǒmen.
그들은 열렬히 우리를 환영한다.

他　在家里　愉快地　度过了　暑假。　◀ 복수의 상황어
Tā zài jiāli yúkuàide dùguòle shǔjià.
그는 집에서 유쾌하게 여름휴가를 보냈다.

Plus α 어떤 목적어를 취하는가에 따른 동사 분류

- 대체로 술어성 목적어를 취하는 동사군

    愿意[去中国]　　yuànyì [qù Zhōngguó]　　[중국에 가고] 싶다
    打算[看戏]　　　dǎsuan [kàn xì]　　　　　[연극을 볼] 예정이다
    认为[很好]　　　rènwéi [hěn hǎo]　　　　 [매우 좋다고] 생각한다

- 술어성, 명사성 양쪽의 목적어를 취하는 동사군

    看[杂技]　　　　kàn [zájì]　　　　　　　 [곡예를] 보다
    看[下象棋]　　　kàn [xià xiàngqí]　　　　[장기 두는 것을] 보다
    喜欢[他]　　　　xǐhuan [tā]　　　　　　　[그를] 좋아하다
    喜欢[跳舞]　　　xǐhuan [tiàowǔ]　　　　　[춤추는 것을] 좋아하다

- 장소를 나타내는 명사를 목적어로 취하는 동사군

    来[首尔]　　　　lái [Shǒu'ěr]　　　　　　[서울에] 오다
    上[山]　　　　　shàng [shān]　　　　　　 [산에] 오르다

- 수량사만을 동반하는 동사군

    休息[一会儿]　　xiūxi [yíhuìr]　　　　　 [좀] 쉬다
    病[三天]　　　　bìng [sān tiān]　　　　　[삼일 간] 앓다

 ## 동사술어문의 부정

'不 bù'와 '没(有) méi(you)'라는 두 개의 부사를 씁니다. 부사이기 때문에 문장에서의 위치는 모두 동사의 앞입니다. 그러나 나타내는 의미와 용법에는 차이가 있습니다. '没'(본장 4, 제15장 참고)에 대해서는 나중에 배우기로 하고, 여기서는 주로 '不'에 의한 부정에 대해서 공부해 봅니다.

'不'는 동작동사의 앞에 놓여 의지를 부정합니다.

  我　今天　不　看　书。
  Wǒ　jīntiān　bú　kàn　shū.
  나는 오늘 책을 읽지 않겠다.

  明天　我们　不　去　春游。
  Míngtiān wǒmen　bú　qù　chūnyóu.
  내일 우리는 봄소풍 가지 않는다.

또한, 늘상 일어나는 사실이나 습관에도 사용됩니다.

  那个　地方　一年　四季　不　下　雨。
  Nàge　dìfang　yìnián　sìjì　bú　xià　yǔ.
  그곳은 일년 사계절 비가 오지 않는다.

  他　不　抽　烟, 不　喝　酒。
  Tā　bù　chōu　yān, bù　hē　jiǔ.
  그는 담배도 피지 않고, 술도 마시지 않는다.

관습적이거나 의지에 의한 것이라면 과거의 일이라도 '不'로 부정할 수 있습니다.

  他　从来　不　推辞。
  Tā　cónglái　bù　tuīcí.
  그는 여태까지 거절한 적이 없다.

'不'는 비(非)동작동사의 부정에 쓰입니다. '没'는 쓰지 않습니다.

  他　不　是　我们　公司　的　司机。
  Tā　bú　shì　wǒmen　gōngsī　de　sījī.
  그는 우리 회사의 운전기사가 아니다.

  那时, 我　不　认识　他。
  Nàshí, wǒ　bú　rènshi　tā.
  그때, 나는 그를 몰랐다.

  她　不　像　她　妈妈。
  Tā　bú　xiàng　tā　māma.
  그녀는 자기 어머니를 닮지 않았다.

'没' 사용 금지
(×) 没是
(×) 没认识
(×) 没像
(×) 没知道

03 의문문 만드는 법

1 吗의문문

문장 끝에 '吗 ma'를 붙입니다.

你 买 这 本 书 吗?
Nǐ mǎi zhè běn shū ma?
이 책 사실 겁니까?

— (我) 买。/ 不买。
사겠습니다. / 사지 않겠습니다.

你 不 去 北海 公园 吗?
Nǐ bú qù Běihǎi gōngyuán ma?
北海公園에 안 갈래?

— (我) 不去。/ 去。
가지 않겠습니다. / 가겠습니다.

2 정반의문문

동사의 긍정형과 부정형을 나열합니다.

你 喝 不喝?
Nǐ hē buhē?
마시겠습니까?

— (我) 喝。/ 不喝。
마시겠습니다. / 마시지 않겠습니다.

목적어가 있을 때는 2가지 형태가 있습니다.

你 看 不看 京剧?
Nǐ kàn bukàn jīngjù?
경극을 보시겠습니까?

你 看 京剧 不看?
Nǐ kàn jīngjù bukàn?

— (我) 看。/ 不看。
보겠습니다. / 안 보겠습니다.

3 선택의문문

'还是 háishi (아니면)'를 써서, 여러 가지 선택사항 중에서 하나를 고르도록 합니다.

你 去 还是 他 去?
Nǐ qù háishi tā qù?
당신이 가는 거야, 그가 가는 거야?

ー我 去。/ 他 去。
내가 갑니다. / 그가 갑니다.

他 今天 去 还是 明天 去?
Tā jīntiān qù háishi míngtiān qù?
그는 오늘 가는 거야, 내일 가는 거야?

ー今天 去。/ 明天 去。
오늘 갑니다. / 내일 갑니다.

你 喝 茶 还是 喝 啤酒?
Nǐ hē chá háishi hē píjiǔ?
차 마실래, 맥주 마실래?

ー喝 茶。/ 喝 啤酒。
차로 하겠습니다. / 맥주로 하겠습니다.

중복되는 주어는 생략할 수 있지만, 중복되는 동사 '去' 와 '喝' 는 보통 생략하지 않습니다. 그 이유는 「오늘」인지 「내일」인지, 「차」인지 「맥주」인지를 묻고 있는 것처럼 보여도, 실제로는 「오늘 가」는지 「내일 가」는지, 「차를 마실」지 「맥주를 마실」지를 묻고 있기 때문입니다.
사용하는 동사가 '是(~이다)' 일 경우는 중복하지 않습니다.

他 是 老师 还是[是] 大夫?
Tā shì lǎoshī háishi dàifu?
그는 선생님입니까, 의사입니까?

'还是' 의 '是' 와의 중복을 피하기 위해서입니다.

4 의문대명사의문문

'谁 shéi/shuí (누구)' '什么 shénme (무엇)' '怎么 zěnme (어떻게)' 등의 의문대명사를 사용하여 묻습니다. 의문대명사는 이외에도 '哪里 nǎli (어디)' '哪儿 nǎr (어디)' '什么时候 shénme shíhou (언제)' 등이 있습니다.(제11장, 제12장 참고)
즉, 「묻고 싶은 부분을 의문대명사로 바꿔 넣는다」 이것이 중국어의 의문대명사 의문문을 만드는 방법입니다.

谁 吃 面条?
Shéi chī miàntiáo?
누가 국수를 먹지?

他 吃 面条。
Tā chī miàntiáo.
그가 국수를 먹습니다.

他 教 谁 中文?
Tā jiāo shéi Zhōngwén?
그는 누구에게 중국어를 가르치나?

他 教 小金 中文。
Tā jiāo XiǎoJīn Zhōngwén.
김군에게 중국어를 가르칩니다.

你 买 什么?
Nǐ mǎi shénme?
너는 무엇을 사니?

我 买 鸡蛋。
Wǒ mǎi jīdàn.
나는 달걀을 삽니다.

这个 字 怎么 写?
Zhège zì zěnme xiě?
이 자는 어떻게 쓰지?

这个 字 这么 写。
Zhège zì zhème xiě.
이렇게 씁니다.

你 要 哪个?
Nǐ yào nǎge?
어떤 걸 갖고 싶니?

我 要 这个。
Wǒ yào zhège.
이걸 갖고 싶습니다.

04 소유를 나타내는 '有'

「가지고 있다」, 「있다」라는 「소유」의 의미를 나타내는 '有 yǒu' 라는 동사가 있습니다.

我 有 电脑。
Wǒ yǒu diànnǎo.
나는 컴퓨터를 가지고 있다.

他 有 两 个 妹妹。
Tā yǒu liǎng ge mèimei.
그는 두 명의 여동생이 있다.

'有' 는 '没 méi' 로 부정합니다. '不有' 라고는 말하지 않습니다.

她 没 有 词典。
Tā méi yǒu cídiǎn.
그녀는 사전을 갖고 있지 않다.

의문문은 다음과 같습니다. 우선 '吗 ma' 의문문을 살펴보면;

你 有 男朋友 吗？
Nǐ yǒu nánpéngyou ma?
남자친구가 있습니까?

— 有。／ 没有。
있습니다. / 없습니다.

정반의문문은 '有'와 '没有'를 조합하여,

你 有 没有 男朋友？

你 有 男朋友 没有？

의문대명사 의문문도 만들 수 있습니다.

你 有 什么 词典？
Nǐ yǒu shénme cídiǎn?
당신은 무슨 사전을 가지고 있습니까?

你们 班, 谁 有 中国 朋友？
Nǐmen bān, shéi yǒu Zhōngguó péngyou?
너희 반에서, 누가 중국 친구가 있니?

동사술어문 '是'

01 'A是B'「A는 B이다」
02 부정은 '不是'
03 '是'의 의문문
04 말하는 이의 인정·판단을 나타내는 '是'
05 주술술어문
06 동사(구) + '的'

01. 'A是B' 「A는 B이다」

동사 '是 shì'는 'A 是 B (A는 B이다)'라 하여, 주어와 목적어인 명사가 서로 같다(=)라는 뜻으로 이어주는 역할을 하며, 또한 「그는 확실히 똑똑하다」라고 할 때의 「확실히 ~(하)다」라는 말하는 이가 「인정(認定)」하는 느낌도 나타냅니다.

我 是 韩国人。
Wǒ shì Hánguórén.
나는 한국인입니다.

他 是 中国人。
Tā shì Zhōngguórén.
그는 중국인입니다.

他们 都 是 欧洲人。
Tāmen dōu shì Ōuzhōurén.
저들은 모두 유럽인입니다.

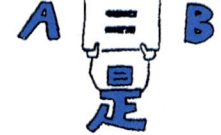

동사 '是'는, 자주 영어의 be동사와 닮았다고 하지만, 위의 예에서도 알 수 있듯이 '是'에는 주어의 인칭, 수, 시제 등에 의한 형태변화가 없습니다.

02. 부정은 '不是'

'是'의 부정에는 '不'가 쓰입니다. '没'를 쓰는 경우는 없습니다. 즉, '是'는 '不'만으로, '有'는 '没'만으로 부정하며, 没是, 不有라고 말하지 않습니다.

他 不 是 工人。
Tā bú shì gōngrén.
그는 노동자가 아니다.

他们 也 都 不 是 工人。
Tāmen yě dōu bú shì gōngrén.
그들도 모두 노동자가 아니다.

맨 뒤 문장은 '都不~'(모두 ~가 아니다)라는 전체 부정입니다. 그렇지만 '都'와 '不'가 자리를 바꿔 '不都'가 되면 '모두가 ~인 것은 아니다'라는 부분 부정이 됩니다.

都不 vs. 不都 / 很不 vs. 不很

전체 부정	부분 부정
这些 都[不是苹果]。 전부 「사과가 아니다」.	这些 不[都是苹果]。 「전부가 사과」는 아니다.
他 很[不认真]。 매우 「불성실」하다.	他 不[很认真]。 「매우 성실한 것은」 아니다.

좌우측의 의미가 다름은 '不'에 의해 부정되는 범위의 차이로 인한 것임을 알 수 있습니다.

03  '是'의 의문문

'吗' 의문문은 문장 끝에 '吗'를 붙이고, 정반의문문은 동사의 긍정형과 부정형, 즉 '是'와 '不是'를 사용해 만듭니다.

这 是 闹钟 吗?
Zhè shì nàozhōng ma?
이것은 알람시계입니까?

这 是 不是 闹钟?
这 是 闹钟 不是?
이것은 알람시계 아닙니까?

 钟 zhōng   表 biǎo

대답하는 법은 '吗' 의문문·정반의문문 모두,

— 是啊 shì a。   — 不 / 不是。로 충분합니다.

긍정의 답을 할 때 '是'만으로는 너무 정중한 느낌이 있기 때문에 보통 뒤에 '啊'나 '的'를 붙여 '是啊', '是的'라고 대답합니다. 의문대명사 의문문은 어순을 바꿀 필요 없이, 묻고 싶은 부분을 해당 의문대명사로 바꿔 넣습니다.

他 是 谁? — 是 小王。
Tā shì shéi?   Shì Xiǎo Wáng.
그는 누구입니까? — 왕군입니다.

这 面 镜子 是 **谁** 的？— 是 **小张** 的。
Zhè miàn jìngzi shì shéi de?　Shì Xiǎo Zhāng de.
이 거울은 누구의 것입니까? — 장군 것입니다.

哪 位 是 她 的 爱人？— **那** 位 是。
Nǎ wèi shì tā de àiren?　Nà wèi shì.
어느 분이 그녀의 남편입니까? — 저분이세요.

那些 是 **什么**？— 是 **栗子**。
Nàxiē shì shénme?　Shì lìzi.
저것들은 무엇입니까? — 밤입니다.

这 是 你 的 **还是** 她 的？— 是 她 的。
Zhè shì nǐ de háishi tā de?　Shì tā de.
이것은 당신 것입니까 아니면 그녀 것입니까? — 그녀 것입니다.

'是'는 한 개 — 동자동음(同字同音) 생략

你喝咖啡还是喝牛奶niúnǎi?
커피로 하시겠습니까, 우유로 하시겠습니까?

'喝咖啡', '喝牛奶' 처럼 동사 '喝'는 반복합니다.

这是你的还是□她的?
이것은 당신 것입니까, 그녀 것입니까?

'这是是她的' 처럼 '是'가 겹치는 것을 피해(동자동음 생략) '是'는 한번만 씁니다.

04 말하는 이의 인정·판단을 나타내는 '是'

1~3에서 보아온 '是'는 「A는 B이다」라 하여, 주어와 목적어인 명사를 대등하게 이어주는 역할을 하였습니다.

那 位 先生 是 王 院长。
Nà wèi xiānsheng shì Wáng yuànzhǎng.
저 분이 왕 원장입니다.

这 是 他 翻译 的 文章。
Zhè shì tā fānyi de wénzhāng.
이것은 그가 번역한 문장입니다.

他 不 是 我 的 老师。
Tā bú shì wǒ de lǎoshī.
그는 나의 선생님이 아니다.

Plus α '这'와 '这个'

주어가 될 때는 '这/那' '这个/那个' 둘 다 사용할 수 있습니다.

这是书, 那是铅笔。
这个是他的, 那个是老王的。

목적어가 될 때는 '这/那'가 아닌 '这个/那个'를 사용합니다.

铅笔是这个。　　　我吃那个。
(×) 铅笔是这。　　(×) 我吃那。

이 점에서 '是'는 영어의 be동사와 아주 닮았습니다. 이는 중국어에서 명사를 목적어로 하는 문장을 만들 때에는 주어와 목적어의 사이에 일반적으로 술어 '是'가 필요하기 때문입니다. 그러나 이것은 '是' 역할의 일부에 불과합니다.

동사 '是'가 be동사와 크게 다른 점은 목적어로 술어성(동사/형용사)의 단어를 취할 수 있고, 그때 '是'는 말하는 이의 「확실히 …이다」라는 인정·판단의 기분(제6장, 제14장 참조)을 강조한다는 데 있습니다.

他 是 很 聪明。
Tā shì hěn cōngming.
그는 매우 총명한 사람이다.

是 下 雨 了，不 骗 你。
Shì xià yǔ le, bú piàn nǐ.
정말로 비가 내렸어, 거짓말 아니야.

这 种 办法 是 快，不 是 慢。
Zhè zhǒng bànfǎ shì kuài, bú shì màn.
이런 방법이 빨라, 늦지 않아.

他 是 不 想 离开 你。
Tā shì bù xiǎng líkāi nǐ.
그는 당신과 헤어지려고 하지 않을 거다.

위의 문장들은 문법적으로 모두 '是' 없이도 성립됩니다만, '是'를 넣음으로써 말하는 이의 「내 생각에는」이라는 인정이나 주장이 표현됩니다.

명사술어문(名词谓语句)이라는 문형이 있습니다. '是' 없이 명사가 그대로 술어가 되는 문형입니다. 이 문형은 연월일, 본적, 연령, 수량 등을 나타내는 문장에 한합니다. (제2장 참조)

今天 九 月 三 号。 오늘은 9월 3일이다.
Jīntiān jiǔ yuè sān hào.

他 天津 人。 그는 천진 사람이다.
Tā Tiānjīn rén.

她 二十三 岁。 그녀는 23세이다.
Tā èrshisān suì.

明天 星期天。 내일은 일요일이다.
Míngtiān xīngqītiān.

他 北京人。 그는 베이징 출신이다.
Tā Běijīngrén.

이 문형은 주어를 직관적으로 설명·묘사하는 것이기 때문에, 보통 부정형식은 없습니다. 그러나 반박이나 변명을 할 경우에는 '是'의 부정형인 '不是'가 표면에 드러납니다.

甲: **今天 七 号 吧？**
Jīntiān qī hào ba?
오늘은 7일이지요?

乙: **今天 不 是 七 号，是 八 号。**
Jīntiān bú shì qī hào, shì bā hào.
7일이 아니라 8일이에요.

말하는 이의 「인정·판단」을 나타내는 '是'는 말하는 이의 기분을 나타내는 부사와도 자주 맺어집니다.

他 **大概** 是 想 看 戏。
Tā dàgài shì xiǎng kàn xì.
그는 아마 (중국)전통극을 보고 싶은 듯하다.

十 天 盖好 一 座 大楼, **简直** 是 奇迹。
Shí tiān gàihǎo yí zuò dàlóu, jiǎnzhí shì qíjì.
10일 만에 빌딩을 완성하다니 정말 기적이다.

주술술어문

주술술어문은 大주어에 대해 大술어가 설명이나 묘사를 하는 것이었습니다.

兔子 尾巴 很 短。
Tùzi wěiba hěn duǎn.
토끼는 꼬리가 짧다.

小沈 身高 一 米 八(十)。
Xiǎo Shěn shēngāo yì mǐ bā.
심군은 키가 1미터 80이다.

이들은 「코끼리는 코가 길다」유형의 문장입니다. 이것과는 다르지만 아래의 문장도 주술술어문입니다.

这个 电影 我 看过。
Zhège diànyǐng wǒ kànguo.
이 영화는 내가 본 적이 있다.

管理工作 我 是 个 外行。
Guǎnlǐgōngzuò wǒ shì ge wàiháng.
관리업무에 대해서 나는 문외한이다.

'过 guo'는 동사의 뒤에 붙어 「~한 적이 있다」라는 과거의 경험을 나타냅니다.

'看'이나 '是'라는 동사가 小술어가 됩니다.

06 동사(구) + '的'

'我的(나의)', '学校的(학교의)', '红的(붉은 것)' 등과 마찬가지로 동사(구)도 '的'를 수반하여 「~의 (것)」이라는 의미를 나타내는 명사화될 수 있습니다.

他们 家 生活 不错, 吃 的, 穿 的, 用 的,
Tāmen jiā shēnghuó búcuò, chī de, chuān de, yòng de,
样样 不 缺。
yàngyàng bù quē.
그들의 가정은 살 만해서, 먹고 입고 쓰는 것 모두 부족함이 없다.

穿 红 衣服 的 是 我 妹妹。
Chuān hóng yīfu de shì wǒ mèimei.
빨간 옷을 입은 사람은 나의 여동생입니다.

张 三 是 卖 书 的, 李 四 是 卖 布 的。
Zhāng Sān shì mài shū de, Lǐ Sì shì mài bù de.
张三은 책장사이고 李四는 포목장사이다.

> **TIP**
> 卖书的 책장사
> 卖布的 포목장사
> 开车的 운전수
> 이들 단어는 직업을 표시합니다만, 본인 앞에서 사용하면 실례가 됩니다. 「책방 아저씨」「기사님」하고 부를 때는 '선생님'의 의미를 포함하고 있는 '师傅 shīfu'라는 단어를 사용합니다.

이러한 '…的'가 관형어로서 뒤에 오는 명사성 단어를 수식할 때, 양자간에는 여러 가지 의미 관계가 생겨납니다.

白 的 家具　　　　하얀 종류인 가구
bái de jiāju

我 的 词典　　　　내가 가지고 있는 사전
Wǒ de cídiǎn

书包 里 的 书　　　가방 안에 있는 책
shūbāo li de shū

产量 的 增加　　　생산량이 증가한 것
chǎnliàng de zēngjiā

祖国 的 建设　　　조국을 건설하는 일
zǔguó de jiànshè

学 雷锋 的 口号　　雷锋에게서 배우자는 구호
xué Léi Fēng de kǒuhào

存在의 표현

01 3종류의 「있다」 문형
- 장소 + 有 + 존재하는 사람/사물
- 존재하는 사람/사물 + 在 + 장소
- 장소 + 是 + 존재하는 사람/사물
- '有'와 '是'의 차이

02 여러 가지 유형의 장소 – 대명사 · 방위사 · 명사
- 지시대명사
- 방위사
- 명사

03 명사의 장소성

 3종류의 「있다」 문형

「테이블 위에 꽃병이 있다」「신문은 소파 위에 있다」처럼 사람이나 사물의 존재를 나타내는 표현법입니다. 사용되는 동사는 '在 zài' '有 yǒu' '是 shì' 등입니다.
한편 장소를 나타내는 '这儿 zhèr (여기)'이나 '上边 shàngbian (위)' 외에, 「책상」「냉장고」 등 사물을 나타내는 명사도 조금만 손보면 장소를 나타내는 말로 변신합니다.

1 「〈어떤 장소〉에 〈사람·사물〉이 있다」에는 '有'를

장소 + 有 + 존재하는 사람/사물

墙上　　有　一　张　照片。
Qiángshang yǒu yì zhāng zhàopiàn.
벽에 사진이 한 장 있다.

家里*　有　两　只　狗。
Jiāli yǒu liǎng zhī gǒu.
집에 개 두 마리가 있다.

'-上 shang'이나 '-里 li'는 명사의 뒤에 붙어 명사를 장소화시키는 역할을 합니다. (본장 2의 3 참조)

이 형태에서 나타나는 사물 '一张照片'과 동물 '一只狗'는 영어로 말하자면 부정관사 a를 붙여야 하는 「불특정의」「미지(未知)의」 혹은 「말하는 이가 특별히 지정하려고 생각하지 않은 존재」입니다.

桌子　上　有　一　本　书。[There is <u>a</u> book on the table.]
Zhuōzi shang yǒu yì běn shū.

Plus α

'有'에는 '존재' 외에 '소유'의 뜻도 있습니다. (제7장 참조)
我有一百块钱。Wǒ yǒu yì bǎi kuài qián. 나는 100원 가지고 있다.
他没有女朋友。Tā méi yǒu nǚpéngyou. 그는 여자친구가 없다.

2 「〈사람·사물〉은 〈어떤 장소〉에 있다」에는 '在'를

그러면 「그 책」이라든지 「그 사람」 등 「특정의」 「이미 알고 있는」 존재는 어떻게 표현될까요? 이 경우는 동사 '在'를 사용해, 앞의 1과는 다른 문형이 됩니다.

> 존재하는 사람/사물 + 在 + 장소

你 的 汉英 词典 在 书架上。
Nǐ de HànYīng cídiǎn zài shūjiàshang.
당신의 중영사전은 책장에 있다.

他 在 屋子里。
Tā zài wūzili.
그는 방안에 있다.

다음과 같이 1과 2는 서로 바꿔 말할 수도 있습니다.

钱 在 口袋里。 ⟷ 口袋里 有 钱。
Qián zài kǒudàili.
〈그〉 돈은 주머니에 있다. 주머니에 〈누군가의〉 돈이 있다.

自行车 在 门外。 ⟷ 门外 有 自行车。
Zìxíngchē zài ménwài.
〈그〉 자전거는 문 밖에 있다. 문 밖에 〈한 대의〉 자전거가 있다.

老王 在 屋子里。 ⟷ ×屋子里 有 老王。
Lǎo Wáng zài wūzili.
왕선생은 방 안에 있다.

※ '老王'은 특정한 인물이기 때문에 보통 '有'의 뒤에는 쓰지 않습니다.

3 「존재」를 나타내는 '是'

'是'도 「존재」를 나타냅니다.

> 장소 + 是 + 존재하는 사람/인물

书包里 都 是 书。
Shūbāoli dōu shì shū.
가방 안에 모두 책뿐이다.

食堂 西边 是 学生 宿舍。
Shítáng xībian shì xuésheng sùshè.
식당의 서쪽은 학생 기숙사다.

'有'와 '是'의 차이

'有'와 '是'는 둘 다 「존재」를 나타내기 때문에 어순도 「장소＋동사＋존재하는 사람/사물」로 같습니다만, 「존재」가 지닌 의미가 서로 다릅니다.

ⓐ 桌子上有什么东西吗？* 책상 위에 무언가가 있습니까?
— 桌子上没有什么东西。 책상 위에는 아무 것도 없습니다.
— 桌子上有书。 책상 위에는 책이 있습니다.

ⓑ 桌子上是什么？ 책상 위에는 무엇입니까?
— 桌子上是书。 책상 위에는 책입니다.

> **TiP**
> '吗'와 '什么'가 같은 문장에 들어있지만 오류가 아닙니다. 여기에서 '什么'는 문장 속에서 '무언가'라는 뜻을 나타냅니다.
> 你有什么事?
> 무슨 일입니까?
> 你有什么事吗?
> 뭔가 일이 있습니까?

'有'를 포함하는 의문문에서는, 묻는 사람이 책상 위에 물건이 있는지 없는지 모르고 또 무슨 물건이 있는지도 모릅니다. 정말 백지 상태에서 묻는 것입니다. 대답은 책상 위에 물건이 있는지 없는지를 답해도 좋고 무엇이 있는지를 말해도 좋습니다.

하지만 '是'를 사용하면, 질문자가 거기에 무언가가 있다는 것을 알고 있습니다. 물건이 있다는 것은 아는데 그 있는 물건이 무엇인지를 묻고 있는 것입니다.

또한 '有'를 사용한 문장에는 「배타」적인 느낌이 포함되지 않습니다만, '是' 문에는 「배타」적인 느낌이 포함되어 있습니다.

ⓐ 柜子里有她的衣服。 옷장에 그녀의 옷이 있다.
ⓑ 柜子里是她的衣服。 옷장 안에 있는 것은 그녀의 옷이다.

ⓐ의 '柜子'의 안에는 그녀의 옷 이외에, 뭔가 다른 것이 존재하고 있을 가능성을 포함하고 있습니다만, ⓑ문의 '柜子'의 속에는 그녀의 옷만 있을 뿐, 다른 것은 존재하지 않는다고 화자가 표현한 것입니다.

Plus α

'她的衣服'는 '특정 사물'이기 때문에 보통 '有' 문장에는 사용하지 않지만, '柜子里有什么?(옷장 속에 뭐가 있지?)' 등의 질문에 대한 대답으로는 '有' 뒤에 나오는 경우가 있습니다.

教室里有谁？ 교실 안에는 누가 있지?
教室里有小李。 교실 안에는 小李가 있어.

02. 여러 가지 유형의 장소 – 대명사 · 방위사 · 명사

「존재」를 나타내는 문장은 모두 장소를 나타내는 말과 깊은 관계가 있습니다. 장소를 나타내는 것에는 지시대명사 · 방위사 · 명사가 있습니다.

1 지시대명사(指示代词 : 지시대사)

중국어의 지시대명사는 우리말의 이(것) 저(것) 그(것)의 세 가지 구분과 달리, '这' '那' 두 가지로 구분합니다. (제3장 참조)

	이	그	저	어느
	근 칭		원 칭	의 문
장소	这儿 zhèr		那儿 nàr	哪儿 nǎr
	这里 zhèli		那里 nàli	哪里 nǎli

- '哪里'의 발음은 본래 'nǎlǐ'인데 제3성의 연속으로 앞 3성이 제2성으로 변조되어 'nálǐ'. 마지막으로 'lǐ'가 경성이 되어 실제로는 'náli'로 발음됩니다.
- '这儿'과 '这里', '那儿'과 '那里'는 각각 의미 · 용법에 커다란 차이는 없습니다.

邮局 在 那儿。
Yóujú zài nàr.
우체국은 저기 있다.

这里 有 一 本 汉韩 词典。
Zhèli yǒu yì běn HànHán cídiǎn.
여기에 중한사전이 한 권 있다.

'哪里' 형과 '姐姐' 형

둘 다 제3성+경성(원래 제3성이었던 것)인 'nǎli', 'jiějie'로 표기되지만, 실제 발음은 2가지입니다.

哪里 nǎlǐ
↓
nálǐ 앞이 제2성으로 변함
↓
náli 뒤가 경성으로 변함

예) 手里 shǒuli 손에
　　打扫 dǎsao 청소하다
　　想想 xiǎngxiang 좀 생각하다

姐姐 jiějie라고 (반)3성 그대로 발음

예) 奶奶 nǎinai 친할머니
　　耳朵 ěrduo 귀
　　椅子 yǐzi 의자

2 방위사(方位词)

방위사는 장소·위치·방향(方向)을 나타냅니다.

단순방위사

上 shàng	下 xià
前 qián	后 hòu
里 lǐ	外 wài
左 zuǒ	右 yòu … 등

합성방위사

단순방위사에 '-边(儿) bian(r)' '-面 mian' 등이 함께 쓰인 것을 말합니다.

里边 lǐbian	外边 wàibian
上面 shàngmian	下面 xiàmian
左边 zuǒbian	东边 dōngbian … 등

접미사\단순방위사	里 lǐ	外 wài	上 shàng	下 xià	前 qián	后 hòu	左 zuǒ	右 yòu	东 dōng	西 xī	南 nán	北 běi
-边 bian 쪽	里边 lǐbian 안쪽	外边 wàibian 바깥쪽	上边 shàngbian 위쪽	下边 xiàbian 아래쪽	前边 qiánbian 앞쪽	后边 hòubian 뒤쪽	左边 zuǒbian 왼쪽	右边 yòubian 오른쪽	东边 dōngbian 동쪽	西边 xībian 서쪽	南边 nánbian 남쪽	北边 běibian 북쪽
-头 tou	里头 lǐtou 속	外头 wàitou 밖	上头 shàngtou 위	下头 xiàtou 아래	前头 qiántou 앞	后头 hòutou 뒤						
-面 mian	里面 lǐmian 속, 안쪽	外面 wàimian 밖, 바깥쪽	上面 shàngmian 위쪽	下面 xiàmian 아래쪽	前面 qiánmian 앞쪽	后面 hòumian 뒤쪽	左面 zuǒmian 좌측	右面 yòumian 우측	东面 dōngmian 동측	西面 xīmian 서측	南面 nánmian 남측	北面 běimian 북측
-方 fāng					前方 qiánfāng 전방	后方 hòufāng 후방	左方 zuǒfāng 왼편	右方 yòufāng 오른편	东方 dōngfāng 동방	西方 xīfāng 서방	南方 nánfāng 남방	北方 běifāng 북방

위 표에 나온 것 외에도 '旁边 pángbiān (주변, 옆)'이 있는데 이 '旁边'의 접미사 'biān(r)'은 경성이 아닌 제1성으로 읽습니다.

旁边　就　是*　邮局。
Pángbiān jiù shì yóujú.
옆이 바로 우체국이다.

这　里头*　有　几　个　不　好　的。
Zhè lǐtou yǒu jǐ ge bù hǎo de.
이 안에는 좋지 않은 것이 몇 개 있다.

窗户　前边　有　一　盆*　花。
Chuānghu qiánbian yǒu yì pén huā.
창 앞에 꽃 화분이 하나 있다.

中文　杂志　都　在　上头, 外文　杂志　都　在　下头。
Zhōngwén zázhì dōu zài shàngtou, wàiwén zázhì dōu zài xiàtou.
중국어 잡지는 모두 위쪽에 있고, 외국어 잡지는 모두 아래에 있다.

图书馆　在　操场　西边。
Túshūguǎn zài cāochǎng xībian.
도서관은 운동장의 서쪽에 있다.

前　怕　狼　后　怕　虎。
Qián pà láng hòu pà hǔ.
앞에서는 이리를 두려워하고 뒤에서는 호랑이를 두려워한다.
= 사람이 소심하여 일을 하기도 전에 이런저런 걱정만 잔뜩 하다.

- 就是 jiùshì 바로~이다
- '东头', '西头'라는 말도 있습니다. '동쪽 끝' '서쪽 끝'이라는 뜻으로 이 '头'는 접미사 '头'와는 다릅니다.
- '盆 pén'은 양사로 그릇·사발 등에 사용합니다.
  一盆水 세숫대야 하나(분량)의 물

3 명사

명사에는 원래부터 장소를 나타내는 것과 그렇지 않은 것이 있습니다. 장소를 나타내는 명사는 그대로 「존재」를 표현하는 문장 속에 사용됩니다만, 그렇지 않은 명사는 뒤에 "-里", '-上', '这儿', '那儿' 등의 말을 붙입니다.

(1) 명사를 장소화한다 : '-上', '-里'

① 他在北京。 그는 베이징에 있다.

② 啤酒在冰箱。(×)

③ 啤酒在冰箱里。 맥주는 냉장고에 있다.

'北京'은 지명으로 원래 장소를 나타내기 때문에 예문①은 올바른 문장입니다. 반대로, '北京里'라고는 하지 않습니다. 그러나 예문②는 바르지 않습니다. '冰箱'은 물건이지 장소가 아니기 때문입니다. 예문②를 성립시키기 위해서는 '冰箱'을 물건에서 장소로 변화시켜야 합니다. 이때에 필요한 것이 명사를 장소화하는 역할을 가진 방위사 '里 li'입니다. 예문③은 '冰箱'에 '里'가 붙어서 장소를 나타내는 말이 되었으므로 올바른 문장입니다.

명사의 장소화에는 '里' 외에 '上 shang'도 활약합니다.

书架上　有　草帽。
Shūjiàshang yǒu cǎomào.
책장에 밀짚모자가 있다.

飞机上　看　海。
Fēijīshang kàn hǎi.
기내에서 바다를 본다.

车上　看　书。
Chēshang kàn shū.
차 안에서 독서한다.

(2) 명사를 장소화한다 : '这儿(这里)'이나 '那儿(那里)'

장소를 나타내지 않는 명사에 '这儿 zhèr · 这里 zhèli(여기)'나 '那儿 nàr · 那里 nàli(저기)'를 붙여서 장소화할 수 있습니다.

他　在　门　那儿。
Tā zài mén nàr.
그는 문 있는 곳에 있다.

来　我　这儿。
Lái wǒ zhèr.
나한테로 와요.

我 **这里** 没有 资料。
Wǒ **zhèli** méiyǒu zīliào.
나한테는 자료가 없다.

 桌子上
+ "上" = 장소

 老师那儿
+ "那儿" = 장소

Plus α : '上' '-里'의 구분법

里 : 장소를 '공간'으로 생각할 때
　钱包里 qiánbāoli 지갑 속
　房间里 fángjiānli 방 안
　心里 xīnli 마음 속

上 : 장소를 '면(面)'으로 생각할 때
　墙上 qiángshang 벽 위
　桌子上 zhuōzishang 탁자 위
　天空上 tiānkōngshang 하늘 위

03. 명사의 장소성

명사에는 장소성을 가지고 있는 것과 그렇지 않은 것이 있습니다. 즉 존재를 나타내는 문장에서 원래 모양 그대로 장소명사로 쓸 수 있는 명사와, '上'이나 '里'를 붙여야만 하는 명사, 그 밖에 '上'과 '里'를 생략할 수 있는 명사 등이 있습니다.

(1) '中国'는 '里'를 필요로 하지 않음　　　中国有两条大河。
　　있으면 성립하지 않음 (종류 I)　　　　中国里有两条大河。(×)

(2) '学校'는 '里' 생략 가능 (종류 II)　　　学校有一个操场。
　　　　　　　　　　　　　　　　　　　学校里有一个操场。

(3) '口袋(주머니)'에는 반드시 '里' 필요, 口袋有一个钱包。(×)
없으면 성립하지 않음 (종류 Ⅲ) 口袋里有一个钱包。

〈종류1〉 '上·里'가 불필요한 것	〈종류2〉 '上·里'가 생략가능한 것	〈종류3〉 '上·里'가 꼭 필요한 것
지명, 국명 등 장소를 나타내는 고유명사나 고유성이 있는 명사로, 유일한 장소를 지칭하여 확정성이 높은 것	장소를 나타내는 의미를 포함하여 일상생활에서 '어느 확정된 장소'를 나타내는 것	고유성이나 장소성이 희박한 일반명사나 추상명사, 신체부위 명사 등
韩国 Hánguó 中国 Zhōngguó 北京 Běijīng 上海 Shànghǎi 中央乐团 Zhōngyāng yuètuán (중앙악단) 党中央 Dǎngzhōngyāng(당중앙) 三连 Sānlián(제3중대) 韩语系 Hányǔxì(한국어과)	家 jiā 宿舍 sùshè 学校 xuéxiào 教室 jiàoshì 办公室 bàngōngshì(사무실) 操场 cāochǎng 食堂 shítáng 邮局 yóujú 图书馆 túshūguǎn 商店 shāngdiàn 饭店 fàndiàn(호텔) 公园 gōngyuán 游泳池 yóuyǒngchí(수영장) 车站 chēzhàn(역, 정류장) 机场 jīchǎng	口袋 kǒudài 里 信封 xìnfēng 里·上(봉투) 床 chuáng 上(침대) 墙 qiáng 上 桌子 zhuōzi 上 书架 shūjià 上 院子 yuànzi 里(정원) 屋子 wūzi 里(방) 房子 fángzi 里(집) 河 hé 里·上 天 tiān 上 海 hǎi 里·上 路 lù 上 街 jiē 上 村子 cūnzi 里(마을) 身 shēn 上 腿 tuǐ 上 手 shǒu 里·上

장소 같은데 장소가 아닌 것 : '子'가 붙은 명사
의미를 생각해보면 장소를 나타내는 듯하지만, '上'이나 '里'가 필요한 경우가 있습니다.
예를 들어 '屋子' '房子' '院子' '村子' 등은 모두 '里'가 필요합니다.
또한 단음절어에서도 '家'를 제외한 '床' '路' '街' 등은 모두 '上'이 필요합니다.

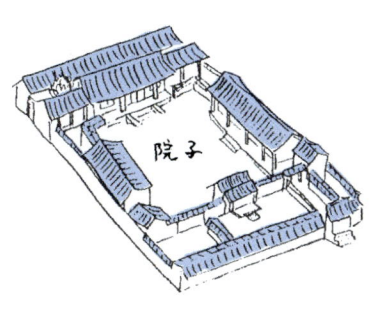

10

연동문⑴ · 중첩형

01 연동문 (1)
- 동작이 행해지는 순서대로
- '不'나 '也'는 V₁ 앞에
- 「했다」의 '了₁'는 맨 끝의 V 뒤에
- 연동문이 아닌 '喜欢看电影'

02 중첩형
- 동사의 중첩형
- 형용사의 중첩형
- 수사, 양사, 수량사의 중첩형
- 명사의 중첩형

01 연동문 (1)

1 동작이 행해지는 순서대로

「공원에 가서 논다」「집에 가서 식사한다」등에서처럼, 동작이 행해지는 순서에 따라 동사(구)*가 이어서 나타나는 구조의 문장을 연동문이라고 합니다.

孩子们　去　玩儿。
Háizimen qù wánr.
아이들은 가서 논다 → 놀러 간다.

朋友们　来　帮忙。
Péngyoumen lái bāngmáng.
친구들이 와서 돕는다 → 도우러 온다.

他　回　家　吃饭。
Tā huí jiā chīfàn.
그는 집에 돌아가서 식사한다.

她　骑　自行车　上班。
Tā qí zìxíngchē shàngbān.
그녀는 자전거를 타고 출근한다.

我　去　银行　取　钱　买　照相机。
Wǒ qù yínháng qǔ qián mǎi zhàoxiàngjī.
나는 은행에 가서 돈을 찾아 카메라를 산다.

이렇게 한 개의 주어에 대해서, 예를 들면 '去'와 '玩儿', '回家'와 '吃饭'처럼 2개 혹은 그 이상의 동사(구)가 이어져서

「S + V₁ + V₂ ……」　이런 모양의 연동문을 만듭니다.

또한 연동되는 동사는 그대로 나란히 오는 것이 아니고 '回家+吃饭'처럼 사이에 목적어가 들어갑니다만, 예문에 있는 대로 '来'와 '去'만은 직후에 동사를 바로 연결할 수 있습니다.

> **Plus α**
>
> 구(句 phrase)란 단어와 문장의 중간 단위입니다. 예를 들어 '去银行'은 '去'가 동사, '银行'이 목적어인「V+O」유형의 동사구입니다. 이「V+O」유형 이외에도 V를 중심으로 그 전후에 무언가의 성분이 붙어, 이것이 일체화하여 문장 중에서 역할을 한다면 이것도 역시 동사구입니다. (제19장 참조)
>
> **'行'은 'háng'과 'xíng' : 다음자(多音字)**
> '银行'은 'yínháng'으로 읽지만 '流行'은 'liúháng'이 아닌 'liúxíng'입니다. '行'은 의미에 따라 발음이 달라지는 다음자(多音字)의 하나입니다. 이런 다음자는 이 밖에도 다수 있습니다.

2 '不'나 '也'는 V₁ 앞에

'不' '也' '都' 등의 부사는 일반적으로 V₁의 앞에 놓습니다.

我 不 去 看 电影。
Wǒ bú qù kàn diànyǐng.
나는 영화를 보러 가지 않습니다.

他们 也 回 家 吃饭。
Tāmen yě huí jiā chīfàn.
그들도 집에 돌아가서 식사를 합니다.

「영화를 보러 가」는 것 전체를 '不'로 부정하고,「집에 돌아가서 식사하」는 것 전체를 '也'로 묶습니다.

3 「～했다」의 '了₁'는 맨 끝의 V 뒤에

孩子们 都 去 玩儿 了。
Háizimen dōu qù wánr le.
아이들은 모두 놀러 갔다.

他 来 问了 我 两 个 问题。
Tā lái wènle wǒ liǎng ge wèntí.
그는 나에게 2가지 질문을 하러 왔다.

연동문

사람이
V₁ 아침에 일어나

V₂ 커피를 마시고

V₃ 회사로 달려간다

'了₁ le'는 그 일이 완료되었거나 실현되었을 때 쓰는 말입니다. (제22장 참고), 우리말에서「놀러 갔다」「질문하러 왔다」라고 하여

(×) 孩子们 都 去了 玩儿。
(×) 他 来了 问 我 两 个 问题。

이렇게는 쓰지 않습니다. '了₁'는 맨 끝의 V 뒤에 붙습니다.

4 연동문이 아닌 '喜欢看电影'

我 喜欢 看 电影。
Wǒ xǐhuan kàn diànyǐng.
나는 영화보는 것을 좋아한다.

我　希望　成为　大富翁。
Wǒ xīwàng chéngwéi dàfùwēng.
나는 대부호가 되기를 희망한다.

이들도 하나의 주어 '我'에 대해 '喜欢'과 '看电影'이, 혹은 '希望'과 '成为大富翁'이 이어지고 있습니다. 그러나 이들은 동작이 행해지는 순서대로 동사가 이어진 것이 아니고, 뒤의 동사구가 '喜欢' '希望'의 목적어가 되고 있는 구조입니다.

我　喜欢　［看　电影］。
　　V　　 　O

我　希望　［成为　大富翁］。
　　V　　　 　O

이런 문형은 연동문이라고 하지 않습니다.

02 중첩형

'好好儿' '干干净净'처럼 단어를 중첩하는 형태는 형용사 외에도 동사, 수사, 양사, 명사, 부사 등에 널리 나타납니다.

1 동사의 중첩형

(1) 동사의 중첩형이 나타내는 의미

동작/행위를 나타내는 동사를 중첩하면 「좀 ~하다/시험삼아 ~해보다」라는 의미를 갖습니다. 이 「좀」은 동사의 의미나 전후의 문맥에 따라, 행위의 횟수가 「조금」이기도 하고, 행위의 지속시간이 「조금」이기도 하고, 또한 가벼운 기분으로 「~하기도 하고」라는 의미도 있어, 말투를 부드럽게 하는 역할을 합니다.

我们　休息休息　吧。
Wǒmen xiūxixiuxi ba.
우리 잠깐 쉽시다.

这个　问题　需要　考虑考虑。
Zhège wèntí xūyào kǎolùkaolü.
이 문제는 좀 생각해볼 필요가 있다.

他 掸了掸 肩上 的 雪。
Tā dǎnledǎn jiānshang de xuě.
그는 어깨의 눈을 잠깐 털었다.

她 朝 我 点了点 头。
Tā cháo wǒ diǎnlediǎn tóu.
그녀는 나를 향해 머리를 좀 끄덕였다.

星期天 我 写写 信, 洗洗 衣服。
Xīngqītiān wǒ xiěxie xìn, xǐxi yīfu.
일요일에는 편지를 쓰기도 하고 옷을 빨기도 한다.

下班 以后 我 常常 打打 球, 散散 步。
Xiàbān yǐhòu wǒ chángcháng dǎda qiú, sànsan bù.
퇴근 후에 나는 종종 공놀이를 하기도 하고, 산책을 하기도 한다.

(2) AA형과 ABAB형

보통 1음절의 동사 A는 AA형이 되고, 2음절의 동사 AB는 ABAB형이 됩니다. 또한 중첩되고 나서 뒤의 A, AB는 가볍게 발음합니다.

说 → 说说 shuōshuo 좀 말하다
想 → 想想 xiǎngxiang* 좀 생각하다
学习 → 学习学习 xuéxíxuexi 좀 공부하다
研究 → 研究研究 yánjiūyanjiu 좀 검토하다

> '想想'은 'xiǎngxiang'이라고 제3성으로 표시되어 있지만, 실제로 발음할 때는 'xiángxiang'이라고 제2성으로 발음합니다. (제9장 참고)

1음절의 중첩형에서는 동사의 사이에 '一'나 '了'가, 또한 2음절 동사에는 '了'가 끼어 들어가는 수가 있습니다. '一'는 뒤의 동사와 연결되어, 앞의 동사가 나타내는 동작이 단시간이거나 1회만 행해지는 것을 나타내고, '了'는 그 동작이 실현되었음을 나타냅니다.

给 我 看看。
Gěi wǒ kànkan.
나에게 좀 보여주세요.

你 看一看。
Nǐ kànyikàn.
잠깐 보세요.

他 看了看 汽车, 就 闭上了 眼睛。
Tā kànlekàn qìchē, jiù bìshangle yǎnjing.
그는 잠깐 차를 보고 곧 눈을 감았다.

원래 단어의 구조가 '동사+목적어'인 동사는 그 동사의 부분만을 겹쳐서 중첩형을 만듭니다.

散步 → 散散 步　산책을 좀 하다
　　　　 sànsan bù
打球 → 打打 球　구기를 좀 하다
　　　　 dǎda qiú
扫地 → 扫扫 地　청소를 좀 하다
　　　　 sǎosao dì

이런 유형의 동사를 이합사(离合词)라고 부릅니다.

중첩형을 만들기 어려운 동사

중첩형을 만드는 것은 동작/행위를 나타내는 동사뿐입니다. 보통 다음에 예를 든 비(非)동작성 동사, 지속 불가능 동작을 나타내는 동사, 의지성이 없는 (제어 불가능한) 동사는 중첩형이 되지 않습니다.

- 심리행동을 나타내는 것　　爱 ài (사랑하다)　恨 hèn (미워하다)
　　　　　　　　　　　　　怕 pà (두려워하다)
- 개시/정지 등　　　　　　　开始 kāishǐ (시작하다)
　　　　　　　　　　　　　停止 tíngzhǐ (그만두다)
　　　　　　　　　　　　　继续 jìxù (계속하다)
- 발전/변화 등　　　　　　　发展 fāzhǎn (발전하다)
　　　　　　　　　　　　　增加 zēngjiā (증가하다)
- 지각작용　　　　　　　　　看见 kànjian (보이다)
　　　　　　　　　　　　　觉得 juéde (느끼다)　明白 míngbai (알다)
- 존재　　　　　　　　　　　有 yǒu (있다, 가지고 있다)　在 zài (있다)
- 유사　　　　　　　　　　　像 xiàng (닮았다)
- 지속 불가능한 것　　　　　死 sǐ (죽다)　杀 shā (죽이다)
- 의지로 조절 못하는 것　　 睡 shuì (자다)　哭 kū (울다)
　　　　　　　　　　　　　病 bìng (병나다)　丢 diū (잃다)
　　　　　　　　　　　　　撞 zhuàng (부닥치다)　摔 shuāi (넘어지다)
- 기타　　　　　　　　　　　来 lái (오다)　去 qù (가다)

단, 이런 동사도 어떤 환경에서는, 예를 들면, 연기 연습중인 배우들이 "你死死吧。(좀 죽어봐.)"라든가, "你撞撞！(한번 부딪쳐봐!)"라고 하는 경우에는 중첩형을 쓸 수도 있습니다.

'一会儿'과 '一下'

중첩형이 불가능한 동사도 '一会儿 yíhuìr (잠깐)'이나 '一下 yíxià (좀, 한번)'를 동사 뒤에 붙여 중첩형과 똑같은 의미를 나타낼 수 있습니다.

她哭了一会儿。　그녀는 잠깐 울었다.
Tā kūle yíhuìr.

请你来一下。　좀 와주세요.
Qǐng nǐ lái yíxià.

2 형용사의 중첩형

제5장에서 모두 배웠기 때문에 간략하게 복습합니다.
본래, 물건의 성질이나 속성을 관념적·추상적으로 표현하는 성질형용사(A, AB)는 중첩형(AA, AABB)이 되면 상태형용사로 바뀝니다. 즉 의미적으로는 생생한 정경묘사를 나타내고 문법적으로도 '很'이나 '不'의 수식을 받지 않는 등 그 성격이 많이 변합니다.

> 상태형용사 중 ABB형이나 A里BB형이 된 것 중에는 중첩되기 전의 원래 모습을 잃고, 사전에 단어로 등록되어 있는 것도 있습니다.
> 热乎乎 rèhūhū 따끈따끈한
> 傻里傻气 shǎlishǎqì 멍청한

 好好儿(的) 잘, 훌륭하게   高高的 높은
　　　　hǎohāor(de)   　　　gāogāode

AABB형 清清楚楚 분명히   老老实实 성실한
　　　　qīngqingchǔchǔ   lǎolaoshíshí

상태형용사 중에서도 원형이 AB인 것은 중첩형이 ABAB입니다.

ABAB형 雪白雪白 새하얀   冰凉冰凉 대단히 시원한
　　　　xuěbaixuěbái   bīngliangbīngliáng

今天　我们　痛痛快快地*　玩儿　一　天　吧。
Jīntiān wǒmen tòngtongkuàikuàide wánr yì tiān ba.
오늘은 하루종일 마음껏 놀자.

天空　瓦蓝瓦蓝　的。
Tiānkōng wǎlanwǎlán de.
하늘이 새파랗다.

 '地'는 단어나 구(句) 뒤에 쓰여서 부사형 수식어임을 나타내는 조사(제 16장 참고)

3 수사, 양사, 수량사의 중첩형

(1) 수사의 중첩형

극소수의 숫자만이 중첩형을 만듭니다.
'一 yī → 一一 yīyī (하나하나)'의 의미를 나타냅니다.

代表团　和　大家　一一　握手。
Dàibiǎotuán hé dàjiā yīyī wòshǒu.
대표단은 모두와 일일이 악수했다.

一一　给　你　说明。
Yīyī gěi nǐ shuōmíng.
하나하나 설명해 드릴게요.

'和大家(모두와)' '给你(당신에게)'는 둘 다 전치사구입니다. (제13장, 제14장 참고)

그 밖에 '三两(두세 개)' '千万(수많은)'* 등도 중첩형을 만듭니다만, 의미에서는 본래의 것과 커다란 차이가 없습니다.

学生们　　三三两两地　出去　散步。
Xuéshengmen sānsānliǎngliǎngde chūqu sànbù.
학생들은 둘셋씩 짝지어 산책 나갔다.

千千万万　　的　灾民　无家可归。
Qiānqiānwànwàn de zāimín wújiākěguī.
수천 수만의 이재민이 돌아갈 집이 사라졌다.

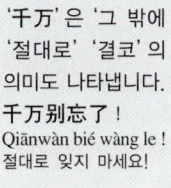

'千万'은 '그 밖에 절대로' '결코'의 의미도 나타냅니다.
千万别忘了！
Qiānwàn bié wàng le !
절대로 잊지 마세요!

(2) 양사의 중첩형

「어느 것도, 예외없이」의 의미를 나타냅니다.

本本　画报　都　很　有意思。
Běnběn huàbào dōu hěn yǒuyìsi.
화보마다 다 재미있습니다.

志愿军　个个　都　是　钢铁汉。
Zhìyuànjūn gègè dōu shì gāngtiěhàn.
지원병은 한 사람 한 사람이 다 강인한 남자다.

명량사뿐만 아니라 동작의 횟수를 나타내는 동량사도 중첩형을 만듭니다.

他　家　顿顿　吃　米饭。
Tā jiā dùndùn chī mǐfàn.
그의 집에서는 끼니마다 쌀밥을 먹는다.

(3) 수량사의 중첩형

각각 별개의 형태로 많이 존재하고 있는 모양을 묘사합니다.

桌子　上　摆着　一盘一盘　的　水果。
Zhuōzi shang bǎizhe yìpányìpán de shuǐguǒ.
테이블 위에 과일이 접시 여기저기에 가득 놓여 있다.

提着　大铜壶，一趟一趟地　给　客人　冲　茶。
Tízhe dàtónghú, yítàngyítàngde gěi kèrén chōng chá.
큰 주전자를 들고, 한 번씩 한 번씩 몇 번이고 손님에게 차를 따른다.

一次次　的　失败，并　没有　吓倒　他。
Yícìcì de shībài, bìng méiyou xiàdǎo tā.
몇 번이나 거듭된 실패도 그를 겁먹게 하지는 못했다.

4 명사의 중첩형

「어느 것도, 예외없이」의 의미를 나타냅니다.

节省 水电，人人 有 责。
Jiéshěng shuǐdiàn, rénrén yǒu zé.
절수·절전은 누구에게나 책임이 있다.

家家 有 本 难 念 的 经。
Jiājiā yǒu běn nán niàn de jīng.
어느 집에도 문제는 있는 법이다.

这个 孩子 月月 都 生病。
Zhège háizi yuèyuè dōu shēngbìng.
이 아이는 매달 병이 난다.

이렇게 중첩형을 만들 수 있는 명사는 많지 않습니다. '人人' '家家' '月月' 이외에는 '天天' '年年' 등, 양사(量词)성을 지닌 명사에만 한정되어 있는 듯합니다.

Plus α 단어에 나타나는 중첩형

부사나 명사, 의성어 등에 같은 한자를 중첩해 만든 말이 있습니다. 하지만 이들은 단어로서 그대로 사전에 실려 있습니다.

〈부사〉 刚刚 gānggāng 지금 막   仅仅 jǐnjǐn 겨우
       常常 chángcháng 항상   稍稍 shāoshāo 조금
       偏偏 piānpiān 기어코   往往 wǎngwǎng 자주

〈명사〉 爸爸 bàba 아버지   妈妈 māma 어머니
       哥哥 gēge 형   宝宝 bǎobao 귀염둥이
       乖乖 guāiguai 복동이   星星 xīngxing 별
       蛐蛐儿 qūqur 귀뚜라미

〈의성어〉哈哈 hāhā 웃음소리, 하하 呼呼 hūhū 바람소리 혹은 코고는 소리
        哗哗 huāhuā 빗소리 혹은 물소리 呱呱 guāguā 아기 울음 소리

11

의문문(1)

01 '吗' 의문문의 정리
- '吗' 의문문의 주의할 점
- 억양(인토네이션)의문문
- 의문대명사를 포함하는 '吗' 의문문

02 의문대명사 의문문
- 어순
- '怎么' 와 '怎么样(怎样)'
- '怎么H' 와 '怎么W'
- 의문대명사의 활용

03 '多少' 와 '几'

 '吗' 의문문의 정리

지금까지 배운 것을 복습하면서 의문문을 정리합니다.

1 '吗' 의문문의 주의할 점

(1) 평서문(陈述句)의 문장 끝에 '吗'를 붙이면 됩니다.

이 '吗 ma'는 경성으로 발음되며, 문장 끝의 억양은 올려도 되고 내려도 됩니다.

(2) 묻고 있는 사항에 대해 사실인 것 같다거나 실현될 것이라고 질문자가 생각할 때, 이런 형태의 의문문을 사용합니다. 질문자가 뭔가 예측하지 않고 묻는 정반의문문이나 선택의문문과는 이 점에서 다릅니다. 예를 들면,

(예1) 옷을 얇게 입어 떨면서 실내에 들어온 친구를 향해,

你 冷 吗? （×）你 冷 不冷?
Nǐ lěng ma?

(예2) 오래간만에 친구의 직장에 전화를 걸었는데, 전화 목소리가 친구와 비슷하다면,

你 是 小陈 吗?
Nǐ shì Xiǎo Chén ma?

(예3) 그러나 상대의 목소리가 친구가 아닌 다른 사람의 목소리라면,

小陈 在 不在?
Xiǎo Chén zài búzài?

(3) 대답할 때는 동사의 긍정형이나 부정형을 이용해 그대로 답합니다.

他 明天 来 吗? — 来。/ 不来。
Tā míngtiān lái ma? Lái. / Bù lái.

她 不 去 海南岛 吗? — 去。/ 不去。
Tā bú qù Hǎinándǎo ma? Qù. / Bú qù.

의문문의 형태

① '吗' 의문문　　　你去吗?　　　② 정반의문문　　　你去不去?
③ 선택의문문　　　你去还是他去?　④ 의문대명사의문문　哪儿, 怎么(样), 多少,
⑤ 명사+'呢' 의문문　你呢?　　　　　　　　　　　　　几, 谁 등

2 억양(인토네이션)의문문

문장 끝에 '吗'를 사용하지 않고, 문장 끝의 억양을 상승조로 하는 것만으로도 의문을 나타낼 수 있습니다. 이는 친한 사람과의 일상적인 대화에 자주 사용됩니다.

你明天去(↗)?
Nǐ míngtiān qù?
너 내일 가니(↗)?

3 의문대명사를 포함하는 '吗' 의문문 : 의문대명사 + 吗

문장 속에 의문대명사가 있는데도 문장 끝에 또 '吗 ma'가 붙어 있는 의문문입니다.

有 什么 新闻 吗?
Yǒu shénme xīnwén ma?
뭔가 뉴스가 있습니까?

谁 唱 中国 歌儿 吗?
Shéi chàng Zhōngguó gēr ma?
누군가 중국 노래를 부릅니까?

원래 '吗' 의문문과 의문대명사 의문문은 다른 것이었습니다. 문장 속에 의문대명사가 있으면 그것만으로도 의문문이 되어 '吗'는 필요없었죠. 그러나 이와 같이 둘 다 문장 속에 나타나는 문장도 있습니다. 이것은 실은,

有什么新闻 吗?
谁唱中国歌儿 吗?

와 같이 '有什么新闻(뭔가 뉴스가 있다)' 혹은 '谁唱中国歌儿(누군가가 중국 노래를 부르다)'라는 「명제」를 바깥에서 '吗'라는 의문조사가 감싸고 있는 것입니다.

a. 你要买什么? 당신은 무엇을 사려고 하는가?
b. 你要买什么吗? 당신은 무언가를 사려고 하는가?

'要 yào'는 조동사(능원동사)로 「~하고 싶다」라는 바람을 나타냅니다. a는 무엇을 사고 싶은지를 묻고 있고, b는 사려고 하는지 사려고 하지 않는지를 묻고 있습니다. 여기서 의문사는 문장 속에서 의문의 역할을 잃고 부정(不定;정해지지 않은 것)의 의미를 나타냅니다.

 부가의문문이라고 이름 붙여 볼까요?

문장 끝에

"好吗？ Hǎo ma?" 좋습니까?
"行吗？ Xíng ma?" 괜찮습니까?
"可以吗？ Kěyǐ ma?" 괜찮으시겠어요?

등을 붙여 상담을 의뢰·제안하거나 추측·확인을 구하는 경우가 있습니다.

我们一起去看戏，好吗？
Wǒmen yìqǐ qù kàn xì, hǎo ma?
(중국)전통극 보러 같이 가지 않으시겠어요?

这本词典我拿回去，行吗？"
Zhè běn cídiǎn wǒ náhuíqù, xíng ma?
이 사전 집에 가져가도 됩니까?

대답은 '行xíng / 不行bù xíng' 등으로 충분합니다.

 ## 의문대명사 의문문

중국어의 의문대명사를 정리해 봅니다.

사람·사물	시 간	방법·성질·상태 등 ('怎么'는 원인·이유도 됨)
谁 shéi 누구 什么 shénme 무엇 哪 nǎ 어느(것)	什么时候 shénme shíhou 언제	怎么 zěnme 왜 怎样 zěnyàng 어떻게 해서 怎么样 zěnmeyàng 어떤, 어떻게
장 소	수 량	정 도
哪儿 nǎr 어디 哪里 nǎli 어디	多少 duōshao 몇 几 jǐ 몇	多 duō 어느 정도

여기에서 '哪里'는 'nǎli'라고 제3성으로 성조부호를 붙이지만, 발음할 때는 'náli'가 됩니다. (제9장 참고)

1 어순

평서문과 마찬가지로, 묻고 싶은 부분에다 그것에 대응하는 의문대명사를 바꾸어 넣습니다.

他 明天 去 百货商店 买 衣服。
Tā míngtiān qù bǎihuòshāngdiàn mǎi yīfu.
그는 내일 백화점에 옷을 사러 간다.

谁 明天 去 百货商店 买 衣服？
Shéi míngtiān qù bǎihuòshāngdiàn mǎi yīfu?
누가 내일 백화점에 옷을 사러 가는가?

他 **什么时候** 去 百货商店 买 衣服？
Tā shénme shíhou qù bǎihuòshāngdiàn mǎi yīfu?
그는 언제 백화점에 옷을 사러 가는가?

他 明天 去 **哪儿** 买 衣服？
Tā míngtiān qù nǎr mǎi yīfu?
그는 내일 어디로 옷을 사러 가는가?

他 明天 去 百货商店 买 **什么**？
Tā míngtiān qù bǎihuòshāngdiàn mǎi shénme?
그는 내일 백화점에 무엇을 사러 가는가?

百货商店
bǎihuòshāngdiàn
백화점

2 '怎么'와 '怎么样(怎样)'

방식·성질·상태·상황 등에 관해 묻습니다.

这个 字 怎么 写？　　이 글자는 어떻게 쓰지？
Zhège zì zěnme xiě?

这 包 东西 怎么 寄？　이 물건은 어떻게 보내지？
Zhè bāo dōngxi zěnme jì?

你 身体 怎么样？　　　몸은 어떠십니까？
Nǐ shēntǐ zěnmeyàng?

你 看 怎么样？　　　　당신은 어떻게 생각합니까？
Nǐ kàn zěnmeyàng?

那时 你 怎样 回答 的？　그때 당신은 어떻게 대답했습니까？
Nàshí nǐ zěnyàng huídá de?

3 '怎么 H'와 '怎么 W'

这个 字 **怎么** 念?
Zhège zì zěnme niàn?
이 글자는 어떻게 읽지?

— 你 **怎么** 不 查 词典?
Nǐ zěnme bù chá cídiǎn?
너 왜 사전을 찾지 않니?

'怎么'는 우리말의 「어떻게」에 해당합니다. "너 어떻게 학교 안 갔니"라는 우리말을 생각해 보면 「어떻게」에는 「어떻게 해서」와 「왜」라는 뜻이 있음을 알 수 있습니다. 중국어의 '怎 么' 또한 「어떻게 해서」라고 묻는 경우와 「왜」라고 원인을 묻는 용법이 있습니다. 이제 「어 떻게 해서」의 '怎么 how to'를 줄여서 '怎么H', 「왜」의 '怎么 why'를 줄여서 '怎么w'라고 해둡니다.

怎么H 어떻게 해서(방법)

'怎么'의 직후에 동작동사가 있을 경우에만 '怎么H'

这个 菜 怎么 做?
Zhège cài zěnme zuò?
이 요리 어떻게 만들지?

兔子 怎么 养?
Tùzi zěnme yǎng?
토끼는 어떻게 기르지?

这 件 毛衣 怎么 洗?
Zhè jiàn máoyī zěnme xǐ?
이 스웨터는 어떻게 빨지?

怎么w 왜(이유)

'怎么'와 동사 사이에 무언가 끼어 있으면 '怎么w'

他 怎么 不 来 学校?
Tā zěnme bù lái xuéxiào?
그는 왜 학교에 오지 않지?

你 怎么 明天 走?
Nǐ zěnme míngtiān zǒu?
왜 내일 (돌아)가니?

你 怎么 一个人 走?
Nǐ zěnme yí ge rén zǒu?
너 왜 혼자 가니?

你 怎么 没 告诉 我?
Nǐ zěnme méi gàosu wǒ?
너 왜 나한테 말하지 않았니?

이상이 기본적인 분류지만, 좀 더 미묘한 차이가 있습니다.

'怎么ₕ' 와 '怎么w'

① 怎么~ 的 → 문장 끝에 '的'가 있으면 '怎么ₕ'
怎么~ 了 → 문장 끝에 '了'가 있으면 '怎么w'

你怎么来的？ ─ 是坐车来的。
어떻게 온 거니?　　차 타고 온 거야.

你怎么来了？ ─ 小陈打电话告诉我的。
너 왜 왔니?　　진군이 전화로 알려줬거든.

'的'는 동작 발생이 모두 끝난 것을 나타내고, '了'는 새로운 사태가 출현한 것을 나타냅니다.

② '怎么'의 직후에 비(非)동작동사 ─ '怎么w'

你怎么相信他了呢？ ─ 我以为yǐwéi 他是个好人呢。
왜 그를 믿은 거야?　　나는 그가 좋은 사람인 줄 알았거든.

③ 목적어를 동반할 때 ─ '怎么ₕ₌w'
액센트의 위치에 따라 구별됩니다.

你怎么去上海？ ─ 怎么ₕ 坐船去，不坐飞机去。
어떻게 상하이에 가니?　　배로 가지, 비행기로는 가지 않아.

你怎么去上海？ ─ 怎么w 我要到上海去开会。
왜 상하이에 가니?　　회의 출석하러 가려는 거야.

원인을 물을 때는 '为什么 wèishénme(왜)'도 자주 씁니다.

你为什么不来学校？　你为什么明天走？
你为什么一个人走？　你为什么没告诉我？

'为什么'는 객관적인 질문입니다. '怎么'는 의심이나 놀라움을 동반한 의문문으로 대답이 필요없는 경우도 종종 있습니다.

대활약하는 '怎么'

你怎么了？ 어떻게 된 거니?

怎么办？ 어떡하지?

怎么回事？ 무슨 일이지?

不怎么好。 그리 좋지 않다.

4　의문대명사의 활용

의문대명사는 의문을 나타내는것 외에도 「부정(不定)」「반어」「임의」 등의 의미를 나타냅니다. 아래의 글에서는 문장 속에 의문대명사가 쓰였지만, 모두 다 의문문이 아닙니다.

(1) 「부정(不定)」의 의미를 나타냅니다

我们　找　个　地方　吃　点儿　什么　吧。
Wǒmen zhǎo ge dìfang chī diǎnr shénme ba.
어딘가 찾아서 뭐라도 좀 먹자.

点儿 diǎnr 소량을 나타내는 양사
好像 hǎoxiàng 마치 ~같다

这 件 事情 好像 谁 告诉过 我。
Zhè jiàn shìqing hǎoxiàng shéi gàosuguo wǒ.
이 일은 누군가가 나에게 알려준 적이 있는 것 같다.

(2) 「반어」의 의미를 나타냅니다

这 跟 他 有 什么 关系 呀?
Zhè gēn tā yǒu shénme guānxi ya?
이것이 그와 무슨 관계가 있다는 거야? — 아무런 관계도 없다.

谁 知道 他 今天 来 呀?
Shéi zhīdao tā jīntiān lái ya?
그가 오늘 올지 누가 알았겠니? — 아무도 모른다.

(3) 「임의」의 의미를 나타냅니다

'누구라도', '어느 것이라도' 등의 의미를 나타냅니다.

谁 都 懂得 这个 道理。
Shéi dōu dǒngde zhège dàolǐ.
이 도리는 누구나 다 안다.

这个 汉字 有 两 种 念法, 你 怎么 念 都 可以。
Zhège Hànzì yǒu liǎng zhǒng niànfǎ, nǐ zěnme niàn dōu kěyǐ.
이 한자는 읽는 방법이 2가지 있어서, 어떻게 읽어도 상관없다.

(4) 호응 용법

2개의 같은 의문대명사가 앞뒤에서 호응하여, 앞의 의문대명사가 임의의 것을 가리키고 뒤의 의문대명사는 앞의 의문대명사가 가리키고 있는 「그것」, 「그 사람」 등을 나타냅니다.

谁 认识 这 个 字, 谁 举 手。
Shéi rènshi zhè ge zì, shéi jǔ shǒu.
누군가 이 글자를 안다면, 그 누군가는 손을 들어라.
→ 이 글자를 아는 사람은 손을 들어라.

你 要 什么, 他 有 什么。
Nǐ yào shénme, tā yǒu shénme.
네가 뭔가를 원한다면 그가 그 무언가를 가지고 있다.
→ 네가 원하는 바로 그것은 그가 가지고 있다.

你 要 多少, 我 就 给 你 多少。
Nǐ yào duōshao, wǒ jiù gěi nǐ duōshao.
네가 얼마만큼 원한다면, 내가 너에게 그 얼마만큼을 줄게.
→ 네가 원하는 만큼 주겠다.

03. '多少'와 '几'

둘 다 수를 물을 때에 사용합니다만, 용법에는 차이가 있습니다. '几'는 10 이하 정도의 수를 예상하고 물으며, 반드시 뒤에 양사가 옵니다. '多少'는 수의 제한은 없으며, 뒤에 양사는 있어도 되고 없어도 상관없습니다.

你 家 有 几 口 人?
Nǐ jiā yǒu jǐ kǒu rén?
댁에는 식구가 몇입니까?

你们 学校 有 多少 学生?
Nǐmen xuéxiào yǒu duōshao xuésheng?
너희 학교에는 학생이 얼마나 있니?

Plus α 몇 살입니까?

중국 가정을 방문했습니다. 젊은 부부에게 어린애가 하나 있습니다.

小朋友, 你 几 岁 了?
Xiǎopéngyou, nǐ jǐ suì le?
꼬마야, 너 몇 살이니?

처음 만난 어색함도 풀어지고, 얘기가 술술 풀리면 상대방의 나이도 물어봅시다.

李先生, 你 今年 多 大 岁数?
Lǐ xiānsheng, nǐ jīnnián duō dà suìshu?
리 선생님, 연세가 어떻게 되셨습니까?

완전히 친구가 되어, 젊은 부인에게도

小高, 你 多 大 了?
Xiǎo Gāo, nǐ duō dà le?
까오 씨, 나이는 몇 살입니까?

웃는 소리에 귀를 기울이고 있던 노인도 중간에 끼어듭니다.

老人家, 您 高寿?
Lǎorenjia, nín gāoshòu?
할아버지〈할머니〉, 춘추가 어떻게 되셨어요?

几岁?	… 10세 정도까지의 아이에게
多少?	… 아이, 젊은이, 동년배에게
多大岁数? / 多大年纪?	… 손윗사람이나 나이든 분에게
高寿?	… 60세 넘은 분에게
十几? / 二十几?	… 나이를 대충 알고 있을 때

12

의문문(2)

01 多 + 형용사 : 얼마나 ~합니까?
02 명사 + '呢' 의문문
03 의문대명사 '전체형'과 '분석형'
04 '물음'과 '의문' : 의문문의 2대 분류

01 多+형용사 : 얼마나 ~합니까?

의문대명사 의문문의 계속으로 「多+형용사 (얼마나~?)」, 그리고 「명사+呢 (~는?)」의 형태, 끝으로 여러 가지 의문문의 형태를 정리합니다.

형용사* 앞에 「얼마나」라는 정도나 분량을 묻는 의문부사(疑问副词) '多 duō'를 붙여서 표현합니다.

> 여기서 사용되는 형용사는 보통 적극적인 의미를 나타냅니다.
> (×) 多短 duǎn
> (×) 多低 dī
> (×) 多薄 báo

길이는	多长	duō cháng
높이는	多高	duō gāo
두께는	多厚	duō hòu
폭은	多宽	duō kuān
연령은	多大	duō dà

那 座 纪念碑 多 高?
Nà zuò jìniànbēi duō gāo?
그 기념비는 높이가 얼마나 됩니까?

长安街 多 宽?
Cháng'ānjiē duō kuān?
장안가는 (도로) 폭이 얼마나 됩니까?

'多'의 앞에 동사 '有'를 동반하는 경우도 있습니다.

这 块 肉 有 多 重?
Zhè kuài ròu yǒu duō zhòng?
이 고기 덩어리는 무게가 얼마나 됩니까?

那 棵 大树 有 多 粗?
Nà kē dàshù yǒu duō cū?
저 큰나무는 둘레가 얼마나 됩니까?

답은 수치만 말해도 됩니다.

这 条 河 多 宽? — 五十 米。
Zhè tiáo hé duō kuān? Wǔshí mǐ.
이 강은 폭이 얼마나 됩니까? — 50미터입니다.

도량형 '公制 gōngzhì'(미터법)와 '市制 shìzhì'(중국 재래식 도량형)

1 米 = 1m = 3 市尺 mǐ shìchǐ	1 平方米 = 1m² píngfāngmǐ
1 公里 = 1km = 2 市里 gōnglǐ shìlǐ	1 平方公里 = 1km² = 4 平方市里 píngfānggōnglǐ píngfāngshìlǐ
1 克 = 1g kè	1 升 = 1 l = 1 市升 shēng shìshēng
1 公斤 = 1kg = 2 市斤 gōngjīn shìjīn	1 立方米 = 1m³ lìfāngmǐ

'市制'는 지금도 생활 속에 단단히 뿌리내리고 있습니다.

万里长城 Wàn lǐ chángchéng 만리(5,000km) 장성
多少钱一斤? Duōshao qián yì jīn? 한 근(500g)에 얼마죠?

명사 + '呢' 의문문

명사에 어기조사(语气助词) '呢 ne'를 붙여 의문을 나타낼 수 있습니다. 우리말에서도 「그는?」 혹은 「가방은?」만으로도 충분히 질문이 되는 것과 마찬가지입니다.

이 '呢' 의문문은 보통은

他 呢? = 他 在 哪儿?
Tā ne?   Tā zài nǎr?

你 的 书包 呢? = 你 的 书包 在 哪儿?
Nǐ de shūbāo ne?   Nǐ de shūbāo zài nǎr?

처럼 「어디에 있는지」 혹은 「존재」를 묻습니다만, 특정한 문맥에서는 그 밖에도 다양한 의미를 나타냅니다.

  a. 你去哪儿? Nǐ qù nǎr? 어디 가니?

     — 我 去 城里 买 东西。你 呢? (= 你去哪儿?)
        Wǒ qù chéngli mǎi dōngxi. Nǐ ne? (=Nǐ qù nǎr?)
        시내에 물건 사러 가는데, 너는? 〈어디 가는 거니?〉

b. 烤鸭，你 吃 不吃？ 오리구이 먹을래?
   Kǎoyā, nǐ chī buchī?

   — 我吃。Wǒ chī. 먹을래.

   那, 小王 呢？（＝小王 **吃 不吃** 烤鸭？）
   Nà, Xiǎo Wáng ne?(=Xiǎo Wáng chī buchī kǎoyā?)
   그럼, 왕군은?〈오리구이 먹을래?〉

c. 你 吃 烤鸭 还是 涮羊肉？
   Nǐ chī kǎoyā háishi shuànyángròu?
   오리구이 먹을래, 아니면 샤브샤브 먹을래?

   — 我吃烤鸭。Wǒ chī kǎoyā. 오리구이로 할래.

   那, 小王呢？（＝小王吃烤鸭**还是**吃涮羊肉？）
   Nà, Xiǎo Wáng ne?
   그럼, 왕군은?〈오리구이, 샤브샤브 어느 쪽으로 할래?〉

d. 你 吃 烤鸭 吗？ 오리구이 먹니?
   Nǐ chī kǎoyā ma?

   — 我吃。Wǒ chī.

   那, 小王 呢？（＝小王也吃烤鸭吗？）
   Nà, Xiǎo Wáng ne?
   그럼 왕군은?〈왕군도 오리구이 먹니?〉

하나의 문장에서 '吗'와 '呢'가 동시에 출현하는 법은 없습니다.
(×) 你是学生吗呢？

이렇게 보면「명사＋呢」의 의문형식은 그 속에 여러 가지 의문문의 의미를 내포하는, 단축형 같은 것이라는 것을 알 수 있습니다.

03. 의문대명사 '전체형'과 '분석형'

〈전체형〉　　　　　　〈분석형〉

哪儿 nǎr　　어디　　≒　　什么·地方 shénme·dìfang　　어느·곳
谁 shéi　　　누구　　≒　　什么·人 shénme·rén　　　　어떤·사람
怎么 zěnme　왜　　　≒　　为·什么 wèi·shénme　　　　때문·무엇 → 무엇 때문에
　―――　　언제　　≒　　什么·时候 shénme·shíhou　　어느·때

'언제'를 나타내는 의문대명사는 '什么时候' 뿐으로 '전체형'은 없습니다.

중국어의 의문대명사에는 이렇게 「전체형」과 「분석형」이 있습니다. 양자의 의미는 거의 비슷하지만 미묘한 차이도 있습니다.

什么事 shénme shì　　　어떤 일
什么病 shénme bìng　　어떤 병
什么颜色 shénme yánsè　어떤 색
什么人 shénme rén　　　어떤 사람

이들 '什么'는 사물의 내용·성질 혹은 종류에 대해 묻습니다. 예를 들면 상대에 대해 깊이 있게 물을 필요가 없는 때는 '谁'를 사용하고, 상대방과의 관계나 상대방의 직업 등까지 알고 싶다고 생각하는 때에는 '什么人'*을 사용합니다.

A: 今晚 你 想 干 什么?
　　Jīnwǎn nǐ xiǎng gàn shénme?
　　오늘 밤 뭐 할 예정이지?

B: 我 要 找 小李。
　　Wǒ yào zhǎo Xiǎo Lǐ.
　　이 군을 방문하려구요.

A: 他 是 什么 人?
　　Tā shì shénme rén?
　　그는 어떤 사람인데?

B: 是 我 的 同班 同学。
　　Shì wǒ de tóngbān tóngxué.
　　같은 반 친구예요.

Plus α
단, 이 '什么人'은 직접 상대방을 향해 사용하지는 마세요, 실례가 됩니다.
你是什么人? 당신 뭐하는 사람이야?
你是她的什么人? 당신 그 여자의 뭐라도 되는 거야?

04. '물음'과 '의문' : 의문문의 2대 분류

여러 가지 의문을 나타내는 형태가 나왔지만, 이들 의문의 형태 중에 전형적인 4가지를 골라 다음 세 가지 사항을 체크하면서 이들이 각각 가지고 있는 의문의 성질에 대해 정리해 둡시다.

Ⅰ형	어기조사 '吗' 형	他是中国人吗？
Ⅱ형	선택형	
	Ⅱ①형 A不A형	他是不是中国人？
	Ⅱ②형 A还是B형	他是中国人还是韩国人？
Ⅲ형	WH의문대명사형	他是哪国人？

체크 문형	체크 1 말하는 사람의 〈의심〉을 나타내는 조사 '呢'를 붙일 수 있는가 없는가.	체크 2 문장 속에 들어갈 수 있는가 없는가(목적어와 관형어가 될 수 있는가 없는가).	체크 3 '也' 등 부사를 동반할 수 있는가 없는가.
Ⅰ형	(×) 他是中国人吗呢？	(×) 我不知道[他是中国人吗]。 나는 「그가 중국인인가」를 모른다. (×) [中国电影要走向世界吗]的问题。 「중국영화는 세계를 향하고 있는가」의 문제.	(○) 他也是中国人吗？
Ⅱ① Ⅱ②	(○) 他是不是中国人呢？ (○) 他是中国人还是韩国人呢？	(○) 我不知道[他是不是中国人]。 나는 「그가 중국인인지 어떤지를」 모른다. (○) 我不知道[他是中国人还是韩国人]。 나는 「그가 중국인인지 한국인인지」 모른다. (○) [中国电影要不要走向世界]的问题。 「중국영화가 세계로 나아갈 것인지 어떤지」의 문제. (○) [中国电影要走向世界还是闭关自守]的问题。	(×) 他也是不是中国人？ (×) 他也是中国人还是韩国人？

		「중국영화가 세계로 나아갈 것인지 계속 폐쇄적으로 흐를 것인지」의 문제.	
Ⅲ형	(○) 他是**哪**国人呢?	(○) 我不知道[他是**哪**国人]. 나는「그가 어느 나라 사람인지」모른다. (○) [中国电影要走向**哪儿**]的问题. 「중국영화는 어디를 향해 나가려 하고 있는가」의 문제.	(×) 他**也**是**哪**国人?

표에서 알 수 있듯이 Ⅰ형과 Ⅱ형·Ⅲ형은 ○·×의 관계가 정반대입니다.

Ⅰ형은 '吗'를 동반해 듣는 사람에게 회답을 요구하는 문장이고, Ⅱ형·Ⅲ형은 글 속에서 의심을 유발하는 무언가의 미확정적인 요소, 즉「A」인가「不A」인가,「A」인가「B」인가,「누구」인가「무엇」인가라는 부분에 대해 이를 화자가 표명하는 문장인 것입니다.

이러한 문형이, 미확정한 요소에 대해서 충분히 대답할 수 있는 사람을 향해 말해진다면, 결과적으로 의문문으로 생각해도 될 것입니다.

'是不是' 의문문

'是不是'를 술어의 바로 앞, 문두, 문미에 두어서 만드는 의문문이 있습니다.
이 의문문은 주로 질문자가 상대에게 자신의 예상에 대한 확인을 요청하기 위해 사용됩니다.

昨天 的 晚会 是不是 特别 热闹?
Zuótiān de wǎnhuì shìbushì tèbié rènao?
어젯밤 파티는 대단했지요?

是不是 你 丢了 一 块 手表?
Shìbushì nǐ diūle yí kuài shǒubiǎo?
시계를 잃어버리신 거 아닌가요?

他 很 不 满意 是不是?
Tā hěn bù mǎnyì shìbushì?
그는 매우 불만이지 않은가요?

"是不是"로 무엇이든지 물어볼 수 있다.

13

전치사(개사)

01 전치사의 구조와 역할
02 전치사와 동사
03 중요한 전치사 및 그 용법
　• 장소·방향
　• 시간
　• 대상
　• 기타

01. 전치사의 구조와 역할

중국어에는 「~은, ~는, ~이, ~가, ~을, ~를, ~에게」 등의 조사는 없지만, 영어의 전치사와 유사한 전치사('介词 jiècí';개사)가 있습니다.

전치사는 목적어와 함께 「전치사구」를 만들고, 문장 속에서는 상황어(状语 zhuàngyǔ; 부사어)로서, 장소·시간·원인·대상 등을 나타내는 역할을 합니다. 문장 중의 위치는 술어의 앞입니다. 아래에 고딕체로 표시한 것이 전치사이고, 뒤에 밑줄 친 부분은 그 목적어입니다.

我 **在** 工厂 工作。
Wǒ zài gōngchǎng gōngzuò.
나는 공장에서 일한다.

我 **跟** 他 商量。
Wǒ gēn tā shāngliang.
나는 그와 의논한다.

他 **从** 上海 回来。
Tā cóng Shànghǎi huílai.
그는 상하이에서 돌아온다.

 전치사와 동사

전치사의 대다수는 동사에서 전화(轉化)·허화(虛化)된 것이기 때문에, 많은 수의 전치사는 그대로 동사로서도 쓰이고 있습니다.

동사로서 사용되는 예	전치사로서 사용되는 예
他 不 在 家。 Tā bú zài jiā. 그는 집에 없다.	他 在 家 写 文章。 Tā zài jiā xiě wénzhāng. 그는 집에서 글을 쓴다.
哥哥 给 我 一 本 词典。 Gēge gěi wǒ yì běn cídiǎn. 형은 내게 사전을 한 권 주었다.	我 给 她 做 菜。 Wǒ gěi tā zuò cài. 나는 그녀에게 요리를 만들어 준다.
他们 在 那儿 比着 个子。 Tāmen zài nàr bǐzhe gèzi. 그들은 거기서 키재기를 하고 있다.	他 比 我 小 一 岁。 Tā bǐ wǒ xiǎo yí suì. 그는 나보다 한 살 어리다.
她 从来 没 离过 家。 Tā cónglái méi líguo jiā. 그녀는 여태까지 집을 떠난 적이 없다.	我 家 离 车站 很 近。 Wǒ jiā lí chēzhàn hěn jìn. 우리 집은 역에서 가깝다.
我 的 屋子 朝 南。 Wǒ de wūzi cháo nán. 내 방은 남향이다.	大门 朝 东 开。 Dàmén cháo dōng kāi. 대문은 동쪽으로 열려 있다.

03  중요한 전치사 및 그 용법

장소·방향을 나타내는 것

在 zài	행해지는 장소·존재하는 장소「~에서」	这 种 衣服 **在** 北方 流行。 Zhè zhǒng yīfu zài běifāng liúxíng. 이 옷은 북방에서 유행한다.
从 cóng	출발점「~부터」	他 **从** 英国 回来 了。 Tā cóng Yīngguó huílai le. 그는 영국에서 돌아왔다.
	경유지「~을 거쳐」	列车 **从** 这儿 经过。 Lièchē cóng zhèr jīngguò. 열차는 여기를 경유한다.
到 dào	종점·도착지 「~까지, ~로」	我们 **到** 中国 去 旅行。 Wǒmen dào Zhōngguó qù lǚxíng. 우리는 중국으로 여행간다.
离 lí	두 지점 사이의 거리상의 격차「~에서」	你家 **离** 学校 远 不远? Nǐ jiā lí xuéxiào yuǎn buyuǎn? 당신의 집은 학교에서 멉니까?

 **'从'과 '离': 똑같은 '~부터'이지만**

从: 출발점, 출발 시간을 나타낸다.
자주 '从~到…'(~부터…까지)로
사용된다.

从家到学校只要五分钟。
집에서 학교까지 겨우 5분 걸린다.

从那天以后,他一直没有迟到早退。
그날 이후로 그는 지각도 조퇴도 하지 않았다.

离: 공간이나 시간의 간격·
격차를 나타낸다.

我家离车站不近。
우리 집은 역에서 가깝지 않다.

离开车还有一个小时。
차가 떠나기까지는 아직 한 시간 있다.

往 wǎng	방향「~를 향해」	去 邮局 **往** 哪边 走好? Qù yóujú wǎng nǎbian zǒuhǎo? 우체국에 가려면 어느쪽으로 가면 좋습니까? 一直 **往** 南 走。 Yìzhí wǎng nán zǒu. 똑바로 남쪽으로 가세요.

向 xiàng	방향「~를 향해」	列车 向 北京 奔驰。 Lièchē xiàng Běijīng bēnchí. 열차가 북경을 향해 달린다.
朝 cháo	방향「~로 향해」	他 朝 我 挥手, 我 朝 他 点头。 Tā cháo wǒ huīshǒu, wǒ cháo tā diǎntóu. 그는 나를 향해 손을 흔들고, 나는 그를 향해 고개를 끄덕였다.

Plus α

방향을 나타내는 '往' '向' '朝'는 의미가 약간 다릅니다.

往

向

朝

이동을 동반하는 동작방향, 도달점, 이동지점을 나타내며, 뒤의 명사는 방위·장소를 나타낸다.

每天早上往车站跑。
매일 아침 역에 뛰어간다.

往右拐guǎi, 再往左拐。
우회전하고 나서 좌회전하다.

추상적인 방향도 나타내고, 뒤의 명사 위치에는 추상적인 개념이나 사람도 사용할 수 있다.

向工业化的目标mùbiāo前进。
공업화의 목표를 향해 전진한다.

孩子们向他要了零钱。
아이들이 그에게 용돈을 달라고 졸랐다.

얼굴이 향하는 방향을 나타내며, 정적(靜的)인 상태에도 쓸 수 있다. 뒤의 명사가 사람일 때 동사는 신체적 동작만을 나타낸다.

大门朝南开。
대문은 남향이다.

她朝我挥手。
그녀는 나에게 손을 흔든다.

시간을 나타내는 것

从 cóng	시작시간 「~부터」	暑假 从 七月 十五 号 开始。 Shǔjià cóng qī yuè shíwǔ hào kāishǐ. 여름휴가는 7월 15일부터 시작이다.
到 dào	도달시간 「~가 되면, ~까지는」	新建 的 宿舍 到 月底 可以 竣工。 Xīnjiàn de sùshè dào yuèdǐ kěyǐ jùngōng. 새로 짓는 기숙사를 월말까지는 준공할 수 있다.
在 zài	행해지는 시간 「~에」	火车 在 六点 钟 通过 这 座 桥。 Huǒchē zài liùdiǎn zhōng tōngguò zhè zuò qiáo. 기차는 6시에 이 다리를 통과한다.
当 dāng	행해지는 시간 「~할 때」	当 我 回来 的 时候, 他 已经 睡觉了。 Dāng wǒ huílai de shíhòu, tā yǐying shuìjiàole. 내가 돌아왔을 때, 그는 이미 잠들어 있었다.
离 lí	시간의 간격 「~에서, 까지」	离 出发 不到 十分钟了。 Lí chūfā búdào shífēnzhōngle. 출발까지는 10분도 남지 않았다.

대상(對象)을 나타내는 것

跟 gēn	대상 「~와, ~로부터」	明天 我 要 跟 他 一起 去。 Míngtiān wǒ yào gēn tā yìqǐ qù. 내일은 그와 함께 가려고 한다.
和 hé	상대 「~와」	这个 问题, 我 和 老张 商量了。 Zhège wèntí, wǒ hé Lǎo Zhāng shāngliangle. 이 문제는 장선생과 의논했다.
对 duì	대상 「~를 향해, 대해, 있어」	我 对 这 件 事儿 有 意见。 Wǒ duì zhè jiàn shìr yǒu yìjiàn. 나는 이 건에 대해 불만이 있다.
为 wèi	수익자 「~를 위해」	他 为 民族 作出了 重大 贡献。 Tā wèi mínzú zuòchūle zhòngdà gòngxiàn. 그는 민족을 위해 큰 공헌을 했다.
给 gěi	주는 쪽 「~에게」	他 给 我们 介绍了 这儿 的 情况。 Tā gěi wǒmen jièshàole zhèr de qíngkuàng. 그는 우리들에게 여기의 상황을 소개해 주었다.
替 tì	수익자 「~를 위해, ~대신」	我 替 你 找到了 这 份 材料。 Wǒ tì nǐ zhǎodaole zhè fèn cáiliào. 내가 너를 위해 이 자료를 찾았다.
对于 duìyú	대상 「~에 대해, ~에 있어」	对于 村里 的 情形, 我 不大 明白。 Duìyú cūnli de qíngxíng, wǒ búdà míngbai. 마을의 상황에 대해서 나는 그다지 잘 모른다.

关于 guānyú	관계 있는 사물 「~에 대해, ~에 관해」	关于 这个 问题, 还要 研究 一下。 Guānyú zhège wèntí, háiyào yánjiū yíxià. 이 문제에 관해서는 좀 더 검토해 봅시다.

기타

为 wèi	목적 「~을 위해」	我们 为 共同 目标 而 奋斗。 Wǒmen wèi gòngtóng mùbiāo ér fèndòu. 우리는 공동의 목표를 위하여 분투한다.
按 àn	기준에 따르다 「~에 근거하여, ~에 따라」	按 高矮 个儿 排队。 Àn gāo'ǎi gèr páiduì. 키 순서대로 줄을 서다.
据 jù	판단의 근거 「~에 의하면」	据 天气 预报 说, 明天 有 大风。 Jù tiānqì yùbào shuō, míngtiān yǒu dàfēng. 일기 예보에 의하면, 내일은 바람이 많이 분다.
由 yóu	행위자 「~이/가」	下午 的 会议 由 老王 主持。 Xiàwǔ de huìyì yóu Lǎo Wáng zhǔchí. 오후 회의는 왕선생이 주재한다.
除了 chúle	제외되는 것 「~를 제외하고, ~외에」	这儿 除了 咱们 俩, 没有 别人。 Zhèr chúle zánmen liǎ, méiyǒu biérén. 여기에는 우리 두 사람 외에 다른 사람은 없다.

예고편

전치사는 종류 · 의미 · 용법이 다양하며, 앞에서 언급한 것 말고도 많이 있습니다. 수동태 · 비교 · 처치 등에 대해서는 이후의 장 '被, 叫, 让 (제32장 참고) / 比 (제30장 참고) / 把, 将 (제31장 참고)' 에서 상세히 다루도록 하고, 여기에서는 소개만 하겠습니다.

- 피동을 나타내는 것 : 被 bèi, 叫 jiào, 让 ràng

  那 本 书 被 他 拿走了。
  Nà běn shū bèi tā názǒule.
  그 책은 그에 의해 가져가게 되었다.

- 비교의 대상을 나타내는 것 : 比 bǐ

  那 本 书 比 这 本 书 厚 一点儿。
  Nà běn shū bǐ zhè běn shū hòu yìdiǎnr.
  저 책은 이 책보다 조금 더 두껍다.

- 처치의 대상을 나타내는 것 : 把 bǎ, 将 jiāng

  他 把 那 本 书 看完了。
  Tā bǎ nà běn shū kànwánle.
  그는 그 책을 다 읽었다.

14

전치사, '是~的' 구문

01 **전치사구를 포함하는 문장**
  - 부정형
  - 부정의 범위
  - 의문문

02 **'是~的' 구문**
  - '是~的'에서 강조되는 것
  - 부정형
  - 의문문
  - 목적어의 후치(後置)
  - '是'의 생략

01. 전치사구를 포함하는 문장

종류가 여러 가지라서 골치아픈 전치사인데, 전치사구를 포함하는 문장의 부정이나 의문문을 만드는 방법에도 특징이 있습니다.

1 부정형 : 前'不'형과 後'不'형

'不', '没(有)'를 사용하여 부정합니다. 그러나 이 '不'와 '没(有)'가 놓이는 위치는 두 군데가 있습니다. 하나는 전치사의 앞, 또 하나는 술어의 앞입니다. 이제 '不'를 예로 설명해 봅니다.

A. 전치사구의 앞 — 전(前) '不' 형

> 我 不 从 家 出发。
> Wǒ bù cóng jiā chūfā.
> 나는 집에서 출발하지 않는다.

> 我 不 跟 他 下 棋。
> Wǒ bù gēn tā xià qí.
> 나는 그 사람과는 장기 두지 않는다.

> 他 不 给 我 写 信。
> Tā bù gěi wǒ xiě xìn.
> 그는 나에게 편지를 쓰지 않는다.

B. 술어의 앞 — 후(後) '不' 형

> 我 的 家 离 学校 不 远。
> Wǒ de jiā lí xuéxiào bù yuǎn.
> 우리 집은 학교에서 멀지 않다.

> 他 对 我 不 严格。
> Tā duì wǒ bù yángé.
> 그는 나에게는 엄하지 않다.

> 我 跟 他 不 相识。
> Wǒ gēn tā bù xiāngshí.
> 나는 그와 아는 사이가 아니다.

그러면, 「전 '不' 형」은 어느 때에 쓰고, 「후 '不' 형」은 어느 때에 쓰는 것일까요? A와 B 각각의 술어를 비교해 보세요. A는 '出发', '下(棋)' '写(信)' 등 모두 동작을 나타내는 동사가 술어입니다. 이를 「동태적(動態的)」인 술어라고 말해도 되겠지요. B는 형용사인 '远' '严格'와 동사 '相识'가 술어입니다. 형용사는 물론 상태를 나타내는 말이고 '相识'도 상황성이 강한 동사입니다. 둘 다 「정태적(靜態的)」인 술어입니다.

> 不 + 전치사구 +　　　 동태적인 술어 (出发, 下棋)
> 　　전치사구 + 不 + 정태적인 술어 (远, 相识)

그럼, 다음 경우는 어떨까요? 술어는 둘 다 '打架 dǎjià (싸움하다)'로서 똑같은데, '不'의 위치가 다릅니다.

a. 他 不 跟 张三 打架。
　　Tā bù gēn Zhāngsān dǎjià.

b. 他 跟 张三 不 打架。
　　Tā gēn Zhāngsān bù dǎjià.

a는「그는 張三과는 싸우지 않는다」로, 술어동사는「싸우다」입니다. 이것은「동태적」인 동작동사이기 때문에 전 '不'형이 됩니다. b는「그는 張三과는 싸우지 않는 사이다 → 사이가 좋다」로 '不打架'는 두 사람의 사이/관계를 말하는「정태적」인 의미를 나타냅니다.

2 부정의 범위

그런데 전치사구와 부정 부사 '不'의 위치관계에는 다음과 같은 경우도 있습니다.

a. 他 不 在 家 喝 啤酒。
　　Tā bú zài jiā hē píjiǔ.

　　他 不 给 我 写 信。
　　Tā bù gěi wǒ xiě xìn.

b. 他 在 家 不 喝 啤酒。
　　Tā zài jiā bù hē píjiǔ.

　　他 给 我 不 写 信。
　　Tā gěi wǒ bù xiě xìn.

"他在家不喝啤酒。"

a는「그는 집에서는 맥주를 마시지 않는다.(하지만, 밖에서는 마신다)」「나에게는 편지를 쓰지 않는다.(하지만, 그녀에게는 쓴다)」라는 뜻이 됩니다. b는「집에서는 맥주를 마시지 않는다.(다른 술을 마신다)」「나에게 편지를 쓰지 않는다.(전화를 건다)」라는 뜻이 됩니다. 즉 부정부사 '不'가 문장 중의 어느 부분을 부정하는가의 문제입니다.

3 의문문

'吗' 의문문은 문장 끝에 '吗'를 더하며, 의문대명사 의문문은 알고 싶은 부분을 적당한 의문사로 바꾸어 넣습니다.

你 跟 他 一起 去 吗?
Nǐ gēn tā yìqǐ qù ma?
당신은 그와 함께 갑니까?

你 跟 谁 一起 去?
Nǐ gēn shéi yìqǐ qù?
당신은 누구와 함께 갑니까?

你 跟 小王 去 还是 跟 小李 去?
Nǐ gēn Xiǎo Wáng qù háishi gēn Xiǎo Lǐ qù?
당신은 왕군과 갑니까, 아니면 이군과 갑니까?

그러나 정반의문문은 부정할 때와 마찬가지로 2가지가 있습니다.

a. 你 跟 不跟 他 来? 당신은 그와 옵니까?
　 Nǐ gēn bugēn tā lái?

　 你 在 不在 家 吃饭? 당신은 집에서 식사를 합니까?
　 Nǐ zài buzài jiā chīfàn?

　 你 给 不给 他 打 电话? 당신은 그에게 전화를 합니까?
　 Nǐ gěi bugěi tā dǎ diànhuà?

b. 你 家 离 这儿 远 不远? 당신의 집은 여기서 멉니까?
　 Nǐ jiā lí zhèr yuǎn buyuǎn?

　 他 对 你 严格 不严格? 그는 당신에게 엄합니까?
　 Tā duì nǐ yángé buyángé?

　 你 跟 他 相识 不相识? 당신은 그와 서로 압니까?
　 Nǐ gēn tā xiāngshí buxiāngshí?

여기서도 술어구가 「동태적」인가 「정태적」인가에 따라 차이가 보입니다.
또한 전치사구를 포함한 문장의 정반의문문이 '跟不跟、在不在' 등의 형태를 보이는 것도, 전치사가 동사에서 전화(轉化), 허화(虛化)된 흔적으로 볼 수 있습니다.

02. '是~的' 구문

어떤 행위가 발생한 것은 분명하며, 그 행위가 행해진 시간, 장소, 방식 등을 구체적으로 강조해서 말하는 '是…的'라는 구문이 있습니다.

他 妹妹 昨天 来 了。
Tā mèimei zuótiān lái le.
그의 여동생은 어제 왔다.

他 给 小王 写了 一 封 信。
Tā gěi Xiǎo Wáng xiěle yì fēng xìn.
그는 왕군에게 한 통의 편지를 썼다.

위의 두 문장은 「~가 …했다」라는 것을 서술한 문장입니다. 그런데 가령 「그의 누이가 왔다」「그는 편지를 썼다」는 것은 모두 명백한데, 「언제」왔는지 「누구에게」 썼는지를 말할 필요가 있다고 합시다. 즉,

> 어떤 동작이 이미 실현되었음은 묻는 이나 답하는 이나 모두 알고 있는데, 그 밖의 동작·행위가 행해진 시간, 장소, 방식, 목적, 대상, 행위자 등을 특별히 강조해서 말한다.

이때 사용하는 문형이 바로 '是…的 shì…de' 구문입니다.

他 妹妹 是 昨天 来 的。
Tā mèimei shì zuótiān lái de.
그의 여동생은 어제 왔던 것이다.

他 是 给 小王 写信 的。
Tā shì gěi Xiǎo Wáng xiěxìn de.
그는 왕군에게 편지를 쓴 것이다.

'是…的' 구문은, 이렇게 초점을 맞추고 싶은 곳, 즉 강조하고 싶은 것을 '是…的'의 사이에 넣어 만듭니다.
'是…的' 구문은 동작이 행해지는 시간·장소·방식·목적… 등을 강조하기 때문에 전치사구도 문장 속에 자주 나타납니다.

他 是 跟 谁 结婚 的?
Tā shì gēn shéi jiéhūn de?
그는 누구와 결혼했어?

他 是 跟 小燕 结婚 的。
Tā shì gēn Xiǎo Yàn jiéhūn de.
그는 燕양과 결혼했어.

1 '是…的'에서 강조되는 것

'是…的'에 의해 강조되는 것은 동작·행위의 그 자체는 아니고, 그 동작·행위의 성립과 관련된 여러 가지 측면입니다. 예를 들면;

시간

学校 是 什么 时候 开学 的?
Xuéxiào shì shénme shíhou kāixué de?
학교는 언제 시작한 겁니까 = 시작했습니까?

— 学校 是 九月 十三 号 开学 的。
Xuéxiào shì jiǔyuè shísān hào kāixué de.
9월 13일입니다.

장소

他 是 从 哪儿 来 的?
Tā shì cóng nǎr lái de?
그는 어디에서 온 겁니까 = 왔습니까?

— 他 是 从 韩国 来 的。
Tā shì cóng Hánguó lái de.
그는 한국에서 왔습니다.

방식

你 是 怎样 来 的?
Nǐ shì zěnyàng lái de?
당신은 어떻게 온 겁니까 = 왔습니까?

— 我 是 坐 火车 来 的。
Wǒ shì zuò huǒchē lái de.
기차를 타고 왔습니다.

행위자

这 件 事, 是 谁 做 的?
Zhè jiàn shì, shì shéi zuò de?
이 일은 누가 한 겁니까 = 했습니까?

— 是 老王 做 的。
Shì Lǎo Wáng zuò de.
왕선생이 했습니다.

목적

你 是 为 什么 来 的?
Nǐ shì wèi shénme lái de?
당신은 왜 온 겁니까 = 무엇 때문에 왔습니까?

— 我 是 为 这件 事 来 的。
Wǒ shì wèi zhè jiàn shì lái de.
이 일 때문에 왔습니다.

2 부정형

부정형은 '是' 앞에 '不'를 놓아 만듭니다.

她 不是 昨天 来 的, 是 前天 来 的。
Tā búshì zuótiān lái de, shì qiántiān lái de.
그녀는 어제 온 것이 아니고, 그저께 온 거다.

부정되는 것은 동작 행위 그 자체가 아니고, 문장 속에서 강조되는 부분입니다. '来'를 부정하는 것이 아니고, '昨天'을 부정하는 것입니다.

3 의문문

의문형은 '是…的吗?' '是不是…的?' '是+의문사 …的'와 같이 만듭니다.

这个 菜 是 你 做 的 吗?
Zhège cài shì nǐ zuò de ma?
이 요리는 당신이 만든 것입니까?

这个 菜 是 不是 你 做 的?*
Zhège cài shì bushì nǐ zuò de?
이 요리는 당신이 만든 것입니까?

这个 菜 是 谁 做 的?
Zhège cài shì shéi zuò de?
이 요리는 누가 만든 것입니까?

> **TiP**
> '是不是'에 의한 의문문은 강세나 음조에 따라 다양한 의미(힐문, 확인 등)를 나타냅니다.

'是…的'의 문장은 과거의 일을 나타냅니다.

你 是 哪年 毕业 的?
Nǐ shì nǎnián bìyè de?
몇 년도에 졸업한 거야?

你 哪年 毕业?
Nǐ nǎnián bìyè?
너 언제 졸업하니?

4 목적어의 후치(後置)

목적어가 '的'의 밖으로 나오는 경우가 있습니다. 그러나 의미상의 차이는 없습니다.

是…VO的。	他 是 去年 上 大学 的。
	Tā shì qùnián shàng dàxué de.
是…V的O。	他 是 去年 上 的 大学。

그는 지난 해 대학에 입학했다.

단, 목적어가 인칭대명사일 때는 '的' 밖으로 나오지 못합니다.

她 是 昨天 告诉 我 的。 그녀는 나에게 어제 알렸습니다.
Tā shì zuótiān gàosu wǒ de.

(×) 她是昨天告诉的我。

5 '是'의 생략

'是…的'의 '是'는 잘 생략됩니다. 하지만, '这(那)'가 주어일 때와, 부정에서 '不是'가 될 때는 생략할 수 없습니다.

我 (是) 跟 朋友 一起 去 的。
Wǒ shì gēn péngyou yìqǐ qù de.
나는 친구들과 함께 갔습니다.

这 是 为 这个 目的 盖 的。
Zhè shì wèi zhège mùdì gài de.
이것은 이 목적으로 세워진 것입니다.

他 不 是 昨天 来 的。
Tā bú shì zuótiān lái de.
그는 어제 오지 않았습니다.

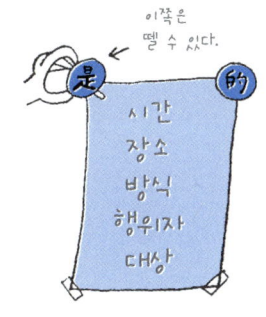

Plus α 비슷하지만 다른 것 '是…的' 제2탄

말하는 이의 생각, 견해, 태도 등을 단정적으로 표현할 경우, '是…的'(제2탄)구문이 사용됩니다.

这个 问题, 我们 也 是 很 注意 的。
Zhège wèntí, wǒmen yě shì hěn zhùyì de.
그 문제에 관해서는 우리들도 관심을 가지고 있습니다.

他 的 想法 是 可以 理解 的。
Tā de xiǎngfǎ shì kěyǐ lǐjiě de.
그의 생각을 이해는 할 수 있습니다.

이「제2탄」유형은 '是…的'(제1탄) 유형과 형태는 유사하지만 별개의 것입니다. 「제2탄」은

'是…的'라는 굴레를 벗겨도 문장의 의미가 조금 변할 뿐, 문법적으로는 전혀 문제가 없습니다.

    这个 问题, 我们 也 很 注意。
    이 문제는 우리들도 관심을 갖고 있다.

    他 的 想法 可以 理解。
    그의 생각은 이해된다.

또한, 「제2탄」은 말하는 쪽의 「…이다」라고 인정하는 기분(심적 태도)을 말하는 것이기 때문에 '不是…的'라는 부정형도 없습니다. '不'가 표현하는 것은 '是…的'라는 새장 속에서입니다.

    他 的 看法 是 不 妥当 的。
    Tā de kànfǎ shì bù tuǒdang de.
    그의 생각은 부적절하다.

    他们 是 绝对 不 会 忘记 过去 的。
    Tāmen shì juéduì bú huì wàngjì guòqù de.
    그들은 절대로 과거의 일을 잊지 않을 것이다.

"不"는 "是…的"의 새장 속

15

상용 부사

01 부사의 종류
- 의미에 따른 분류
- 문장 중의 위치에 따른 분류

02 부사의 역할과 특징
- 역할
- 문법적인 특징

03 상용 부사 해설

01. 부사의 종류

부사는 정보 전달의 열쇠이며, 부사로 인해 문장은 차분히 안정됩니다. 예를 들면,

> 她 非常 漂亮。
> Tā fēicháng piàoliang.
> 그녀는 매우 아름답다.

> 春天 马上 就 到 了。
> Chūntiān mǎshàng jiù dào le.
> 봄은 이제 곧 올 것이다.

여기서는 부사 '非常'에 의해 그녀의 아름다움의 정도가 나타나고, 또한 부사 '马上'이나 '就'에 의해 봄이 오는 것이 언제인지 즉 「이제 금방이다」라는 시간적인 판단이 나타나, 듣는 이에게 안정된 정보를 전해줍니다. 부사 없이는 문장의 화룡점정이 이루어지지 않는다 하겠습니다.

상용되는 부사를 크게 의미와 문장 중에서의 위치에 따라 분류해 봅니다.

1 의미에 따른 분류

정도를 나타낸다.

比较 bǐjiào 비교적	非常 fēicháng 매우
更 gèng 더욱	还 hái 한층 더
很 hěn 매우	极 jí 극히
稍微 shāowēi 조금	太 tài 너무
特别 tèbié 특히	相当 xiāngdāng 꽤
真 zhēn 정말로	最 zuì 가장

범위를 나타낸다.

才 cái 겨우	都 dōu 전부
仅仅 jǐnjǐn ~만	就 jiù ~만
另外 lìngwài 그 밖에	全 quán 모두
完全 wánquán 완전히	一共 yígòng 합쳐서

一块儿 yíkuàir 함께　　一起 yìqǐ 함께
只 zhǐ 단지

빈도를 나타낸다.

常常 chángcháng 늘　　还 hái 또한
往往 wǎngwǎng 가끔　　又 yòu 또
也 yě ~도 역시　　再 zài 또

시간을 나타낸다.

才 cái 겨우　　曾经 céngjīng 이전에
从来 cónglái 여태까지　　都 dōu 이미
刚 gāng 지금 막　　就 jiù 곧
快 kuài 곧　　马上 mǎshàng 즉시
立刻 lìkè 바로　　已经 yǐjing 이미
一直 yìzhí 쭉　　正在 zhèngzài 한창 ~하는 중이다

부정을 나타낸다.

不 bù ~하지 않는다　　没(有) méi(you) ~하지 않았다, 없다

양태를 나타낸다.

忽然 hūrán 갑자기　　互相 hùxiāng 서로
渐渐 jiànjiàn 점점　　顺便 shùnbiàn ~하는 김에

어기를 나타낸다.

差点儿 chàdiǎnr 하마터면　　大概 dàgài 아마
大约 dàyuē 대체로　　倒 dào 차라리, 오히려
到底 dàodǐ 도대체　　果然 guǒrán 과연
简直 jiǎnzhí 그야말로　　究竟 jiūjìng 도대체
可 kě 실로　　恐怕 kǒngpà 아마
难道 nándào 설마 ~아니겠지　　却 què 오히려
似乎 sìhū ~인 것 같다　　幸亏 xìngkuī 다행히
也许 yěxǔ ~일지 모른다　　一定 yídìng 꼭
原来 yuánlái 알고 보니

어기(語氣)란 말하고 있는 사실·내용이나 듣는 이에 대한 말하는 사람의 '태도'를 말합니다. 즉, 그 사실·내용에 대한 '아마'라는 추측이나 '다행히'라는 가치 판단, 또 상대방에 대해 '도대체'라고 묻는 등의 화자(話者)의 심적 태도(心的態度)를 말합니다. 이것을 모댈리티(modality)라고도 합니다.

2 문장 중의 위치에 따른 분류

(1) 동사·형용사의 앞

대다수의 부사는 이와 같은 형태로 쓰입니다. 동사·형용사, 즉 술어의 앞에, 그리고 다른 부사의 앞이나 뒤에 위치합니다.

这 条 河 相当 深。
Zhè tiáo hé xiāngdāng shēn.
이 강은 꽤 깊다.

她 已经 结婚 了。
Tā yǐjing jiéhūn le.
그녀는 이미 결혼했다.

我们 也 都 不 是 美国人。
Wǒmen yě dōu bú shì Měiguórén.
우리도 모두 미국인이 아니다.

(2) 문장의 맨 앞에 놓이는 것

문장부사라고도 하며, 사물에 대한 판단이나 추측, 의심 등, 말하는 이의 심적 태도를 나타내는 2음절 부사인 '大概、到底、果然、究竟、恐怕、难道、幸亏、也许' 등은 문장 앞에도 놓일 수 있습니다.

究竟 你 去 还是 他 去?
Jiūjìng nǐ qù háishi tā qù?
도대체 네가 가는 거니, 아니면 그가 가는 거니?

难道 你 一直 不 知道 吗?
Nándào nǐ yìzhí bù zhīdao ma?
설마 네가 줄곧 모르고 있지는 않았겠지.

也许 他 已经 走 了。
Yěxǔ tā yǐjing zǒu le.
아마 그는 이미 갔을 거야.

이들 문장부사는 「도대체~」 하며 힐난하며 묻는 태도, 「설마~하지는 않았겠지」 하며 반어(反語)로 표현되는 판단, 혹은 「혹시~일지도 몰라」라는 추측의 판단 등을 나타냅니다. 이렇게 말하는 이의 심적 태도를 나타내는 성분은, 일반적으로 문장 전체를 앞뒤에서 둘러싸는 위치에 놓입니다. 번역해 보면 우리말도 마찬가지임을 알 수 있습니다.

(3) 명사구의 앞

몇몇 부사는 명사구의 앞에도 놓일 수 있습니다.

这个 孩子 才 六 岁, 已经 认得 不 少 字 了。
Zhège háizi cái liù suì, yǐjing rènde bù shǎo zì le.
이 아이는 겨우 여섯 살인데, 이미 많은 글자를 알고 있다.

差不多 四五十 个 人 都 赞成 了。
Chàbuduō sìwǔshí ge rén dōu zànchéng le.
거의 사, 오십 명의 사람들이 모두 찬성했다.

那 座 大楼 仅仅 两 个 月 就 建成 了。
Nà zuò dàlóu jǐnjǐn liǎng ge yuè jiù jiànchéng le.
저 빌딩은 겨우 2개월 만에 완성됐다.

이들 '才、差不多、仅仅'이라는 부사는 명사구 '六岁' '四五十个人', '两个月'의 앞에 위치하고 있습니다. 그러나 그 명사구는 모두 수량구입니다. 그 밖에 '就、大约 dàyuē', '都、已经、只 zhǐ' 등의 부사도 수량구의 앞에 놓일 수 있습니다. 즉 수량구는 '他几岁了? → 他七岁了.'처럼 그 자체로 술어가 되는 성질이 있는 점을 감안하면, 이렇게 명사구 앞에 부사가 놓이는 것도 이해가 됩니다.

다음은 '大约' '都' 등의 부사가 명사구 앞에 놓이는 예입니다.

大约 五天 后 才 能 回来。
Dàyuē wǔtiān hòu cái néng huílai.
대략 닷새 후에는 돌아올 수 있다.

都 十二 点 了。
Dōu shí'èr diǎn le.
벌써 열두 시가 되었다.

住 在 这儿 已经 三年 了。
Zhù zài zhèr yǐjing sānnián le.
여기 산 지 벌써 3년이 되었다.

只 我 一个 去, 行 吗?
Zhǐ wǒ yíge qù, xíng ma?
나 혼자 가도 됩니까?

02 부사의 역할과 특징

부사는 형용사나 동사의 앞에 위치하여, 그 형용사나 동사를 수식하는 역할을 합니다.

1 역할 : 부사어(상황어)

她 很 漂亮。 그녀는 매우 아름답다.
Tā hěn piàoliang.

我 常常 打 乒乓球。 나는 자주 탁구를 친다.
Wǒ chángcháng dǎ pīngpāng qiú.

앞에 예를 든 극소수의 부사는 명사를 수식하지만, 대다수의 부사는 명사를 수식할 수 없습니다.

(○) 非常好 (×) 非常学生 (×) 比较孩子

2 문법적인 특징

(1) 단독으로 질문에 대한 대답으로 쓸 수 없습니다.

这个 好吃 吗? → (○) 真 好吃。 (×) 真。
Zhège hǎochī ma?   Zhēn hǎochī.

那个 电影 好 吗? → (○) 很 好。 (×) 很。
Nàge diànyǐng hǎo ma?   Hěn hǎo.

단 '不' '也许' '一定' 등은 단독으로 대답이 될 수 있는 부사입니다.

你 也 去 吗? → (○) 不 去。 (○) 不。
Nǐ yě qù ma?   Bú qù.

你 来 吗? → (○) 也许 来。 (○) 也许。
Nǐ lái ma?   Yěxǔ lái.   Yěxǔ.

(2) 부사는 일반적으로 부사 이외의 다른 품사의 수식을 받지 않습니다.

不 都 去。　　모두 가는 것은 아니다.
Bù dōu qù.

都 不 去。　　모두 가지 않는다.
Dōu bú qù.

'都'는 '也'와 함께 쓰일 때 '也都'의 어순을 취합니다. 또한 '都不是…'는 완전부정으로 '전혀 ~가 아니다', '不都是…'는 부분부정으로 '완전히 ~라는 것은 아니다'란 뜻입니다.

03 상용 부사 해설

부사에는 그 쓰임이나 의미에 각각의 개성이 있습니다. 상용 부사 몇 개를 보겠습니다.

 '都'는 그 앞에 있는 복수의 의미를 통괄하여 총정리하는 역할을 합니다. '都' 앞에 단수가 오는 일은 없습니다.

(×) 他 都 喜欢 这 些 菜。

(○) 这 些 菜, 他 都 喜欢。
　　 Zhè xiē cài, tā dōu xǐhuan.

'这些菜'가 앞에 나오면, 이 「몇 종류의 요리」에 대해 '都'가 '그들 모두를' 총정리할 수 있습니다. 이렇게 합치는 '都'는 제1성 'dōu'로 분명하게 발음합니다.
또한 '都'를 가볍게 발음하면 '벌써'라는 의미입니다.

都 十二 点 了。　　벌써 열두 시가 되었다.
Dōu shí'èr diǎn le.

饭 都 凉 了。　　밥이 벌써 다 식었다.
Fàn dōu liáng le.

已经 / 都　'已经 yǐjing'은 「이미」의 뜻으로, 문장 끝에 「그렇게 되었다」는 뜻의 '了₂ le'를 붙입니다.

他 已经 睡觉 了。　그는 이미 잠들었다.
Tā yǐjing shuìjiào le.

门 已经 开 了。　문은 이미 열려 있다.
Mén yǐjing kāi le.

이 '已经'의 「이미」와 '都十二点了' '饭都凉了'의 「벌써」의 차이는 우리말의 느낌으로도 알 수 있습니다. 즉 '已经'이 객관적인 사실을 말할 때에 쓰이는 데 반해, '都'는 「어! 벌써 그렇게 되었나」하는 놀라는 느낌 등 화자의 주관이 더해집니다.

已经·曾经·刚 모두 동작이 종료된 것을 나타냅니다만, 각각의 쓰임새는 차이가 있습니다.

他 已经 走 了。　그는 이미 갔다.
Tā yǐjing zǒu le.

我 曾经 跟 他 工作过*。　나는 이전에 그와 일해본 적이 있다.
Wǒ céngjīng gēn tā gōngzuòguo.

我 刚* 回来。　나는 지금 막 돌아왔다.
Wǒ gāng huílai.

已经	V 뒤에 / 문장 끝에 「+了」	'이미 ~했다/이미 ~하고 있다'라는 사실을 객관적으로 진술
曾经	V 뒤에 「+过」	'전에 ~한 적이 있다'는 과거의 경험
刚	대개 了는 붙지 않음 [-了]	'금방 막 ~한 참이다'

'工作过'의 '过'는 '전에 ~한 적이 있다'라는 경험을 나타내는 '过1'입니다.(제23장 참고) '刚'은 '刚刚'이라고도 합니다. 또한 비슷한 말로 '刚才 gāngcái'가 있는데, 이것은 '방금'이라는 뜻의 명사입니다.

就／才 '就'는 「일찍이」, '才'는 「늦게」로 느껴질 때 대조적으로 사용됩니다.

他 六 点 就 来 了。　그는 6시에 벌써 왔다.
Tā liù diǎn jiù lái le.

他 六 点 才 来。　그는 6시에 겨우 왔다.
Tā liù diǎn cái lái.

이렇게 시간을 나타내는 의미로 사용될 경우, '就'는 「이미, 어느새」의 의미로, '才'는 「겨우」의 의미가 됩니다. '就'는 어떤 장애도 없이 휙 하고 이어지는 느낌, '才'는 여러 장애를 뚫고 간신히 라는 느낌입니다. '才'의 경우는 문장 끝에 보통 '了'가 붙지 않습니다.

有点儿 '有点儿'은「어떤 기준이나 기대치에 약간 미치지 못한다」라는 느낌을 나타내는「좀」의 뜻을 가진 부사입니다. 이것과 비슷한 말에 '一点儿'이 있습니다. '有点儿'은 형용사의 앞에, '一点儿'은 뒤에, 이렇게 구별됩니다.

有点儿 冷。 좀 춥다 — 추워서 싫다.
Yǒudiǎnr lěng.

今天 比 昨天 冷 一点儿。 오늘은 어제보다 좀 춥다.
Jīntiān bǐ zuótiān lěng yìdiǎnr.

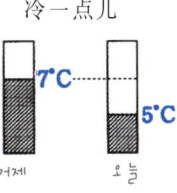

이 두 가지는 똑같이「좀」이지만 '有点儿'은 '좀 싫다' 라는 기분이 포함되어 있는 것이고, '一点儿'은 비교해서 그 차이가「적다」라는 객관적인 차이를 나타냅니다.

又·再·还 '반복'의 뜻을 가진「또」이지만, 쓸 때는 구별됩니다.

他 又 来 了。— 반복이 이미 실현되었을 때 '又'
Tā yòu lái le.
그는 또 왔다.

我 再 问 问。— 반복이 아직 실현되지 않았을 때 '再'
Wǒ zài wèn wen.
하나 더 물어봅시다.

他 明天 还 来 吗? — 의문문에서는 '还'
Tā míngtiān hái lái ma?
그는 내일 또 옵니까?

이렇듯 반복의「실현」「미실현」또한「미실현」의 의문 등으로 구별해 쓰는 것이 기본입니다.
우리말에서는 구별없이 '또'로 사용하지만 '还'은 본래「어떤 정해져 있는 틀을 벗어나서」라는 뜻이니까,「아직, 또, 계속해서, 더, 더욱」이 됩니다. 다음과 같은 경우,

唱过 一 遍, 还要 再 唱。
Chàngguo yí biàn, hái yào zài chàng.
한 번 노래를 불렀는데, 계속해서 다시 한번 부르고 싶다.

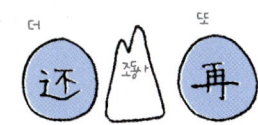

여기에서 '唱过'의 '过' guo는 동작의 종결을 나타내는 '过₂'입니다. (제23장 참고)

조동사(能愿动词;능원동사) '要'를 끼워 넣어 '还要再'의 어순으로, '再'와 함께 쓸 수도 있습니다.
'又'에는「반복 실현이 끝난 '又'」외에, 반복이 실현되지 않은 '又'도 있습니다.

明天　又　是　星期一　了。
Míngtiān yòu shì xīngqīyī le.
내일은 또 월요일이다.

后天　又　要　去　天津　了。
Hòutiān yòu yào qù Tiānjīn le.
모레는 또 天津행이다.

이것은 반복이 실현되지 않았지만, 반드시 그것이 실현될 일이거나, 주기적으로 반복될 경우의 '又'이며, 조동사나 '是'의 앞에 쓰이는 「반복이 예정된 '又'」입니다. 문장 끝에는 일반적으로 '了'가 놓입니다.

比较・更 무언가와 비교하여「역으로 ~하다」의 '比较'와,「더욱 ~하다」의 '更'입니다.

他　原来　身体　不　好，最近　比较　好　了。
Tā yuánlái shēntǐ bù hǎo, zuìjìn bǐjiào hǎo le.
그는 원래 몸이 좋지 않았으나, 최근에는 비교적 좋아졌다.

他　本来　身体　好，近来　更　壮　了。
Tā běnlái shēntǐ hǎo, jìnlái gèng zhuàng le.
그는 원래 몸이 건강했으나, 요즘 들어 더욱 강건해졌다.

이렇듯 '比较'와 '更'도, 어떤 사실과의 비교에서 사용되는 부사입니다. 그러나 '比较'는 어떤 상황과는 반대입니다. 즉, 위의 예문과 같이 '不好'가 '好'로 반전된 경우의「비교적」이라는 의미를 가집니다. '比较好'라고 하면, '不好'와 대비되어서 이야기가 됩니다.
'更'의 경우에는 동일한 상황이 한 발 더 나아간 것으로 즉, 예문과 같이「좋은」상황이 더욱「좋은」방향으로 쭉 나아가는 경우에 씁니다.

不・没(有) 부정 부사 '不'와 '没(有)'의 기본적인 차이는 다음과 같습니다.

不 어떤 동작・상태가「발생하지 않는다, 존재하지 않는다」라고 주관적으로 인정하는 부정사입니다. 다음의 경우에 쓰입니다.

(1) 지금부터 실현될지도 모르는 사태의 부정

他　不　来。 그는 오지 않는다.
Tā bù lái.

(2) 언제 실현되었는지는 염두에 두지 않고, 본래 그렇다는 사태의 부정

我　不　吃　辣　的。 나는 매운 것은 먹지 않는다.
Wǒ bù chī là de.

또한 그 시점에서 그렇다는 상태의 부정

昨天 天气 不 好。 어제는 날씨가 안 좋았다.
Zuótiān tiānqì bù hǎo.

没(有) 어떤 시점에 있어서, 어떤 동작·사태가 「발생하고 있지 않다, 존재하고 있지 않다」라는 사실을 객관적으로 말하는 부정사입니다. '没(有)'는 '실현완료' '실현중'의 부정이기 때문에 진행형(제20장), 지속형(제21장), 완료형(제22장), 경험형(제23장), 임박형(제23장) 등의 부정사로서 쓰입니다.

他 没(有) 来。
Tā méi(yǒu) lái.
그는 오지 않았다. 그는 와 있지 않다.

她 的 病 还 没(有) 好 呢。
Tā de bìng hái méi(yǒu) hǎo ne.
그녀의 병은 아직 좋아지지 않았다.

즉 「실현이 끝난 행위·상태·사태 및 실현중인 행위·상태·사태」를 부정하는 '没(有)'입니다.

Plus α '不'과 '没(有)'

不 : 어떤 동작·변화가 일어나지 않는다. 어떤 사태가 존재하지 않는다.
　　我不去。 나는 가지 않는다.
　　我不结婚。 나는 결혼하지 않는다.

没(有) : 어떤 동작·변화가 일어나지 않았다.
　　我没(有)去。 나는 가지 않았다.
　　我没(有)结婚。 나는 결혼하지 않았다.

可 구어에서 자주 쓰이는 부사에 '可 kě'가 있고, 「실로~」「참으로」라는 기분을 나타냅니다.

这个 问题 可 不 简单。
Zhège wèntí kě bù jiǎndān.
이 문제는 참으로 어렵다.

这个 主意 可 真 好！
Zhège zhǔyi kě zhēn hǎo!
이 생각은 정말 좋다.

他 可 真 有 本事。
Tā kě zhēn yǒu běnshi.
그는 정말 대단한 실력이 있다.

你 可 别 喝 了, 再 喝 就 醉 了。
Nǐ kě bié hē le, zài hē jiù zuì le.
너, 정말 그만 마셔, 더 마시면 취한다.

'本事'는 '능력, 실력'의 뜻으로는 'běnshi'로 발음합니다.

쓰임새 많은 부사들 : 就, 才, 再, 还

부지런히 일하는 부사들, 그 쓰임새를 알아두면 편리합니다.

就 : 只 zhǐ 「~뿐」과 같다
　　昨天就他没来。 어제 그 남자만 오지 않았다.

　　「바로 ~다」
　　这个就是我们大学。 이게 바로 우리 대학이야.

　　就要…了 「이제 곧 ~다」
　　下个月就要毕业了。 다음 달이면 졸업한다.

　　一…就… 「~하자마자 곧 ~하다」
　　一听就明白。 들으면 바로 안다.

才 : 刚 gāng 「지금 막~」과 같다
　　他才回来, 又出去了。 그는 금방 돌아와서 또 나가버렸다.

　　「겨우, 적은」 범위나 수량을 나타내는 말 앞에
　　这个孩子才六岁, 已经记住了这些字。 이 아이는 겨우 6살인데, 벌써 이 글자들을 익혔어.

再 : 再+형용사+也 「이 이상, 아무리 ~해도」
　　天再冷也不怕。 날씨가 아무리 추워도 괜찮다.

　　等…再… 「~하고 나서, 그 다음에 ~한다」
　　等吃过饭再去。 식사를 끝내고 나서 간다.
　　(「식사 후에 또 한번 간다」가 아님.)

还 : 「그냥 그래요」 「웬만큼」
　　你身体好吗? 　　　건강하십니까?
　　还可以。 　　　　　그런대로 괜찮습니다.
　　她英文说得还不错。 그녀는 영어를 꽤 능숙하게 말한다.

　　'还是'로 「(비교해 보니) 역시 ~다」라고 결론을 내리는 기분
　　还是中国菜好吃。 역시 중국요리가 맛있다.

16

문장 성분의 정리

01 문장 성분의 기본 순서
02 주어와 술어
 - 주어와 술어의 관계
 - 동사, 형용사도 그대로 주어로
 - 명사도 형태 그대로 술어로
03 목적어
 - 동사와 목적어
 - 동사, 형용사도 목적어로
04 관형어(한정어)와 부사어(상황어)
 - 관형어
 - 부사어

 문장 성분의 기본 순서(동사술어문을 예로)

중국어의 문장 성분으로, 주어(主语)・술어(谓语)・목적어(宾语)・관형어(定语 한정어)・부사어(状语 상황어)・보어(补语) 등 6종류가 있습니다. 지금까지 보어(24~28장 참조)를 제외한 모든 성분이 나왔기 때문에 여기에서 정리해 둡니다.

관형어 + 주어 ‖ 부사어 + 술어 + 보어 + 관형어 + 목적어

小王的 哥哥 ‖ 昨天 买 到 了 新 出版 的 杂志。
Xiǎo Wáng de gēge   zuótiān mǎi dào le xīn chūbǎn de zázhì.
왕군의 형님은 어제 새로 나온 잡지를 샀다.

수식어는 앞에, 보어는 뒤에

「왕군의」는 「형님」을, 「새로 나온」은 「잡지」를 수식하는 명사성 성분 수식어(관형어), 즉 한정어입니다.
「어제」는 「샀다」를 수식하는 술어 성분 수식어(≒상황어), 즉 부사어입니다.
명사성 성분을 꾸미는 관형어든, 술어 성분을 꾸미는 부사어든, 모두 수식어임에는 변함이 없습니다. 중국어에서는 이들 수식어가 모두 피(被)수식어(이를 「중심어」라고 합니다) 앞에 놓입니다. 즉, 우리말과 같이 「수식어는 수식받는 말의 앞에」 놓입니다.

보어는 술어 성분(동사나 형용사)의 뒤에 붙어서 보충설명을 하는 말입니다. 보충하는 말이므로 반드시 뒤에 붙습니다. 위의 예에서는 「샀다 '买'」의 결과로 「물건을 손에 넣었다 '到'」는 말입니다. 이 '到'에서 「보어는 뒤에」라는 원칙이 보입니다. 이런 보어를 「결과보어(结果补语)」라고 부릅니다.

02. 주어와 술어

하나의 문장은 주부(=주어 부분)와 술부(=술어 부분)로 나눌 수 있습니다. 주부는 서술 대상이기 때문에 앞에 놓이고, 술부는 주부에 대한 서술이므로 뒤에 놓입니다. 주부·술부의 중심어가 각각 주어·술어입니다.

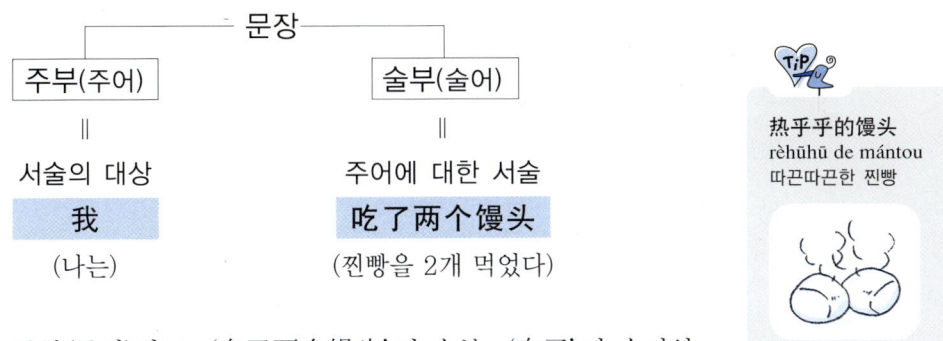

热乎乎的馒头
rèhūhū de mántou
따끈따끈한 찐빵

'我'가 주부(주어)이고, '吃了两个馒头'가 술부, '吃了'가 술어입니다.

1 주어와 술어의 관계

중국어에서 주어와 술어의 관계는 반드시 동작의 주인공(동작·행위를 보내는 쪽, 주체)이 그 동작을 하는 관계가 아닙니다. 때로는 동작·행위를 받는 것, 객체가 주어가 되는 수도 있고, 주체 객체 중 어느 것도 아닌 경우도 있습니다.

a. 我 吃 了。　　나는 먹었다.
b. 馒头 吃 了。　찐빵은 먹었다.
c. 馒头 是 食品。찐빵은 식품이다.

a의 주어는 주체, b는 객체, c는 어느 것도 아닙니다.
이 밖에 시간, 장소, 동작·행위에 관여하는 사물, 도구 등 화자가 화제로서 제시한 것이 주어가 되고, 그 화제에 대한 설명이 술어가 됩니다. 주어(주부)를 ＿＿선으로, 술어(술부)를 ＿＿선으로 표시해 보겠습니다.

他 走 了。　　　　　　　　→ 주체 주어
Tā zǒu le.
그는 갔다.

信 寄去 了。　　　　→ 객체 주어
Xìn　jìqu　le.
편지는 보냈다.

晚上　有　电影。　　　→ 시간 주어
Wǎnshang yǒu diànyǐng.
저녁에 영화가 있다.

门口　有　河。　　　　→ 장소 주어
Ménkǒu yǒu hé.
입구에 강이 있다.

这 件 事 由 他 负责。　→ 관여하는 사물이 주어
Zhè jiàn shì yóu tā fùzé.
이 일은 그가 책임을 진다.

这 枝 笔 不 能 写 小字。→ 도구가 주어
Zhè zhī bǐ bù néng xiě xiǎozì.
이 붓으로는 작은 글씨를 쓸 수 없다.

Plus α 재미있는 중국어

鸡不吃了。 Jī bù chī le.
① 닭은 (모이를) 먹지 않았다.
② (나는) 닭은 먹지 않기로 했다.
'鸡'를 주체로 볼 것인가 객체로 볼 것인가에 따라 2가지 의미가 됩니다. 어떤 의미가 될지는 문맥에 의해 결정됩니다.

李大夫吃了馒头了。
여기에서 '李大夫'를 주어라 하기도 하고, 화제(話題)나 객체라 하기도 합니다.
주어 … 문법 차원
화제 … 담화 차원
주체 … 의미 차원 등 각각 다른 차원에서 쓰는 용어입니다.

2 동사, 형용사도 그대로 주어로

중국어에서는 명사성 단어(명사, 대명사, 수사 등)뿐만 아니라 술어성 단어(동사구, 형용사구 등)도 형태의 변화없이 주어가 됩니다.

日子 很 艰苦。
Rìzi hěn jiānkǔ.
생활이 고생스럽다.

艰苦 可以 锻炼 人。
Jiānkǔ kěyǐ duànliàn rén.
고생은 사람을 단련시킨다.

我 现在 骑 自行车。
Wǒ xiànzài qí zìxíngchē.
나는 지금 자전거를 타고 있다.

骑 自行车 要 注意 安全。
Qí zìxíngchē yào zhùyì ānquán.
자전거 탈 때는 안전에 주의해야 한다.

3 명사도 형태 그대로 술어로

일부의 명사성 단어, 즉 명사도 형태 변화없이 술어가 될 수 있습니다. 제2과에서 배운 명사 술어문이 그것입니다.

今天 五月 十七 号。
Jīntiān wǔyuè shíqī hào.
오늘은 5월 17일입니다.

张 老师 上海人。
Zhāng lǎoshī Shànghǎirén.
장선생님은 상하이 출신입니다.

小王 高 个子。
Xiǎo Wáng gāo gèzi.
왕군은 키다리다.

품사와 문장성분의 관계

명사, 동사, 형용사 등은 문장에서 여러 개의 문장성분을 담당하지만, 부사는 상황어만 될 수 있고, 명사는 그 일부만이 술어가 될 수 있습니다.

03 목적어

1 동사와 목적어

목적어는 동사의 뒤에 놓입니다. 아래 문장에서의 목적어는 수동형 목적어입니다.

我 吃 香蕉。
Wǒ chī xiāngjiāo.
나는 바나나를 먹습니다.

수동형뿐만 아니라 능동형도 목적어가 됩니다.

台上 坐着 主席团。
Táishang zuòzhe zhǔxítuán.
단상에 의장단이 앉아 있다.

我 家 来了 一 位 客人。
Wǒ jiā láile yí wèi kèrén.
우리 집에 손님 한 분이 오셨다.

'主席团' '一位客人'은 의미상으로는 동작의 주체지만, 문장성분으로는 주어가 아닌 목적어입니다. 통상 의미상의 주체인지 객체인지에 상관없이 동사의 앞에 있으면 주어, 뒤에 있으면 목적어입니다.
목적어가 되는 것은 동작·행위의 주체나 객체일 때뿐만 아니라, 그 밖에도 여러 가지가 있습니다. 주된 것을 나열해 봅니다.

문장 속에서의 위치 ― 특정·불특정

昨天小王找你来啊. 왕군이 너를 찾아 왔었어.

昨天有人找你来啊. 누군가 너를 찾아 왔었어.

'小王'이 특정한 사람이므로 그대로 주어의 위치에 들어갑니다. 하지만 '人'은 불특정하기 때문에 그대로는 주어의 자리에 들어갈 수 없습니다. 앞에 '有'를 두어 '有'의 목적어로 만들어야 합니다.

의미상으로 본 동사와 목적어의 관계

동작·행위의 **결과**를 나타낸다	写小说 xiě xiǎoshuō 소설을 쓰다 做衣服 zuò yīfu 옷을 만들다
동작·행위의 **장소**를 나타낸다	坐火车 zuò huǒchē 기차를 타다 住饭店 zhù fàndiàn 호텔에 머물다
동작·행위의 **목적지**를 나타낸다	去西藏 qù Xīzàng 티벳에 가다 回娘家 huí niángjiā 친정에 가다
동작·행위의 **도구**를 나타낸다	捆绳子 kǔn shéngzi 끈으로 묶다 吃大碗 chī dàwǎn 큰그릇으로 먹다
동작·행위의 **원인**을 나타낸다	养病 yǎng bìng 병으로 요양하다 哭爷爷 kū yéye 할아버지 상을 당해 울다

출현, 존재, 소실하는 사물을 나타낸다	来了一个人 한 사람이 왔다 放着一本书 책이 한 권 놓여 있다 少了一本书 책이 한 권 없어졌다
주어와 동일하거나 포함관계에 있는 사람, 사물을 나타낸다	北京是中国的首都 shǒudū 　　　베이징은 중국의 수도이다 他是聪明人 그는 총명한 사람이다

Plus α 여자의 일생

'回娘家 huí niángjiā'(친정에 가다)의 '娘'은?
왜 친정이 '娘家'일까? 시집가기 전 즐거운 처녀 시절을 보낸 집이라서?

미혼 시절에는 '姑娘 gūniang'(아가씨)이라 불리고, 결혼한 후에는 '老婆 lǎopo'(와이프, 마누라)로, 엄마가 되면 '娘 niáng'(엄마), 60세 쯤에는 '老大娘 lǎodàniáng'(할머니)라 불립니다.

이런 까닭에 '娘家'는 '娘'의 '家' 즉, 엄마의 집이 됩니다. 또한 시댁은 '婆(婆)家 pó(po)jiā'로, 여기서의 '婆'는 '婆婆 pópo'(시어머니)의 '婆'입니다.

2 동사, 형용사도 목적어로

주어와 마찬가지로 명사성 단어(구)는 물론, 술어성 단어(구)도 그대로 목적어가 됩니다.

　　我　很　想　睡觉。　　— '睡觉'는 동사
　　Wǒ hěn xiǎng shuìjiào.
　　나는 굉장히 졸립다.

　　他　怕　辛苦。　　— '辛苦'는 형용사
　　Tā   pà xīnkǔ.
　　그는 힘든 것을 두려워한다.

 04. 관형어와 부사어

관형어(定语 dìngyǔ;한정어)는 때로 '的 de'를 동반하여 명사성 단어(피수식어)를 수식하고, 부사어(状语 zhuàngyǔ;상황어)는 때로 '地 de'를 동반하여 술어성의 중심어를 수식합니다.

> 관형어 + (的 de) + 명사성 중심어 (명사, 대명사, 수사 등)
> 부사어 + (地 de) + 술어성 중심어 (동사, 형용사 등)

'的'와 '地'의 발음은 둘 다 'de'로 같기 때문에 문자상으로만 구별합니다.

1 관형어

관형어가 중심어를 수식할 때, '的'를 쓰는 경우, 쓰지 않는 경우, 둘 다 괜찮은 경우가 있습니다. 우리말의 「의」와 비교해 보세요.

관형어 유형	'的'의 유무	'的'를 동반하는 경우	동반하지 않는, 혹은 생략가능한 경우
명사가 관형어	보통은 동반. 한 개의 단어처럼 되었을 때는 동반하지 않음.	化学的课本 화학 교과서 暑假的计划 여름 휴가 계획	木头(×)房子 목조 가옥 中国(×)历史 중국 역사
인칭대명사가 관형어	소유를 나타낼 때는 동반. 친족호칭, 소속기관 등은 생략 가능.	你的雨伞 당신의 우산 他的主张 그의 주장	我(的)爸爸 나의 아버지 我们(的)公司 우리 회사
지시대명사가 관형어	보통 "这" "那"의 앞뒤에서는 동반하지 않음.		我(的)这本书 나의 책 这(×)孩子 이 아이 那(×)顶帽子 저 모자
수량사가 관형어	동반하지 않음.		一本(×)书 1권의 책 两辆(×)汽车 2대의 차
성질형용사가 관형어	보통은 동반. 일부 습관적으로 고정된 것은 동반하지 않음.	短的布料 짧은 옷감 聪明的动物 영리한 동물	短(×)头发 짧은 머리 聪明(×)孩子 똑똑한 아이
상태형용사가 관형어	보통은 동반. 수량사+명사가 중심어(中心语)	干干净净的衣服 깨끗한 옷 通红的太阳 새빨간 태양	干干净净(的)一件衣服 깨끗한 옷 한 벌

164

			일 때 동반하지 않아도 됨.		通红(的)一张脸 새빨간 얼굴 하나
동사(구), 형용사(구)가 관형어		동반	买来的水果 사온 과일 个子高的学生 키가 큰 학생		
문장형식이 관형어		동반	老师讲的课本 선생님이 강의하신 교과서		

2 부사어

- 부사어로 자주 쓰이는 어구는 다음과 같습니다.
중심어를 수식할 때, '地 de'가 필요한 경우와 필요하지 않은 경우가 있습니다. 커다란 경향을 살펴본다면, i) 단음절 형용사, 시간사, 장소사, 대명사, 부사, 수량사(구), 전치사(구)가 부사어가 되었을 때는 '地'가 필요하지 않고, ii) 주술구가 부사어가 되었을 경우에는 필요하며, iii) 그 밖에는 사용해도 되고 사용하지 않아도 됩니다.

일부 단음절 성질형용사	快跑 빨리 달린다 慢走 천천히 걷는다	
시간사	我们明天来 우리는 내일 온다 现在开始 지금부터 시작합니다	 '地'가 필요하지 않다
장소사	您屋里坐 들어오세요 炕上 kàngshang 睡 온돌에서 자다	
대명사	这样写 이렇게 쓴다 怎么说 어떻게 말합니까	
부사	常来 자주 온다 全都去 모두 간다	
수량사구	一把抓住 zhuāzhù 한 움큼 잡다 一眼看穿 kànchuān 한눈에 눈치 채다	
전치사구	从上海回来 상하이에서 돌아오다 跟他说 그에게(그와) 말하다	
2음절 성질형용사	完全同意 완전히 동의하다 清楚地写了 또렷하게 썼다	'地'가 필요한 것과 필요하지 않은 것

| 상태형용사 | 热热闹闹(地)过个生日 시끌벅적하게 생일을 보내다
静悄悄(地)坐着 아주 조용히 앉아 있다 | '地'가 있어도 되고 없어도 되는 것 |

| 주술구 | 手忙脚乱地解开了包袱 황급히 포장을 풀다
shǒu máng jiǎo luàn　　　bāofu
声音肯定而坚决地说 결연한 목소리로 말하다
　　　kěndìng ér jiānjué | '地'가 필요 |

부사는 문장 속에서 부사어만 될 수 있습니다.

동사·형용사(구)가 형태변화도 없이 그대로 주어가 되기도 하고, 명사·수량사(구)가 술어가 되기도 하는 중국어지만, 부사만큼은 문장 속에서 부사어만 될 수 있을 뿐입니다. '极'(극히) '很'(매우) 등 한정된 몇몇 부사들은 보어가 될 수 있습니다.

好极了 hǎo jíle 아주 좋다

多得很 duō de hěn 대단히 많다

품사의 정리

중국어에서는 전통적으로 단어를 실사와 허사로 구분합니다. 허사(虛词)란 단독으로 문장성분이 되지 않는 것을 이릅니다. 부사는 문장성분에서 상황어가 될 수도 있고, 감탄사도 하나의 문장이 될 수 있지만 이들도 허사 속에 포함시킵니다.

구분	품 사		보 기
실 사	1. 명사	사람 혹은 구체적인 사물을 나타낸다	鲁迅 同志 工人 山 牛 铅笔
		추상적인 사물을 나타낸다	教育 交通 事务 战争 友谊
		장소를 나타낸다 〈장소사〉	北京 长城 黄河 亚洲 美国
		시간을 나타낸다 〈시간사〉	秋天 夏季 明天 早晨 晚上
		방위를 나타낸다 〈방위사〉	东 西 上 下 前面 后头
	2. 동사	동작·행위를 나타낸다	走 打 说 保卫 团结 支持
		존재·변화를 나타낸다	有 存在 消失 缩小 兴旺
		심리활동을 나타낸다	想 爱 恨 忘记 希望 喜欢
		사역을 나타낸다	使 叫 让 请 命令 要求
		가능·바람을 나타낸다 〈능원동사〉	能 会 可以 应该 愿意
		방향을 나타낸다 〈방향동사〉	来 去 起来 过来 下去 进来
		판단을 나타낸다 〈판단사〉	是
	3. 형용사	성질을 나타낸다 〈성질형용사〉	高 好 小 美丽 优秀 勇敢
		상태를 나타낸다 〈상태형용사〉	大大 干干净净 雪白 热乎乎
	4. 구별사	구별을 나타낸다	男 女 国立 大型
	5. 수사	명확한 수를 나타낸다	一 二 三十 百 千
		개략적 수를 나타낸다	几 一些 许多 少数
	6. 양사	사람·사물의 수량을 나타낸다 〈명량사〉	个 本 枝 件 尺 寸 斤
		동작의 횟수를 나타낸다 〈동량사〉	次 回 下 遍 阵 趟
허 사	7. 대명사	인칭대명사	我 你 他 我们 你们 他们
		의문대명사	谁 什么 怎么 怎样 哪 哪里
		지시대명사	这 那 这里 那里 这么 那么
	8. 부사		很 都 不 非常 往往 就 又
	9. 전치사(개사)		由 自 从 在 向 朝 和 对于
	10. 접속사(연사)		和 同 不但 而且 虽然 但是
	11. 조사	구조조사	的 地 得 所 似的
		동태조사	了$_1$ 着 过
		어기조사	的 了$_2$ 吗 呢 吧
	12. 감탄사		啊 哎 哎呀 呸 喂 嗯
	13. 의성어		砰 唰 轰隆 乒乓 哗啦啦

존재·출현·소실의 문장, 비주술문, 명령문

01 **존현문**
- 존재
- 출현·소실
- 존재·출현·소실의 문장에 자주 사용되는 동사

02 **비(非)주술문 : 주어가 없는 문장**

03 **명령문**
- 상대에게 명령·요구
- [동사+着]로 상대에게 요구
- 別, 不要, 甭, 別…了, 少

01 존현문

존재·출현·소실을 나타내는 문장을 일반적으로 존현문이라 합니다. 우리가 보통 쓰는 '강우(降雨)' '발열(發熱)' '변색(變色)' 등의 한자말은 모두 「V+N」 존현문 어순에 따른 것입니다.

동사 '有'로 존재를 나타내는 구문은 제9장에서 이미 배웠습니다.

> 장소 + 有 + 존재하는 사람·사물

墙上　　有　　　一　张　照片。
Qiángshang yǒu　　yì zhāng zhàopiàn.

家里　　有　　　两　只　狗。
Jiāli　　yǒu　　liǎng zhī gǒu.

이 과에서 배우는 존재·출현·소실을 나타내는 문장도, 형태상으로는 '有' 구문과 같습니다.

1 존재 : '有'가 있는 모양을 구체적으로 묘사

路上　有　很　多　人。
Lùshang yǒu hěn duō rén.
↓　길에는 많은 사람이 있다.

路上　围着　很　多　人。
Lùshang wéizhe hěn duō rén.
　길에 많은 사람이 둘러서 있다.

'有'를 사용하는 존재문은 어떤 장소에 단순히 무엇이 「있다」「없다」하는 존재의 유무를 서술할 뿐입니다. 이에 반해 위의 예문에서 동사 '有'를 '围着'로 바꾸면 많은 사람들이 무언가를 둘러싸고 있다처럼, 그 존재가 구체적으로 어떻게 하고 있는지를 묘사하게 됩니다. '围着 wéizhe'의 '着 zhe'는 동사의 뒤에 놓여 「~하고 있다」라는 의미를 나타내는 조사(➡제21장)로, 존재를 나타내는 문장에는 자주 '着'가 쓰입니다.

院子里　　有　　花盆。
Yuànzili　yǒu　huāpén.
↓　정원에 화분이 있다.

院子里　摆满了　　花盆。
Yuànzili　bǎimǎnle　huāpén.
　정원에 화분이 가득 늘어서 있다.

'有'를 '摆满了'로 바꿈으로써 화분이 그곳에 어떻게 놓여 있는지, 즉 '가득 늘어서 있다' 는 그 존재의 모습을 보다 구체적으로 묘사하고 있습니다. '摆满'의 '满'은 동사의 뒤에 놓여 그 동작의 결과 '(늘어선 결과 그곳이) 가득하게 되었다'라는 것을 나타내는 결과보어(➡ 제25장) 성분입니다. 존현문에서는 '~하고 있다'는 '有'와 함께 이 '满' 등이 동사의 뒤에 자주 옵니다.

2 출현·소실

地球上　　出现了　　一　　个　　人类　　始祖。
Dìqiúshang chūxiànle　yí　ge　rénlèi　shǐzǔ.
지구상에　　나타났다　　　　　　　인류의　　시조가

罐儿里　　跑了　　一　　只　　蛐蛐儿。
Guànrli　pǎole　yì　zhī　qūqur.
항아리 속　도망쳤다　한　마리　귀뚜라미가

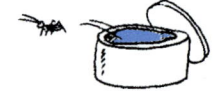

이와 같이 출현·소실을 나타내는 경우에도 우선 첫머리에 장소 혹은 시간이 와서, 거기에 무엇인가가 나타났다, 거기서 무언가가 없어졌다는 형태를 취합니다. 문장 앞의 '地球上' '罐儿里' 등의 어구는 그 장소에서 무언가가 일어나는 '무대' 혹은 '화면'입니다.

村子里　发生了　一　件　大事。
Cūnzili　fāshēngle　yí　jiàn　dàshì.
마을에 큰 사건이 일어났다.

楼里　搬走了　两　家。
Lóuli　bānzǒule　liǎng　jiā.
건물에서 두 집이 이사 갔다.

舞会　中途　走了　两　位　客人。
Wǔhuì zhōngtú zǒule liǎng wèi kèren.
댄스파티 도중에 손님 두 분이 돌아갔다.

这　一　行　漏了　两　个　字。
Zhè　yì　háng　lòule　liǎng　ge　zì.
이 행(行)에서는 두 글자가 빠졌다.

출현·소실의 문장에서는 '그렇게 되었다'라는 뜻의 완료·실현의 동태조사 '了₁' le(➡제22장)가 동사의 뒤에 자주 쓰입니다.

3 존재·출현·소실의 문장에 자주 사용되는 동사

존재

- 사람이나 사물의 정지된 동작을 나타내는 동사

蹲 dūn	웅크리다	浮 fú	뜨다
挤 jǐ	꽉차다	靠 kào	기대다
漂 piāo	떠다니다	躺 tǎng	눕다
停 tíng	정지하다	围 wéi	둘러싸다
卧 wò	눕다	站 zhàn	서다
坐 zuò	앉다		

- 물건을 놓는 종류의 동작을 나타내는 동사

摆 bǎi	진열하다	插 chā	끼우다
堆 duī	쌓다	放 fàng	두다, 놓다
挂 guà	걸다	盖 gài	덮다
排 pái	줄서다	贴 tiē	붙이다
装 zhuāng	담다, 쟁이다		

출현·소실

- 사람이나 사물의 이동을 나타내는 동사

搬 bān	이사 가다	掉 diào	떨어지다
落 luò, là	떨어지다, 빠지다	跑 pǎo	달아나다
脱 tuō	빠지다, 벗겨지다	走 zǒu	떠나다

- 출현이나 소실 그 자체를 나타내는 동사

出现 chūxiàn	출현하다	爆发 bàofā	폭발하다
发生 fāshēng	발생하다	生(火) shēng(huǒ)	점화하다
死 sǐ	죽다		

이들 이동을 나타내는 동사에는 '了 le' 이외에도, 동사의 방향을 표시하는 '~出来' 등 방향보어라 불리는 성분(제26장 참고)이 동사의 뒤에 자주 쓰입니다.

　　屋里　跑出来　一　个　人。
　　Wūli　pǎochūlai　yí　ge　rén.
　　방에서 한 사람이 뛰어나왔다.

중국어의 특징

墙上有一张照片。 　　　　你的书包在这儿。
路上围着很多人。　　vs　　我奶奶在家。

이와 같이 똑같은 존재를 나타내는 데도 그「존재하는 사람·사물」이 문장 뒤에 놓이기도 하고 문장 앞에 놓이기도 합니다. '有'에는 불특정한 사람이나 사물, '在'에는 특정한 사람이나 사물이 온다고 배웠습니다.(제9장 참고)

이는 중국어가 다음과 같은 특징을 가졌기 때문입니다. 즉 그 대화의 장에 있는 사람 모두에게 '그것' 하면 알 수 있는 것 — '너의 가방'이나 '우리 할머니'와 같이 이미 알고 있는 오래된 정보에 속하는 것은 문장의 앞에 놓이고, 뭔지는 모르지만 '한 장의 사진'이나 불특정 다수의 '많은 사람' 혹은 거기에 새롭게 등장한 사람이나 사물과 같이 미지의 새로운 정보에 속하는 것은 문장의 뒤에 나타납니다.

old information　　　앞 ── 客人来了。　　「예정된」손님이 왔다.
new information　　 뒤 ── 来客人了。　　「갑작스런」손님이 왔다.

존현문은 '有'로 단순히 '있다' '없다'만을 말하는 존재문과는 달리, 존재·출현·소실로 인하여 생기는 실제 모습을 구체적으로 묘사하는 것이기 때문에 부정형으로는 쓰이지 않습니다.

비(非)주술문 : 주어가 없는 문장

지금까지 살펴본 문장은, 아래와 같이 주어와 술어를 갖추고 있는 주술문(主谓句)이었습니다.

她　很　漂亮。
Tā　hěn　piàoliang.

我　听　广播。
Wǒ　tīng　guǎngbō.

我们　都　是　韩国人。
Wǒmen　dōu　shì　Hánguórén.

他　身体　健康。
Tā　shēntǐ　jiànkāng.

하지만

下 雨 了。
Xià yǔ le.
비가 왔다.

出 太阳 了。
Chū tàiyáng le.
해가 떴다.

> 문장 끝의 '了 le'는 '비가 온다'라면 비가 온다는 그 새로운 사태가 되었다는 것을 나타내는 조사로서, 어기(語氣)조사라고 합니다(제34장 참고). 자연현상을 말할 때에는 이 '了 le'가 문장 끝에 자주 놓입니다.

이들은 어떨까요? 우리말에서는 '비가 왔다' '해가 떴다'에서처럼 '비'나 '해'가 주어의 위치에 오지만, 중국어에서는 '雨'나 '太阳'이 동사 뒤, 즉 목적어의 위치에 옵니다. 그렇다고 해서 다른 주어가 생략된 것은 아니며, 이 '下雨了.' '出太阳了.' 자체가 완전한 문장입니다. 이렇게 주어와 술어를 갖추지 않아도 문장이 되는 것을 비(非)주술문이라고 합니다. 이 비주술문은 사람의 의지와는 상관없이 생기는 자연현상을 표현할 때에 자주 쓰입니다.

刮 风 了。
Guā fēng le.
바람이 불었다.

打 雷 了。
Dǎ léi le.
천둥이 쳤다.

> 자연현상만이 아닙니다.
> — 다음의 것도 모두 비(非)주술문
>
> • 명사 비주술문
> 好大的雨！
> Hǎo dà de yǔ!
> 와, 굉장한 비다!
>
> • 형용사 비주술문
> 多美啊！
> Duō měi a!
> 굉장히 아름답다!
>
> • 동사 비주술문
> 祝你健康。
> Zhù nǐ jiànkāng.
> 건강하시길 빕니다.
>
> • 감탄사 비주술문
> 哎呀！
> Āiyā!
> 아이고!

이들도 모두 같은 유형입니다. 그 밖에,

上课 了！
Shàngkè le!
수업이 시작됩니다!

开会 了！
Kāihuì le!
회의가 시작됩니다!

등도 비주술문입니다.

03 명령문

중국어의 명령문은 우리말에서의 명령문보다 폭이 넓어, '빨리 가자' '좀 앉으시죠' 등도 명령문에 포함됩니다.

1 상대에게 명령·요구

주어인 '你/你们'은 생략하는 것이 보통입니다.

(你/你们) 来！
Lái!
와라.

(你/你们) 小心 点儿*！
Xiǎoxīn diǎnr!
조심해.

(你/你们) 好好儿 休息 吧*！
Hǎohāor xiūxi ba!
편안히 쉬세요.

请 (你) 坐 一会儿*。
Qǐng (nǐ) zuò yíhuìr.
좀 앉으세요.

(咱们)* 快 走 吧！
Kuài zǒu ba!
빨리 가자.

* '点儿'은 형용사 뒤에 붙어 '좀, 조금'을 나타내며 명령문에도 자주 쓰입니다.
* '吧'는 어기(말투)를 부드럽게 하는 역할을 합니다.
* '一会儿'은 '잠시, 잠깐'의 뜻.
* '咱们'은 일인칭 복수. 상대방을 포함하는 형태로(제3장 참고) 명령문의 주어가 됩니다.

2 「동사 + 着」로 상대에게 명령·요구

신체 동작이나 정지 상태, 옷 입는 동작 등을 나타내는 일부 단음절 동사에 '着'를 붙여 명령문으로 만드는 경우가 있습니다.

坐着！
Zuòzhe!
앉아 있어요!

等着！
Děngzhe!
기다리고 있어요!

*이들 단음절 동사는 ①사람의 의지로 행할 수 있고 ②상태의 지속이 가능하고 ③사물이 어떤 곳에 부착하는 등의 의미·특징을 가진 동사입니다.

穿着!
Chuānzhe!
입고 있어요!

3 别 bié, 不要 búyào, 甭 béng, 别…了 bié…le, 少 shǎo

이들은 모두 금지를 나타냅니다.

（你/你们） 别 客气!
Bié kèqi!
사양하지 마세요.

（你/你们） 不要 着急!
Búyào zháojí!
초조해하지 마세요.

（你/你们） 甭 生气!
Béng shēngqì!
화낼 필요 없어!

（你/你们） 别 说话 了!*
Bié shuōhuà le!
더 이상 말하지 마.

* '别…了'는 눈앞에서 벌어지는 것을 '~하지 마' 하고 제지하는 표현법입니다.

（你/你们） 少 说 几 句!
Shǎo shuō jǐ jù!
말을 삼가하세요.

문장의 정리

문장은 말의 단위로서, 사람이 말을 사용해 상대에게 무언가를 전하려 할 때는 언제나 문장을 기본 단위로 하며 거기에 인토네이션을 붙여 말합니다. 지금까지 배운 문장을 중심으로 정리해 봅시다.

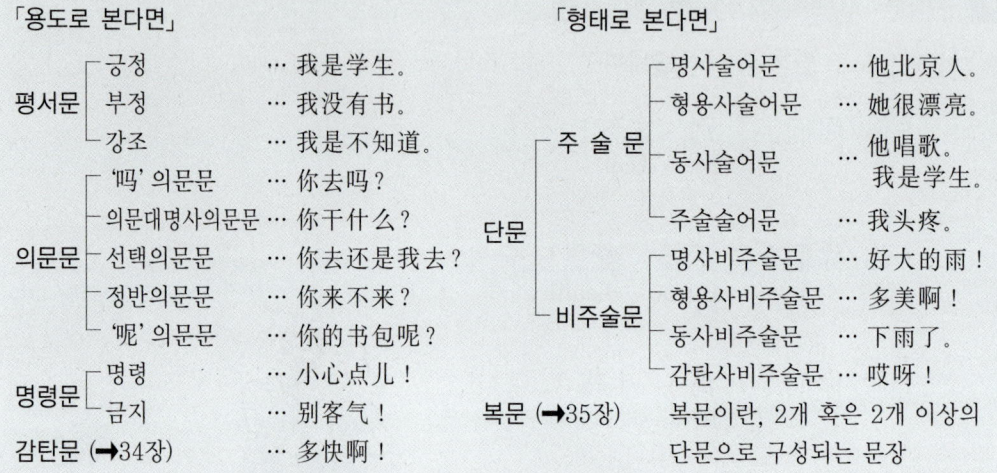

중국의 외래어

(1) 음역형

원음에 가까운 중국어의 음을 빌려서 나타낸다. 한자의 뜻은 무시하고 발음만 활용한다.

沙发 shāfā 소파
迪斯科 dísīkē 디스코
休克 xiūkè 쇼크

(2) 음의(音義)융합형

대표적인 것으로 '可口可乐 kěkǒu kělè'(코카콜라)를 들 수 있는데, 이 단어는 한자의 소리뿐 아니라 의미도 멋지게 활용한 명번역으로 알려져 있다.

幽默 yōumò 유머
引擎 yǐnqíng 엔진
引得 yǐndé 인덱스(색인)

(3) 음역+종류 이름 부가형

우리 나라에서도 그 공포가 현실로 나타나고 있는 에이즈. 중국에서는 '艾滋病 àizībìng'이라 한다. AIDS를 '艾滋'로 음역하고 거기에 '病'이라는 종류 이름을 붙였다.

啤酒 píjiǔ 맥주
芭蕾舞 bālěiwǔ 발레
奥林匹克运动会 Àolínpǐkè Yùndònghuì
(올림픽, 줄여서 '奥运会'라고도 한다)

(4) 의역형

외국어가 범람하는 우리말에도 '비행기, 자동차, 자전거'와 같이 한자어가 익어진 것들이 있다. 중국에서는 이런 경향이 더 심하여, 스피커는 '音箱 yīnxiāng', 전기담요는 '电热毯 diànrètǎn', 로보트는 '机器人 jīqírén'하는 식으로 무엇이든 의역해 버린다. 워드프로세서처럼 새로 나온 물건에는 '语言信息处理机' '文字自动处理机' '字处理器' 등 여러 가지 이름이 있지만, 결국 도태되지 않고 끝까지 살아남는 단어만이 널리 사용된다.

(5) 일본에서 건너간 말

여기엔 두 가지 유형이 있다. 하나는

"场合 立场 取消
 手续 取缔 话题"

처럼 순수한 일본어에서 나온 것이고, 다른 하나는

"文学 文化 物理
 阶级 经济 保险"

처럼 일본이 구미의 사상이나 사물을 받아들일 때, 원래 고대 중국어에 있던 말을 이용한 의역(意譯)어가 다시 중국에 역수입된 것들이다.

大修館書店 '중국어학습 핸드북'에서 발췌

18

조동사(능원동사)

01 주요 조동사
02 조동사의 성질
03 조동사의 의미와 용법
04 조동사의 부정 : 대표 선수의 등장

01. 주요 조동사

중국어에는 능원동사(能愿动词 néngyuàn dòngcí) 혹은 조동사(助动词 zhùdòngcí)라고 불리는 동사가 있습니다. 이들의 뒤에는 술어성 목적어가 오며, 능력·의욕·소망·당위·개연성 등을 나타냅니다.

他 能 看 中文 报。
Tā néng kàn Zhōngwén bào.
그는 중국어 신문을 읽을 수 있다.　　… 능력

我 要 买 葡萄酒。
Wǒ yào mǎi pútaojiǔ.
나는 포도주를 사려 한다.　　… 의욕

今天 不 会 下 雨。
Jīntiān bú huì xià yǔ.
오늘은 비가 올 리 없다.　　… 개연성

A	능력 허가	~할 수 있다 ~해도 좋다	能 néng	会 huì	可以 kěyǐ
B	소망 의욕	~하고 싶다 ~할 예정이다	想 xiǎng 敢 gǎn	要 yào	肯 kěn
C	당위	~하지 않으면 안된다 ~해야 한다	应该 yīnggāi 要 yào	得 děi 该 gāi	
D	평가	~할 가치가 있다	值得 zhíde	可以 kěyǐ	
E	개연성	~일지 모른다 ~임에 틀림없다	会 huì 得 děi	要 yào 能 néng	该 gāi 可能 kěnéng

02 조동사의 성질

'会'를 예로 들어 설명합니다.

① 동작의 실현, 지속, 경험 등을 나타내는 동태조사(动态助词) '了₁le (~했다➡제22장)' '着 zhe (~하고 있다➡제21장)' '过guo (~한 적이 있다➡제23장)'를 동반하지 않습니다.

　　(×) 他会了 / 着 / 过打乒乓球。

동작의 실현을 나타내는 '了₁'는 조동사와 함께 쓸 수 없지만, 상태의 변화를 나타내는 '了₂'는 쓸 수 있습니다.

　　他会说英语了。
　　그는 영어를 할 수 있게 되었다.

② 중첩형을 만들지 않습니다. 즉 '会会, 会一会' 등의 형태가 되지 않습니다.

　　(×) 他会会打乒乓球。

③ 술어성의 목적어(동사·형용사·주술구)만 취할 뿐, 명사성의 목적어는 취하지 않습니다.

　　　　　동사구
　　他会打乒乓球。　　그는 탁구를 칠 수 있다. ― '会'는 조동사
　　Tā huì dǎ pīngpāng qiú.

　　　　명사
　　他会英语。　　그는 영어를 할 수 있다. ― '会'는 동사
　　Tā huì Yīngyǔ.

동사 '会' 다음에 올 수 있는 명사는 '英语、日语…' 등의 언어, '蝶泳 diéyǒng、蛙泳 wāyǒng…' 등의 수영 영법, '手艺shǒuyì、武术wǔshù、气功qìgōng…' 등의 배워서 할 수 있는 취미에 한합니다.

Plus α '游泳 yóuyǒng'의 종목

自由泳 zìyóuyǒng 자유영　　　　　蝶泳 diéyǒng 버터플라이(접영)
蛙泳 wāyǒng 평영　　　　　　　　仰泳 yǎngyǒng 배영
混合式接力泳 hùnhéshì jiēlìyǒng 혼계영　花样游泳 huāyàngyóuyǒng 싱크로나이즈드 스위밍
跳水 tiàoshuǐ 다이빙

④ 의문형식은 문장 끝에 '吗'를 붙이거나 '会不会'의 형태를 취합니다.

　　　他会打乒乓球吗？
　　　他会不会打乒乓球？

⑤ 부정은 보통 '不'을 사용해 다음과 같이 만듭니다.

　　　他不会打乒乓球。

'没'로 부정할 수 있는 조동사는 '能·敢·肯' 등 소수입니다.

⑥ 질문에 대해서 단독으로 답할 수 있습니다.

　　　你会打乒乓球吗？ ― 会。

①, ②, ③은 조동사와 일반동사의 차이이며, ④ ⑤ ⑥은 공통점입니다.

03. 조동사의 의미와 용법

1 능력·허가 : ~할 수 있다, ~해도 좋다

能 néng 可以 kěyǐ 이 둘은 의미가 비슷합니다.

① 신체나 지혜의 능력이 있어 할 수 있다는 경우에 '能'. '可以'도 사용이 가능합니다.
② 객관적인 사정이나 조건을 근거로 허용될 때는 주로 '可以'를 사용하지만, '能'도 가능합니다.

　　　我　一　天　能（可以）　走　四十　公里。
　　　Wǒ　yì　tiān　néng (kěyǐ)　zǒu　sìshí　gōnglǐ.
　　　나는 하루에 40km 걸을 수 있다.

　　　这儿　可以（能）　抽烟　吗？
　　　Zhèr　kěyǐ (néng)　chōuyān　ma?
　　　여기서 담배를 피워도 됩니까?

会 huì 학습, 훈련 또는 습관에 의해 할 줄 아는 경우에 쓰입니다.

他 会 滑冰 吗？
Tā huì huábīng ma?
그는 스케이트를 탈 수 있습니까?

我 会 开 汽车 了。
Wǒ huì kāi qìchē le.
나는 자동차 운전을 할 수 있게 되었다.

2 소망·의욕 : ~하고 싶다, ~할 예정이다

想 xiǎng   ~하려고 생각한다, ~하고 싶다

你 想 看 电影 吗？
Nǐ xiǎng kàn diànyǐng ma?
당신 영화 보고 싶습니까?

他 很 想 上 大学。
Tā hěn xiǎng shàng dàxué.
그는 대학에 매우 가고 싶어한다.

要 yào   ~할 예정이다, ~하고 싶다

我 要 喝 咖啡。
Wǒ yào hē kāfēi.
커피가 마시고 싶다.

病人 要 出院。
Bìngrén yào chūyuàn.
환자는 퇴원하고 싶어한다.

肯 kěn   자진해서 ~하다, ~하기를 승낙하다

他 肯 帮助 别人。
Tā kěn bāngzhù biérén.
그는 기꺼이 남을 돕는다.

他 不 肯 来。
Tā bù kěn lái.
그는 오려고 하지 않는다.

敢 gǎn   자진해서 ~하다, 과감하게 ~하다

我 一 个 人 不 敢 去 旅行。
Wǒ yí ge rén bù gǎn qù lǚxíng.
나는 혼자서 여행 갈 용기가 없다.

他 敢 负 责任。
Tā gǎn fù zérèn.
그는 용기있게 책임을 진다.

Plus α

동사 '要 yào' '想 xiǎng' '得 děi'

조동사 중의 몇몇은 동사로도 쓰입니다.

[동사]
我要那本书。 그 책이 필요하다.
你想家吗？ 집이 그립습니까?
到学校得半小时。 학교까지 30분 걸린다.

[조동사]
我要买那本书。 그 책을 사고 싶다.
我想回家。 집에 돌아가고 싶다.
到学校得坐车。 학교까지 가려면 차를 타야 한다.

단, '得 děi'가 동사용법으로 쓰이더라도 목적어로는 수량구(句)밖에 올 수 없습니다.

3 당위 : ~해야 한다, ~하지 않으면 안된다

应该 yīnggāi   도리로서 당연히 ~해야 한다

你 应该 吃 这 种 药。
Nǐ yīnggāi chī zhè zhǒng yào.
당신은 이 약을 먹어야 한다.

你 不 应该 跟 他 吵嘴。
Nǐ bù yīnggāi gēn tā chǎozuǐ.
당신은 그와 말다툼해선 안된다.

得 děi   (의무로서) ~해야 한다

我 得 去 城里 一 趟。
Wǒ děi qù chénglǐ yí tàng.
마을에 한 번 다녀와야 한다.

以后 可 得 小心 点儿。
Yǐhòu kě děi xiǎoxīn diǎnr.
앞으로 좀 조심해야 한다.

'一趟 yí tàng' '趟'은 왕복하는 동작의 횟수를 세는 동량사

要 yào　(자발적으로) ~하지 않으면 안된다

我们 要 向 他 学习。
Wǒmen yào xiàng tā xuéxí.
우리는 그에게 배워야 한다.

你 要 时时刻刻 注意 身体。
Nǐ yào shíshíkèkè zhùyì shēntǐ.
당신은 늘 건강에 주의해야 한다.

该 gāi　(실제상, 도리로서) ~해야 한다

明天 该 种 麦子 了。
Míngtiān gāi zhòng màizi le.
내일은 보리를 심어야 한다.

我 该 走了。
Wǒ gāi zǒule.
이제 돌아가야겠다.

4　평가 : ~할 가치가 있다, ~할 자격이 있다

值得 zhíde　~할 가치가 있다(객관적으로 서술)

这 本 书 值得 一 读。
Zhè běn shū zhíde yì dú.
이 책은 한번 읽어 볼 가치가 있다.

他 的 行动 值得 表扬。
Tā de xíngdòng zhíde biǎoyáng.
그의 행동은 표창할 만하다.

可以 kěyǐ　~해보렴(상대를 향한 권고)

这个 菜 很 好吃, 你 可以 尝 一 尝。
Zhège cài hěn hǎochī, nǐ kěyǐ cháng yi cháng.
이 요리 참 맛있네요, 좀 드셔보세요.

你 可以 跟 他 商量 一下。
Nǐ kěyǐ gēn tā shāngliang yíxià.
그와 상담해보렴.

5 개연성 : ~일 것이다, ~에 틀림없다, ~일지도 모른다

会 huì ~일 것이다, ~이겠지

已经 这么 晚了, 她 不会 来 的。
Yǐjing zhème wǎnle, tā búhuì lái de.
벌써 이렇게 늦었으니 그녀는 오지 않을 거야.

我 认为 他 不会 错 的。
Wǒ rènwéi tā búhuì cuò de.
나는 그가 틀릴 리는 없다고 생각한다.

要 yào ~일 것이다('会'보다 주관성이 강하다.)

今天 要 下雨。
Jīntiān yào xiàyǔ.
오늘은 비가 올 거야.

王先生 今天 要 来 的。
Wáng xiānsheng jīntiān yào lái de.
왕선생은 오늘 틀림없이 올 것이다.

该 gāi ~할 것이다

都 六点 了, 他 该 来了。
Dōu liùdiǎn le, tā gāi láile.
벌써 6시다. 그가 올 때가 되었다.

他 要是 知道了, 又 该 说 我 了。
Tā yàoshi zhīdaole, yòu gāi shuō wǒ le.
그가 만일 알게 되면, 또 나를 야단칠텐데.

都 dōu 벌써, 이미
要是 yàoshi 만일 ~라면(접속사)
说 shuō 설교하다, 야단치다

得 děi 꼭 ~하다, 틀림없다('会'보다 더 단정적이다.)

你 要 不 回来, 他 准 得 不 高兴。
Nǐ yào bù huílái, tā zhǔn děi bù gāoxìng.
만일 네가 돌아오지 않는다면 그는 틀림없이 불쾌해할 것이다.

这么 晚 才 回去, 妈 又 得 说 你 了。
Zhème wǎn cái huíqu, mā yòu děi shuō nǐ le.
이렇게 늦게 돌아가면, 또 엄마에게 야단맞을걸.

要 yào 만일 ~라면
(접속사)
准 zhǔn 반드시, 꼭

能 néng ~할 것이다(객관적인 조건을 바탕으로 한다.)

今天 气温 低，水 能 结成 冰。
Jīntiān qìwēn dī, shuǐ néng jiéchéng bīng.
만일 오늘은 기온이 낮으면, 물이 얼 것이다.

时间 还 早，九点 以前 能 赶到。
Shíjiān hái zǎo, jiǔdiǎn yǐqián néng gǎndao.
시간이 아직 이르니까, 9시 전에 도착할 거야.

 ~일지도 모른다

这个 工程 很 大，不 可能 那么 快 完工。
Zhège gōngchéng hěn dà, bù kěnéng nàme kuài wángōng.
이 프로젝트는 대규모라서 그렇게 빨리 완성되지는 못할 것이다.

很 可能 他 已经 到 家 了。
Hěn kěnéng tā yǐjing dào jiā le.
그는 이미 집에 도착했을 것이다.

Plus α 한 개의 조동사(능원동사)가 몇 개의 의미를 갖는다

要	~해야 한다	黑板要擦干净。 칠판을 깨끗이 닦아야 한다.
	~하고 싶다	我要去看电影。 나는 영화보러 가고 싶다.
	~할 것이다	会议大概要月底才能结束。 회의는 거의 월말에야 끝날 것이다.
想	~하고 싶다, ~하려고 생각한다	这个暑假，我想回国。 이번 방학 때 귀국하려고 생각한다.
会	~할 수 있다(기술습득)	他会说英语。 그는 영어를 할 줄 안다.
	~일 것이다	现在他会在宿舍。 지금 그는 기숙사에 있을 것이다.
能	~할 수 있다(능력)	他能看英文报。 그는 영자 신문을 읽을 수 있다.
	~해도 좋다(허가)	公园里的花儿怎么能随便 suíbiàn 摘 zhāi 呢？ 공원의 꽃을 어떻게 마음대로 꺾을 수 있니?
	~일 것이다	他今天有事儿，不能来吧。 그는 오늘 일이 있어서 오지 못할 것이다.
可以	~해도 좋다(허가)	这儿可以抽烟。 여기서는 담배를 피워도 된다.
	~할 수 있다	明天我可以再来。 나는 내일 다시 올 수 있다.
	~해 보렴	这个问题可以研究一下。 이 문제를 한 번 연구해 보렴.
得	~해야 한다	要取得 qǔdé 好成绩 chéngjì，就得努力学习。 좋은 성적을 받으려면 열심히 공부해야 한다.
	~일 것이다	她准 zhǔn 得来，我们再等一等。 그녀는 반드시 올 테니까, 우리 좀 더 기다리자.

04 조동사의 부정 : 대표 선수의 등장

'당위'를 나타내는 조동사로는 '应该' '得' '要' 가 있고, '바람'을 나타내는 것으로는 '想' 이나 '要' 가 있는 것처럼, 일반적으로 긍정형의 경우는 여러 가지 조동사를 사용하여 미묘한 뉘앙스의 차이를 잘 표현합니다. 하지만 부정이 되면 그 세세한 구분은 제쳐두고, 각각의 의미 그룹 중에서 대표적인 조동사가 그 임무를 맡는 경향이 있습니다. 예를 들면,「바람·의욕」'想, 要' 의 대표선수는 '想' 입니다. 따라서

我 想 去 云南 旅行。 → 我不想去云南旅行。
Wǒ xiǎng qù Yúnnán lǚxíng. 云南에 여행가고 싶지 않다.

我 要 买 一 件 新 衣服。 → 我不想买新衣服。
Wǒ yào mǎi yí jiàn xīn yīfu. 새 옷을 사고 싶지 않다.

「개연성」의 대표선수는 '会'

他 会 来 的。 → 他不会来的。
Tā huì lái de. 올 리가 없다.

明天 要 下雨 吗? → 明天不会下雨吧!
Míngtiān yào xiàyǔ ma? 비는 안 오겠지.

没有 东西 吃, 就 得 饿死。 → 没有东西吃, 也不会饿死。
Méiyǒu dōngxi chī, jiù děi èsǐ. 먹을 건 없어도, 굶어 죽진 않겠지.

다음은 각 조동사와 그 부정형입니다. ☐가 대표선수입니다.

「능력·허가」	能、可以	…不 能 (~할 수 없다, 안된다)
		不行 bùxíng (안된다)
	会	…不会 (~할 수 없다)
「소망·의욕」	想、要	…不 想 (~하고 싶지 않다)
	肯	…不肯 (~하려고 하지 않는다)
	敢	…不敢 (감히 ~하지 못하다)
「당위」	应该	…不应该 (~해야 하는 것은 아니다)
	得、要	…不用 búyòng 不必 búbì (~할 필요없다)
「평가」	值得、可以	…不 值得

18 조동사(능원동사)

「개연성」　　会、要、该、得、能　　　…不 会 (~일 리 없다)
　　　　　　可能　　　　　　　　　　…不可能 (~하지 않겠지)

다양한 금지 표현 : 조동사의 대활약

'~하지 마', '~해선 안돼' 등의 금지는 보통 동사 앞에 '不能 bùnéng' '不要 búyào' '别 bié'를 붙여 나타냅니다.

不能骗人。　　　　　사람을 속이지 마라.
Bùnéng piàn rén.

不要大声说话。　　　큰소리로 말하지 마라.
Búyào dàshēng shuō huà.

你别着急。　　　　　조급해하지 마라.
Nǐ bié zháojí.

'不必 búbì' '不用 búyòng' '甭 béng'을 사용하면 '~할 필요 없다'라는 의미를 나타내어 말투가 부드러워집니다. 문장 앞에 '请 qǐng' '~해 주세요'를 붙일 수도 있습니다.

你不用参加。　　　　　　　참가하지 않아도 됩니다.
Nǐ búyòng cānjiā.

明天的会，你不要参加。　　내일 모임에 출석해서는 안됩니다.
Míngtiān de huì, nǐ bú yào cānjiā.

明天的会，你不用参加。　　내일의 모임에 출석할 필요는 없습니다.
Míngtiān de huì, nǐ bú yòng cānjiā.

不必客气。　　　　　사양하지 마세요.
Búbì kèqi.

甭管我。　　　　　　날 내버려둬.
Béng guǎn wǒ.

请不要忘记。　　　　부디 잊지 마세요.
Qǐng búyào wàngjì.

게시(揭示)에는 '不准 bùzhǔn', 법적인 금지에는 '不得 bùdé', 위에서 아래로의 명령을 나타낼 때는 '不许 bùxǔ', '~하지 말 것'이라는 문어체 문장에는 '勿 wù'를 자주 씁니다.

不准随地吐痰。　　　　　　함부로 가래침을 뱉지 마시오.
Bùzhǔn suídì tǔ tán.

车上不得吸烟。　　　　　　차내 금연
Chēshang bùdé xī yān.

不许摸展品。　　　　　　　전시품에 손대지 말 것.
Bùxǔ mō zhǎnpǐn.

请勿进入草坪。　　　　　　잔디밭에 들어가지 마시오.
Qǐng wù jìnrù cǎopíng.

出租汽车请勿在楼前候客。　건물 앞 택시 대기금지
Chūzūqìchē qǐng wù zài lóuqián hòu kè.

그 밖에 다음과 같은 것들이 있습니다.

禁止停车　주차금지　　　闲人免进　관계자 외 출입금지　　　行人止步　보행금지
Jìnzhǐ tíng chē　　　　　Xiánrén miǎnjìn　　　　　　　　Xíngrén zhǐ bù

19 중국어란 어떤 언어?

삼촌 : 아, 잘 왔어. 현우는 금년에 대학 들어갔지.
현우 : 네. 아직 고등학교 기분이 남아 있는 대학교 1학년입니다.
삼촌 : 지연이는?
지연 : 너무해요. 삼촌께서 작년에 입학 선물 주셨잖아요. 벌써 대학교 2학년이에요.
삼촌 : 미안하구나. 요즘 기억력이 나빠져서 말이야. 둘 다 대학에서 중국어를 공부하고 있다고?
현우 : 네. 그래서 중국어를 가르치시는 삼촌께 평소 궁금했던 걸 여쭤 보려는 거예요.
삼촌 : 이거, 야단났군.
지연 : 저는 벌써 일년 반이나 중국어를 하고 있는데도 마음먹은 대로 잘 안 돼요.
현우 : 저는 중국어과니까 진짜 열심히 해야지 생각하는데도, 여름방학 끝나고부터는 갑자기 어려워져서……
삼촌 : 그렇구나. 그럼 맥주나 한 잔 하면서 얘기 들어볼까?

어순에 대해

지연 : 가장 놀란 것은 중국어가 영어와 어순이 닮았다는 거예요.
현우 : 그래, '我爱你 Wǒ ài nǐ'라고 하면 "I love you" 그대로잖아.
지연 : 부정하는 말도 우리말은 동사 뒤에 오는데, 중국어는 영어처럼 동사 앞에 오고.
삼촌 : 음. 기본적인 부분에서 우리말보다는 영어에 더 가깝지.
현우 : 그런데 처음엔 영어와 비슷하다고 생각했지만, 중국어를 하는 사이 언제부터인지 그런 느낌이 없어졌어요.
지연 : 그래요. 영어랑 비슷한가 하면 또 전혀 달라요. 중국어는 어순이 중요하다고 하잖아요. 그런데 그렇지 않은 부분도 있는 것 같기도 하고……
현우 : 그래. 목적어가 앞에 나오기도 하고 그러지.
삼촌 : 구(句)에서는 비교적 어순이 고정되어 있지만, 문장이라면 어순이 자유로워지는 측면이 있다고도 할 수 있지. 문장에서의 자유로움이라면 대개는 화제(話題), 즉 주제가 문제가 되지. 본래는 목적어의 위치에 있어야 할 것이 문장 앞에, 주어의 자리에 오거든.

19 중국어란 어떤 언어?

我看过这本书。Wǒ kànguo zhè běn shū. 나는 이 책을 읽은 적이 있다.
→ 这本书我看过。Zhè běn shū wǒ kànguo. 이 책은 내가 읽어 본 적이 있다.

책이 주어 자리에 있다고 해서 그걸 주어로 해석하지는 않겠지만 예를 들어 이런 문장이라면 두 가지 해석이 가능하지.

鸡不吃了。Jī bù chī le.   a. 닭고기는 먹지 않기로 했다.
　　　　　　　　　　　　b. 닭은 모이를 먹지 않는다.

지연 : 목적어가 화제(話題)가 된다는 것은 저도 배웠어요.
이런 것도 그렇죠?

他写字写得很好。Tā xiě zì xiěde hěn hǎo. 그는 글씨 쓰는 것이 훌륭하다.
→ 他字写得很好。Tā zì xiěde hěn hǎo. 그는 글씨를 잘 쓴다.
→ 字他写得很好。Zì tā xiěde hěn hǎo. 글씨는 그가 잘 쓴다.

삼촌 : 글쎄, 주제나 화제는 어떤 의미에서는 우리말 감각으로 대처할 수 있지 않을까.

'조금 춥다'라는 표현에 대해

지연 : 「조금 춥다」라고 말할 때 '一点儿冷 yìdiǎnr lěng'이라고 많이들 하잖아요?

현우 : 그렇지, '一点儿高 yìdiǎnr gāo 약간 키가 크다'라는 말도 있고.

지연 : 그렇지만 올바른 어순은 '冷一点儿 lěng yìdiǎnr'이나 '高一点儿 gāo yìdiǎnr'이라고 배웠는데…… 헷갈려요.

삼촌 : 비교의 의미가 있다면, '一点儿 yìdiǎnr'은 형용사 뒤에 오지. 예를 들어 '어제에 비해 오늘은 병이 좀 나았다'는 표현은
病好一点儿了。Bìng hǎo yìdiǎnr le.
라고 하지. 추위도 마찬가지로 오늘이 어제보다 조금 춥다면
今天比昨天冷一点儿。Jīntiān bǐ zuótiān lěng yìdiǎnr.
하는 식으로 '冷一点儿 lěng yìdiǎnr'이라고 말해.

현우 : 또 한 가지, 마찬가지로 조금이라는 의미를 나타내는 '有点儿 yǒudiǎnr'도 있잖아요.

삼촌 : 그래. 이것은 비교가 아니고 「기준이나 기대보다 약간 차이가 있는」 것을 말하는 거란다. 음, 아무리 해도 싫어지는 느낌이라고나 할까. 「오늘은 왠지 추워서 싫어」라는 느낌이라면
今天有点儿冷。Jīntiān yǒudiǎnr lěng.
이렇게 말하면 돼.

현우 : 앞에 두느냐, 뒤에 두느냐에 따라서 미묘하게 다른 거네요.
삼촌 : 그래, 앞이냐 뒤냐 하는 관점이 중요해. 이건 좀 다른 경우지만 예를 들어,「밖은 대단히 춥다」라고 말할 때 학생들은

外边儿很冷。Wàibianr hěn lěng.

이렇게 말하지. 이것도 좋지만 또 한 가지 이런 것도 있어.

外边儿冷极了。Wàibianr lěng jíle.

지연 : 아아, 앞에 '很 hěn'을 붙일 것이냐, 뒤에 '极了 jíle'를 붙일 것이냐의 문제네요.
삼촌 : 그렇지. 간단하지만 뒤에다가 '极了'를 붙이는 게 생각처럼 잘 나오지는 않아. 배울 때는 곧잘 쓸 것 같지만 막상 말을 하다보면 '很'을 쓰게 된단다.
현우 : 우리말과 형태가 다른 것은 쉽게 익숙해지지 않는다는 말씀이네요.
삼촌 : 이런 것은 의식적으로 연습해보지 않으면 안돼. 그 밖에도 뒤에서 정도를 나타내는 것으로는

累死了 lèisǐ le　굉장히 피곤하다
熟透了 shútòu le　잘 알고 있다

등이 있으니까 주의해서 익혀두도록 해라!

보어(补语)가 발달된 중국어에 대해

현우 : 이런 식으로 뒤에 오는 성분을 문법에서는 뭐라고 합니까?
삼촌 : 이런 것들은 전부 보어라고 한다. 보어는 아직 안 배웠겠지만 중국어에서 매우 중요해.
　　　보어란「보충하는 말」이라 할 수 있는데, 보충한다는 것은 늘 뒤에서 나중에 하는 것이란다. 그렇기 때문에 보어란 뒤에 따라오는 성분이지. 주로 동사와 형용사의 뒤에서 보충을 해주는 것이야. 예를 들어 무얼 먹었다, 그 결과 배가 부르다, 이것을 중국어로는 吃饱了 chībǎo le라고 하지. 또는 무얼 먹는데, 그 동작을 쭈욱 계속한다면 吃下去 chīxiaqu가 되고, 먹다 보니 움직이기 싫다는 것을 긴 문장으로 하고 싶으면 吃得哪儿也不想去 chīde nǎr yě bù xiǎng qù가 되지.
현우 : 먹는다는 '吃' 뒤에 나오는 이것들이 보어입니까?

吃饱(了)
吃下去
吃得哪儿也不想去

19 중국어란 어떤 언어?

삼촌 : 그래. 결과(結果)보어, 방향(方向)보어, 동태(動態)보어 등 여러 이름이 붙어 있지.
지연 : 중국어는 동작과 그로 인해 생기는 결과를 둘로 나누려는 경향이 있다고 선생님께 배웠어요.
삼촌 : 그렇지.

「듣고서」 그 결과 「안다」 → 听懂 tīngdǒng
「배워서」 그 결과 「할 수 있다」 → 学会 xuéhuì

모두 그런 예들이라고 할 수 있지.
현우 : 우리말에선 「듣고서 안다」라든가 「배워서 할 수 있다」라고는 말하지 않아요.
삼촌 : 우리말에선 그렇게 말하지 않지. 이것이 바로 중국식 발상법이니까 체크를 해 두도록 해라!
같은 보어라도, 시간의 양을 나타내는 것이 있는데 이것도 우리말과 다른 부분이야. 보통은

打球打了一个小时 dǎ qiú dǎle yí ge xiǎoshí 한 시간 동안 공놀이를 했다.

라고 말하지만, 이것을

打了一个小时的球 dǎle yí ge xiǎoshí de qiú

이렇게 말할 수도 있으니까.
현우 : 「한 시간 동안 공놀이를 했다」는 건가요?
지연 : 그러고 보니 「2년 간 중국어를 배웠다」라는 표현도 배웠어요.

学汉语学了两年 xué Hànyǔ xuéle liǎng nián 2년 간 중국어를 배웠다.
→ 学了两年的汉语 xuéle liǎng nián de Hànyǔ

삼촌 : 이런 것도 일종의 어순이야.

시제(時制)와 동태(動態)—aspect에 대해

현우 : 중국어에는 시제가 없다는 말을 들었을 때 「아니 그럴 수가」 하고 생각했어요.
지연 : 그래요. 과거와 미래를 구별하지 않고 어떻게 커뮤니케이션이 가능한지 정말 의아했어요.
삼촌 : 물론 과거·현재·미래라는 시간의 개념은 확실하게 있지. 다만 문법적인 형태로서는 대체로는 동사에 의해서 표현되지만 체계적으로 표시하는 시스템이 있는가라고 묻는다면 그것은 없다고 해야겠지. 없어도 불편하지 않다면 그

만큼 좋은 것도 없을 거야.

현우 : 하지만 실제로 번역할 때는 좀 헤맬 때가 있어요.

삼촌 : 그건 예문만을 딱 뽑아놓았기 때문이야. 실제 문맥 속에서는 거의 문제가 없어. 예를 들어

欢迎你来北京。Huānyíng nǐ lái Běijīng.

우리 나라에서 중국인이 이렇게 말한다면「베이징에 한 번 오세요」라는 앞으로의 이야기를 하는 것이고, 베이징에 도착해 공항에서 이렇게 말한다면「베이징에 오신 걸 환영합니다」라는 뜻이지.

현우 : 시제와 동태는 서로 다른 건가요?

삼촌 : 동태라는 것은 동작의 한 국면(局面)을 말하는 거니까 시제와는 관계가 없지. 관계가 없기 때문에 완료(完了)라는 동태는 과거·현재·미래의 어디에서도 쓰일 수 있는 거야.

지연 : 아아, 미래완료나 현재완료라고 말하는 것 말이죠?

삼촌 : 중국어에선 영어처럼 미래완료라고 하는 정해진 형태는 없지만 표현하려고 하면 할 수 있지.

지연 : 그러니까 무슨 언어든 필요한 것은 다 말할 수 있게 되어 있다는 말씀이시네요.

V-O의 관계에 대해

지연 : 그리고 중국어에는 우리말의 '은/는/이/가/을/를/에게'와 같은 조사도 없어요.

현우 : 조사가 없으니까 번역할 때도 동사와 목적어의 관계를 여러 모로 생각해서 적당한 조사를 보충하며 번역하게 되죠.

삼촌 : 그래. 중국어의 동사와 그 목적어는 그저 앞뒤로 놓여 있을 뿐이지. 이것을 우리말로 옮기려면 적당한 조사를 보충해야 돼.

去中国 qù Zhōngguó 중국에 가다
吃面包 chī miànbāo 빵을 먹다
回家 huí jiā 집으로 돌아가다
写毛笔 xiě máobǐ 붓으로 쓰다
下大雨 xià dàyǔ 큰 비가 내리다

현우 : 요전에 '吃食堂'이라는 예문이 나왔는데, 식당을 먹는다고 하기도 이상하고……

삼촌 : 그것은「식당에서 먹다 → 외식하다」라는 뜻이지. 그 밖에도

19 중국어란 어떤 언어?

捆绳子 kǔn shéngzi 끈으로 묶다
吃大碗 chī dàwǎn 큰 그릇으로 먹다
哭爷爷 kū yéye 할아버지의 죽음을 슬퍼해 울다

이래서 중국어가 싫다는 사람도 있지만, 이렇기 때문에 재미있다는 사람도 있지.

지연 : 우리말에도 이상한 말이 많잖아요. '문 닫고 들어와' 라는 말도 하고.

우리말과의 차이점에 대해

삼촌 : 하지만 나는 중국어가 우리말보다 훨씬 배우기 쉬운 언어라고 생각한단다.
지연 : 우선 존대말이 없잖아요.
삼촌 : 우리말과 같은 경어의 체계는 없지. 예를 들어 다음 두 문장은 중국어로 번역하면 똑같이 되어 버려.

선생이 왔다. 老师来了。
선생님이 오셨다. 老师来了。

현우 : 그래도 손윗사람을 존경한다든지 정중하게 말하는 건 있지 않겠어요?
삼촌 : 그야 물론 있지. 그래서 경의를 포함한 말, 정중한 표현이 있는 거야. 거기에 주의를 기울이지 않으면 안되겠지.
지연 : 인칭대명사를 사용하는 방법도 꽤 달라요. 자기 부모를 '他, 她'라고도 하고……. 우리는 부모님을 「그/그녀」라고 말하는 건 생각할 수도 없죠.

你爸爸在家吗？ Nǐ bàba zài jiā ma?
— 他不在。 Tā bú zài.

현우 : 그리고 양사가 자주 나오던데요.
삼촌 : 그래. 학생들이 번역하기 어려워하는 것이 대개 양사지. 우리말에선 전혀 필요하지 않은 곳에 양사가 불쑥 얼굴을 들이밀기 때문이야.
지연 : 제가 가장 놀랐다고나 할까, 감탄한 것은 동사나 형용사가 그대로 주어나 목적어가 되는 거예요.

我喜欢骑自行车。 Wǒ xǐhuan qí zìxíngchē.
나는 자전거 타는 것을 좋아합니다.

骑自行车要注意安全。 Qí zìxíngchē yào zhùyì ānquán.
자전거를 타면 안전에 주의해야 합니다.

삼촌 : 우리말에선 「～하는 것」이라는 형식명사가 필요하지. 영어라면 동명사나 부

정사로 표현하고. 그런데 중국어에서는 형태의 변화가 없이 그대로 사용된단다. 「울어도 소용없다」라면 哭也没用。Kū yě méi yòng. 이렇게 '哭' 라는 동사 한 단어가 그대로 주어가 된단다.

부사의 중요성에 대해

현우 : 중국어 정복의 포인트 중 하나가 부사라고들 합니다만…….
삼촌 : 그래. 마지막에는 부사의 느낌을 아는가 모르는가지. 중국어의 부사는 우리말과는 달리 그 놓이는 위치가 거의 고정돼 있어. 즉 술어의 앞에 놓이지. 자주 나오는 것으로 '也' 가 있는데, 우리말의 「도」와 비슷한 것이지만, 우리말 같으면
「그는 '탕면' 도 먹는다」,
「그도 '탕면' 을 먹는다」처럼 「도」의 위치에 따라 말하는 내용이 달라지지. 하지만 중국어에서는 같은 표현이 된단다.

他也吃汤面。

중국어의 '也' 는 부사인데, 부사는 원칙적으로 술어 앞에 놓이지. 즉 동사나 형용사 앞에 말이야. 그런데 이 문장에서 술어라고 하면?
현우 : '吃' 하나밖에 없죠.
삼촌 : 그래서 거기 말고는 놓을 자리가 없는 거야.
지연 : 그럼 「나도 우산이 필요해」와 「나는 우산도 필요해」가 똑같이 되는 건가요?
삼촌 : 그렇다고 볼 수 있지.
지연 : 그럼, 「나도 우산이 없다」와 「나는 우산도 없다」는 같잖아요?

我也没有雨伞。

삼촌 : 그건 다르지. 「나는 우산도 없다」는 「나는 우산조차 없다」는 뜻이니까, 표현을 달리 해서

我连雨伞也没有。라고 쓰지. 역시 의미를 잘 생각해보지 않으면 안돼.

문법용어에 대해

지연 : 문법용어에 관한 건데요, 우리가 배우는 교과서에는 빈어라고 써 있던데. 목적어를 표현하면서, 사람에 따라 서로 다른 용어를 쓴다는 것은 뭔가 이상하잖아요.

19 중국어란 어떤 언어?

현우 : 그래! 맞아. 능원동사라든지, 개사나 연사라든지, 교과서나 참고서에 따라 상당히 다른 것 같아요.
삼촌 : 그렇구나. 그건 말이야, 문법용어를 중국식으로 그대로 표기해야 한다고 생각하는 사람도 있고, 이해하기 쉽도록 비슷한 우리 문법용어로 바꿔야 한다고 생각하는 사람도 있기 때문이란다. 어쨌든 중국어니까 중국식 용어를 알아두면 좋지 않겠니? 이 책에서는 기본적으로 어떤 분야의 사람이 읽더라도 알 수 있도록 「전치사(개사)」라고 병기했단다.

중국어의 관용구에 대해

지연 : 중국어에는 영어처럼 관용구가 있나요? 시험칠 때 관용구를 암기하느라 꽤 고생했는데.
삼촌 : 중국어에도 있지. 예를 들면 「말의 엉덩이를 때리다 '拍马屁 pāi mǎpì'」라 하면 이것은 「아첨하다」라는 뜻이고, 「밤차를 운전하다 '开夜车 kāi yèchē'」는 밤새워 일을 한다는 의미란다.
지연 : 요전에 '走后门 zǒu hòumén'이란 것도 배웠어요.
현우 : 아아! 뒷구멍으로 거래하는 거 말이지?
삼촌 : 그 밖에도 상당히 많아. 이제부터 점점 더 많이 접하게 될 거다.

吹牛皮 chuī niúpí 허풍떨다
吃鸭蛋 chī yādàn 빵점 맞다
碰钉子 pèng dīngzi 난관에 부딪히다
咬耳朵 yǎo ěrduo 귓속말 하다

관용구란, 동사와 목적어의 상관관계라고나 할까, 이 경우는 결합하는 동사가 정해져 있어. 그러니까 서로 세트가 되는 것을 같이 외워야 해.

配眼镜 pèi yǎnjìng 안경을 맞추다
发传真 fā chuánzhēn 팩스를 보내다
补牙 bǔ yá 이를 치료하다
打毛衣 dǎ máoyī 스웨터를 짜다
开玩笑 kāi wánxiào 농담을 하다

현우 : 우와! 듣고 보니 전혀 사용한 적이 없던 것들뿐이로군요. 이런 것들은 잘 외워야겠네요.

동사중심주의에 대해

삼촌 : 어느 나라의 말도 마찬가지겠지만 기본은 동사야. 방금 말한 관용구에서도 동사가 열쇠인 셈이지. 어쨌든 중국어는 우리말과 비교해 볼 때에 동사가 특히 중요하단다.

우리는 「어쩌면」이라든지 「나도」, 「아아! 정말」 등 부사와 비슷한 것만으로도 간단히 대답할 수 있지만, 중국어에선 동사를 빠뜨리면 안돼. '我也'라든지 '大概'는 말이 될 수 없단다.

예를 들어 「~를 잊지 마」라는 표현법도, 우리는 보통 「우산을 잊지 마라」 「지갑을 잊지 마라」라고 하는데, 중국어에서 「우산을」에 해당하는 표현은 명사구가 아니고 동사구가 되지.

別忘了带伞。Bié wàngle dài sǎn. 우산 가져가는 걸 잊지 마.
別忘了买鸡蛋。Bié wàngle mǎi jīdàn. 달걀 사는 걸 잊지 마.

현우 : 한문도 그렇더군요. 요전에 「오십보백보」라는 말이 교재에 나왔는데 중국어로 '五十步笑百步' 더라구요. 그래서 '笑'가 들어 있는 거군요.

지연 : 저도 작문시간에 한 번 웃음을 산 적이 있어요. 나는 고기를 좋아하니까 그냥 그대로 '我喜欢肉.'라 했더니, 이것은 고기와 사랑하고 있다는 뜻이래요.

삼촌 : 그것도 역시 '我喜欢吃肉。Wǒ xǐhuan chī ròu.'라고 동사를 넣어야지.

我爱看电影。Wǒ ài kàn diànyǐng. 나는 영화를 좋아한다.
我爱打麻将。Wǒ ài dǎ májiàng. 나는 마작을 좋아한다.

게다가 이런 예도 있지.
삼촌에게 맥주를 권하다. 劝叔叔喝啤酒。Quàn shūshu hē píjiǔ.
우리말에서는 「맥주를」 권하는 것이지만 중국어에선 '喝啤酒'와 같이 동사구가 되지.

현우 : 앗! 죄송합니다. 잔 받으시지요.

유의어의 관점에 대해

지연 : 1학년 때는 그래도 문법을 공부했는데, 2학년이 되니까 강독이에요. 소설이나 신문을 읽는 건데 단어만으로도 벅차요. 어휘 능력이 모든 것이라는 느낌이에요. 이제 문법은 끝난 겁니까?

삼촌 : 강독을 위한 중급 문법 따위가 특별히 있을 리 없지. 강독은 여태까지 배운 문법 지식으로 거의 해석 가능하다고 봐야 해.

19 중국어란 어떤 언어?

지연 : 그래도 중국어 문법이란 게 왠지 믿음직하지가 못해요.

삼촌 : 중국어 문법은 영어처럼 세밀한 부분까지 정리되어 있는 것은 아니야. 그래서 이 책에 언급하고 있는 것도 세밀한 부분까지 외울 필요는 없다고 생각해. 그런 일은 누구도 해낼 수 없는 거야. 한번 쭉 보고 잊어버려도 괜찮아. 잊어버린 것이라면 중요한 것이 아니고, 정말 중요한 것이라면 사람이 기억하게 마련이지.

기억력이란 점점 쇠하게 마련이고, 무턱대고 암기만 한다고 되는 것도 아니야. 그래서 어떤 논리를 납득하고 이해하려고 해야지. 이치를 이해해서 기억하는 게 중요하단다.

현우 : 저희 반에서는 지금 중국에서 출판된 강독 책을 사용하고 있는데요, 단어의 용법이나 비교가 자주 나와요.

삼촌 : 그래, 결국 다양한 용법과 비슷한 말과의 비교, 이것이 중급 수준의 어법이 되는 거지. 문법이라기보다는 말하는 방법으로서 어법(語法)이야. 말의 의미 용법인 셈이지. 좀더 자세히 말한다면 중국어에서는 단어의 유의어를 구별하는 관점이 대단히 큰 비중을 차지하고 있다는 점이야.

지연 : 유의어 변별이란 무슨 말인가요?

삼촌 : 동의어라고 보아도 좋아. 问 wèn과 打听 dǎtīng처럼 비슷한 말을 정확하게 쓸 줄 알아야 해. 더욱이 帮 bāng과 帮助 bāngzhù, 帮忙 bāngmáng의 사용법 등도 헷갈리지.

我帮你拿吧。Wǒ bāng nǐ ná ba. 제가 들어 드릴게요.
他一直帮助我。Tā yìzhí bāngzhù wǒ. 그는 지금까지 나를 도와 왔다.
我帮你的忙吧。Wǒ bāng nǐ de máng ba. 제가 당신을 도와 드릴게요.

어휘력과 청취력에 대해

현우 : 기본적인 문법을 익혔다면, 그 다음에는 어떤 점에 주의를 기울이는 것이 좋겠습니까?

삼촌 : 나는 두 가지가 중요하다고 생각한다. 하나는 역시 어휘력. 이 책에서 다루고 있는 정도의 문법을 끝내면 이제 대체적인 것을 끝냈다고 생각해도 좋아. 즉 문법을 몰라서 문장을 읽을 수 없는 일은 없다는 거지. 문법을 모르기 때문에 작문을 할 수 없다는 것도 말이 안돼. 남은 것은 어휘의 힘이지.

현우 : 그럼 단어를 잔뜩 외워야 하는 겁니까?

삼촌 : 아냐. 그렇지 않고, 단어의 내부구조를 알려고 노력해야 한다는 말이야. 예를

들면 '毕业'는「졸업하다」잖니? '毕业'를「졸업하다」라고 이해하는 것도 중요하지만, 동목(V-O)구조의 동사이기 때문에 목적어를 취하지 않는다라고 알아두는 것도 중요해.

지연 : 아! 그거 배웠어요. V-O라서 뒤에 목적어를 취하지 못한다는 것. 「대학을 졸업하다」는 '大学毕业'라고 말하는 거죠.

삼촌 : 그래 그것뿐만이 아니고 말의 내부구조를 알거나 혹은 알려고 하는 것은 어휘력을 늘리는 열쇠가 된단다.
중국어는 새로운 어휘가 계속 만들어지고 있어. 그래서 아무리 큰 사전을 가지고 있다고 해도 그것만이 능사는 아니란 거지. 그러나 말의 내부구조를 이해하는 힘, 그런 힘이 있다면 모르는 단어가 나와도 당황하지는 않게 되지.

현우 : 또 하나는 뭡니까?

삼촌 : 또 하나는 조금 전에도 말했지만 동사 다음에 목적어, 예를 들면 配眼镜 안경을 맞추다 같은 어구에 주의를 기울이는 일이지. '이 명사에는 이 동사' 라고 기억해야 하는데 말의 효용이랄까? 그런 것에 민감해져야 해.

지연 : 말 하나하나의 용법. 이렇게 말하면 간단하지만, 하나의 말이 한 사람의 친구처럼 느껴지지 않으면 곤란하다는 거네요. '그 친구에 관해서는 거의 다 알고 있다' 는 그런 느낌.

삼촌 : 그래. 하나하나의 단어가 그것밖에 없는, 바꿔 쓸 수 없는 존재라는 거지. 마지막으로 한 가지 당부하고 싶은 것은 눈으로 보는 공부만 하지 말고, 좀 더 귀를 사용하는 것, 즉 중국어 그 자체를 듣는 것이 중요하단다.

현우 : 저는 중국어를 보면 이해가 되지만, 듣기는 어려워요.

삼촌 : 중국어를 듣고 알겠다 싶을 때, 어떠냐, 머리 속에 한자가 떠오르지 않니?

지연 : 그래요. 한자가 탁 떠오르는데, 안되는 겁니까?

삼촌 : 한자가 떠오른다는 것은 아직 멀었다는 소리지. 소리를 들으면 한자에 관계없이 의미가 떠올라야만 해.

현우 : 우리말은 그렇지요. 이렇게 삼촌과 이야기하고 있지만 별다른 어려움 없이 의미를 알거든요.

삼촌 : 그렇지? 언어를 이해한다는 것은「소리로부터 의미」가 직접 연결된다는 뜻이란다.

19 중국어란 어떤 언어?

말할 수 있게 된다면 좋겠다

현우 : 저는 여러 가지가 있겠지만 한마디로 중국어를 말할 수 있었으면 좋겠어요. 어렵겠지만 중국에 여행도 가고 싶고, 거기서 실제로 중국어로 이야기도 해보고, 친구도 사귀고 싶고.

지연 : 현우는 내년 여름 중국으로 단기유학 간대요.

현우 : 저의 중국어로 얼마나 통할 수 있을지 불안하지만, 어쨌든 말을 해볼 생각입니다.

삼촌 : 언어란 본래 사람과의 의사소통을 위해 있는 거지. 즉 쇼핑하는 상황이라면 필요한가 아닌가, 글쎄, 상황이 있다면 대체적으로 무슨 의미인지 알 수 있는 거지. 단, 한마디 충고하자면 역시 기본적인 문법의 이치, 이것을 습득해가면서 실천해 나간다면 좋겠지. 그 후에는 실력 느는 것이 달라지니까.

말하는 언어라는 것은 곧 사라져 버리지. 조금 이상하더라도 상황이 있으니까 대체적으로 알 수 있지. 그렇다고 남이 시시콜콜 고쳐주지도 않고, 자기도 그걸로 됐다고 생각해 버리지. 이러다가 습관적으로 굳어지는 것이 무서운 거야.

지연 : 그렇군요. 외국인이 하는 우리말을 들어보면 벌써 세 마디로 그 사람의 우리말 실력이랄까 수준을 알 수 있잖아요.

삼촌 : 고쳐주는 사람은 학교 선생님 정도뿐이니, 고맙다고 생각해야지.

현우 : 네. 내일부터 다시 중국어를 열심히 하겠습니다.

지연 : 오늘 대단히 감사합니다.

진행의 애스펙트(aspect)

01 '애스펙트'란
02 중국어의 애스펙트(동태 : 动态)
03 진행형
 • '正在…呢'의 다양성
 • 부정은 '没有', 의문은 '吗'
 • 과거·현재·미래 모두 쓸 수 있다

 '애스펙트'란

애스펙트란 우리말에서는 형(形) 혹은 태(態)라고 말할 수 있습니다. 즉 동작의 상태를 나타냅니다. 이것은 어떤 동작의 시작부터 끝까지 발전하면서 변화하는 가운데 어느 단계의 동작인가를 보여주는 것입니다. 「쓰다」라는 동작을 예를 들어 생각해 봅시다.

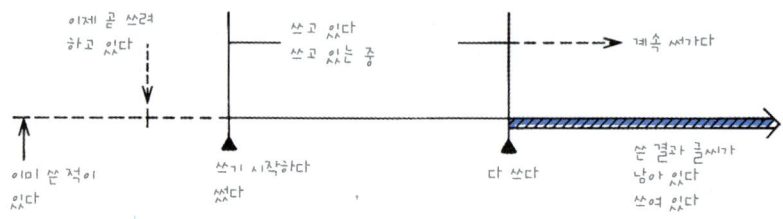

이렇게, 「~한 적이 있다」「곧 ~하려 하고 있다」「~하기 시작하다」「계속 ~하고 있다」「~하기를 끝내다」「아직도 ~하기를 계속하다」「~한 결과가 남아 있다」 등등 여러 단계가 있을 것입니다. 이러한 움직임이 전개되는 각각의 단계를 애스펙트라고 합니다.

 중국어의 애스펙트(동태:动态)

중국어에는 애스펙트를 나타내는 수단으로서 다음과 같은 것들이 있습니다.

a.	진행형	「~하고 있다」	正 · 正在 · 在 + V + 呢
b.	지속형	「~하고 있다」	V + 着 (→제21장)
c.	완료형	「~했다」	V + 了 (→제22장)
d.	경험형	「~한 적이 있다」	V + 过 (→제23장)
e.	개시형	「~하기 시작하다」	V + 起来 (→제27장)
f.	계속태	「~하기를 계속하다」	V + 下去 (→제27장)
g.	임박태	「곧 ~하다」	就要 · 快要 · 快 + V + 了 (→제23장)

a와 g에서는 애스펙트를 나타내는 것이 동사 V를 앞뒤에서 둘러싸고 있습니다. 하지만 b~f에서는 동사의 뒤에 바로 붙습니다. 이와 같이 애스펙트를 나타내는 성분을 동태 표시라고 합니다.

진행형

1 '正在…呢'의 다양성

동작 진행의 동태 표시인 '正在…呢'로 동사를 둘러싸는 것은 총동원 체제이고, 이 중에서 어느 하나가 빠져도 진행형을 나타내는 것이 가능합니다.
'正'은 '바로 지금 ~하고 있다'라는 점에, '在'는 '그 상태에 있다'라는 점에 주안점이 있고 '正在'는 양쪽을 다 포함하고 있습니다. 하지만 기본적으로는 둘 다 진행을 나타냅니다. '正, 在'는 품사상으로는 부사, 역할로는 동태 표시. 품사와 기능(역할)은 서로 다른 개념입니다.

他们　正在　吃　午饭　呢。
Tāmen zhèngzài chī wǔfàn ne.
그들은 점심을 먹고 있다.

이것이 진행의 동태 표시를 모두 붙인 형태입니다. 그러나 다음처럼

他们　正　吃　午饭　（呢）。
他们　在　吃　午饭　（呢）。

라고 해도 좋고, ( ) 속의 어기조사 '呢'는 없어도 괜찮습니다. 또한 문장 끝에 있는 '呢'만으로도 진행을 나타낼 수 있습니다.

他们　吃　午饭　呢。
他们　在　食堂　吃　午饭　呢。

그러나 이 경우, 동사는 목적어나 부사어를 동반하는 것이 보통입니다.

2 부정은 '没有', 의문은 '吗'

동태란 어떤 동작의 한 단계가 어쨌든「실현」된 것을 말하는 것이므로, 그 부정에는 늘 '没有'가 쓰입니다. 이것은 진행형에만 국한된 것이 아닙니다.

他 没 看 书, 他 在 看 电视 呢。
Tā méi kàn shū, tā zài kàn diànshì ne.
그는 책을 읽고 있지 않고, 텔레비전을 보고 있다.

你 在 打扫 吗? — 没有。
Nǐ zài dǎsǎo ma? méiyǒu.
청소하고 있습니까? — 아니요.

이렇듯, 부정은 '没(有)'를 사용하고, 진행형의 표시는 없애버리는 것이 보통입니다. 의문은 위의 '你在打扫吗?'처럼 일반적으로 '吗' 의문문을 사용합니다. 그 밖에, 의문대명사 '什么' 등을 사용해 의문대명사 의문문을 만들 수도 있습니다.

你 在 干 什么 呢?
Nǐ zài gàn shénme ne?
당신은 무엇을 하고 있습니까?

你 在 写 什么 呢?
Nǐ zài xiě shénme ne?
당신은 무엇을 쓰고 있습니까?

또 하나의 부정법 — '不是'의 등장

'그는 책을 읽고 있지 않다, TV를 보고 있다'는 '他没看书, 他在看电视呢.'이었습니다. 그러나 그는 책을 읽고 있다 는 것은 아니다
라고 '책을 읽고 있다'라는 진행중의 명제를 부정할 때는

他不是 在看书, (是)在看电视呢。
그는 책을 읽고 있는 것이 아니고, TV를 보고 있는 것이다.

他去的时候, 你正在睡觉吗?
— 我不是 在睡觉, 而是在做饭呢。
그가 갔을 때, 너는 자고 있는 중이었니?
— 자고 있었던 것은 아니고, 마침 밥을 하고 있었다.

이처럼 됩니다. '不是'는 그 진행중인 명제를 부정합니다. 마찬가지로 진행중인 것에 대해 '(~하고 있는 중)이지요? 그렇죠'라고 할 경우

他是不是 在看书 ?
他是不是 在看电视呢 ?

이와 같이 말할 수도 있습니다.

3 과거·현재·미래 모두 쓸 수 있다 : 시간으로부터 자유로운 상황

「그때 ~ 하고 있었다」「지금 ~ 하고 있다」「그때 ~ 하고 있을 것이다」와 같이 과거·현재·미래의 어느 것에도 진행형을 쓸 수 있습니다.

昨天 我 去 她 家 的 时候, 她 正在 弹 吉他。
Zuótiān wǒ qù tā jiā de shíhou, tā zhèngzài tán jítā.
어제 그녀의 집에 갔을 때, 그녀는 기타를 치고 있었다.

她 在 弹 吉他 呢。
Tā zài tán jítā ne.
그녀는 기타를 치고 있다.

明天 你 到 这儿 的 时候, 她 会 在 弹 吉他。
Míngtiān nǐ dào zhèr de shíhou, tā huì zài tán jítā.
내일 당신이 여기에 왔을 때, 그녀는 기타를 치고 있을 것이다.

弹 tán

拉 lā

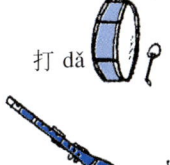
打 dǎ

吹 chuī

이렇게 진행형뿐만 아니라 동태란 본래 시간에 대해서 자유로운 개념입니다.
시간은 '昨天'이나 '明天'이 나타내고, 동태 표시 '正在…(呢)'는 시간의 제약을 받지 않고 쓸 수 있습니다. 단, 미래의 경우에는 조동사(능원동사) '会 huì ~일 것이다'나 부사 '一定 yídìng 반드시 ~이다' 등이 자주 같이 쓰입니다.

또한, 「그는 집에서 자고 있다」는 다음과 같이 말하지는 않습니다.

(×) 他正在在屋里睡觉呢。

'在在'의 동음을 피해, 전치사(개사) '在'만으로 아래와 같이 됩니다.

(○) 他 正在 屋里 睡觉 呢。
　　 Tā zhèng zài wūli shuìjiào ne.

(○) 他 在 屋里 睡觉 呢。
　　 Tā zài wūli shuìjiào ne.

이러한 同字同音으로 인한 생략현상은 다음 페이지를 참조하세요.

일반적으로 진행태에서 쓸 수 없는 동사의 종류

판단이나 존재를 나타내는 동사 : 是 在 叫 有…
지각이나 감각을 나타내는 동사 : 知道 认识 感觉 明白 怕 喜欢 愿意…
출현이나 소실을 나타내는 동사 : 开始 停止 死 悼…
방향을 나타내는 동사 : 来 去 进 出 过…

3개의 '在'

- 동사 — 존재를 나타내는 '在' (➜제9장)
  - 他在家。 그는 집에 있다.
  - 你的书包在这儿。 네 가방은 여기 있다.

- 전치사 — 장소를 나타내는 '在' (➜제13장)
  - 我在家吃晚饭。 나는 집에서 저녁을 먹는다.
  - 他在哪儿工作？ 그는 어디서 일하느냐?

- 부사 — 진행을 나타내는 '在'
  - 他在看电视呢。 그는 TV를 보고 있다.
  - 他在休息呢。 그는 쉬고 있다.

同字同音 — 생략과 충돌

同字同音이 연속적으로 있거나 매우 가까이 나타날 경우, 하나는 생략되거나 다른 말로 바꾸어 충돌을 피합니다. 그런 예를 몇 가지 들겠습니다.

생 략	충 돌

(×)在在 → (○)在
진행을 나타내는 '在'와 전치사 '在'
(×)他正在在屋里睡呢
→(○)他正在屋里睡呢
    그는 방에서 자고 있다
	(×)一本本子 → (○)一个本子
	'本子'는 '공책'으로, 원래는 양사 '本'을 써야 하지만, "个"로 표시합니다.
	(×)一本本子 → (○)一个本子
	    한 권의 노트

(×)的的 → (○)的 구별사 '银'은 단독으로 쓰이지 않고 '银的'로 은을 나타냅니다. 이 경우 (×)银的的蜡台 → (○)银的蜡台 은촛대	(×)两两 → (○)二两 무게의 단위 '两(50그램)'은 '2两'을 나타낼 때만 '二'로 바꿉니다. (×)两两 → (○)二两
(×)还是是 → (○)还是 (×)这是你的，还是是他的 →(○)这是你的，还是他的 이것은 네 것인가, 그의 것인가	(×)一条油条 → (○)一根油条 밀가루를 튀겨 만든 가늘고 긴 아침용 먹을거리 '油条'는 '条'의 충돌을 피해 (×)三条油条 → (○)三根油条 (油条3개)
(×)了了 → (○)了 완료의 了₁와 새로운 상황의 발생을 나타내는 了₂의 경우 (×)哟, 他来了了 → (○)哟, 他来了 앗! 그가 왔다	
(×)看看看 → (○)看看 동사의 중첩 뒤에 '看'을 붙여 '说说看'(좀 말해 보라) 등의 경우 (×)我看看看 → (○)我看(一)看 좀 보자	(×)(一)间房间 → (○)(一)个房间 (×)两间房间 → (○)两个房间 2개의 방

21

지속의 동태 표시

01 **지속형**
- V + '着'
- 부정은 '没有'
- 의문은 '吗'와 'V着没有'
- 과거·현재·미래 모두 사용한다

02 **진행형과 지속형 : 어떻게 다른가?**
- 동작의 종류와 모습
- 진행과 지속은 사이가 좋다

01 지속형

1 V + 着

지속의 동태에는 두 가지 형태가 있습니다. 「어머니가 밥을 짓고 있다」와 같이 동작 그 자체의 지속(持續)상태와 「식탁에 그릇이 놓여 있다」와 같이 어떤 동작의 결과가 거기에 남아있는 잔존(殘存)상태가 그것입니다.

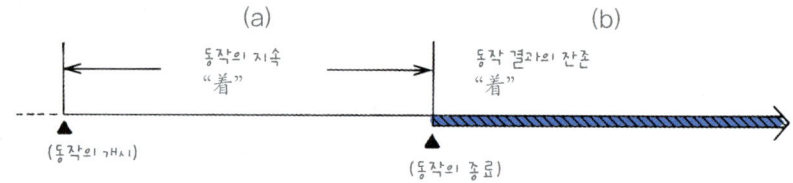

이 (a) (b) 둘 다, 동사(혹은 일부 형용사) 뒤에 동태조사 '着 zhe'를 붙여 나타냅니다.

(a) 妈妈 做着 饭 呢。
Māma zuòzhe fàn ne.
어머니는 밥을 짓고 있다.

他 写着 信 呢。
Tā xiězhe xìn ne.
그는 편지를 쓰고 있다.

(b) 桌子上 摆着 碗筷。
Zhuōzishang bǎizhe wǎnkuài.
식탁에 그릇이 놓여 있다.

门 开着 呢。
Mén kāizhe ne.
문이 열려 있다.

'桌子上摆着碗筷'는 존현문입니다. 존재를 나타내는 '路上围着很多人'에 나오는 그런 '着'입니다.
(→제17장)

屋子里 的 灯 还 亮着 呢。
Wūzili de dēng hái liàngzhe ne.
방의 불이 아직 켜져 있다.

(a)는 동작주(주체)의 동작이 지속 상태에 있는 것을 묘사하고 있습니다. 반면에 (b)는 누가 동작주인가는 별로 문제되지 않고, '摆'라면 '摆'라는 동작을 받고 있는 객체인 '碗筷'가 구체적으로 어떤 장소에 고정되었다거나, '门'이나 '灯'이 어떤 동작을 거쳐 변화된 그대로의 상태로 유지되고 있는 모습을 묘사한 것입니다. 이 지속형도 문장 끝에 어기조사 '呢'(제34장 참조)가 붙습니다.

이들 (a) (b) 이외에, 사람의 신체동작을 나타내는 동사가 있는데 동작주(주체)의 동작이 지속되기도 하면서, 그 주체가 동작한 결과 그대로의 모습으로 잔존하고 있는 상태를 나타내는 타입 (c)가 있습니다.

(c) 他 在 椅子上 坐着。
Tā zài yǐzishang zuòzhe.
그는 의자에 앉아 있다.

病人 在 床上 躺着。
Bìngrén zài chuángshang tǎngzhe.
환자는 침대에 누워 있다.

她 低着 头, 想了 很 长 时间。
Tā dīzhe tóu, xiǎngle hěn cháng shíjiān.
그녀는 고개를 숙인 채 오랜 시간 동안 생각했어.

> **TIP**
> 站 서다 立 서다
> 蹲 쪼그리고 앉다
> 扛 들다, 메다
> 举 들다 背 지다

이 (c) 타입에는 '坐' 나 '躺' 외에 '站 zhàn, 立 lì, 蹲 dūn, 扛 káng, 举 jǔ, 背 bēi' 등 신체동작 동사가 사용됩니다.

2 부정은 '没有'

지속형의 부정도 '没(有)'입니다. 단 (a) 동작의 지속과 (b) 동작의 결과로 생기는, 다음과 같이 '着'의 유무에 차이가 생기는 경우도 있습니다. '着'는 어떤 모양을 보고, 그것을 묘사적으로 설명하는 역할이 있기 때문에 일반적으로는 긍정의 평서문에 쓰이는 일이 많습니다. 처음 말을 꺼낼 때 갑자기 의문이나 부정의 형태로 말하는 경우는 거의 없기 때문입니다.

(a) 지속의 '着'는 일반적으로 사라진다.

妈妈 做着 饭 呢。 → 妈妈 没(有) 做饭。
Māma zuòzhe fàn ne.   Māma méi(yǒu) zuòfàn.

他 写着 信 呢。 → 他 没(有) 写信。
Tā xiězhe xìn ne.   Tā méi(yǒu) xiěxìn.

(b) 잔존의 '着'는 남는다.

桌子上 摆着 碗筷。 → 桌子上 没(有) 摆着 碗筷。
Zhuōzishang bǎizhe wǎnkuài. Zhuōzishang méi(yǒu) bǎizhe wǎnkuài.

门 开着 呢。 → 门 没(有) 开着。
Mén kāizhe ne.   Mén méi(yǒu) kāizhe.

(c) 신체동작 V에서도 '着'는 남는다.

那个　病人　躺着。 → 那个　病人　没(有)　躺着, 坐着　呢。
Nàge bìngrén tǎngzhe.　　Nàge bìngrén méi(yǒu) tǎngzhe, zuòzhe ne.

3　의문은 '吗'와 'V着没有'

의문형은 '吗'로 묻거나 'V着没有？' 형태를 취합니다.

外边　下着　雨　呢　吗？
Wàibianr xiàzhe yǔ ne ma?
밖에 비가 내리고 있습니까?

窗户　开着　呢　吗？
Chuānghu kāizhe ne ma?
창은 열려 있습니까?

墙上　挂着　挂历　没有？
Qiángshang guàzhe guàlì méiyou?
벽에는 달력이 걸려 있습니까?

4　과거·현재·미래 모두 사용한다 - 시간으로부터 자유

'~하고 있었다'라고 하여 완료를 나타내는 동태조사 '了₁'(→제22장)를 붙여 '打着了电话' 등으로 말하지는 않습니다.

昨天 我　去　找　她　的　时候, 她　正　打着　电话　呢。
Zuótiān wǒ qù zhǎo tā de shíhou, tā zhèng dǎzhe diànhuà ne.
어제 내가 그녀를 찾아갔을때, 그녀는 마침 전화를 걸고 있었다.

明天　你　再　来　的　时候, 这儿　一定　会　摆着　一　套　家具。
Míngtiān nǐ zài lái de shíhou, zhèr yídìng huì bǎizhe yí tào jiāju.
내일 당신이 다시 왔을 때, 여기엔 틀림없이 가구 한 세트가 배치되어 있을 것이다.

"着"는 시간으로부터 자유롭다

 **진행형과 지속형 : 어떻게 다른가?**

1 동작의 종류와 모습

예를 들면 우리말로「그녀는 노래를 부르고 있다」라고 말하는 것을, 중국어로는

　　她　正在　唱　歌儿　呢。
　　Tā　zhèngzài　chàng　gēr　ne.

　　她　唱着　歌儿　呢。
　　Tā　chàngzhe　gēr　ne.

이렇게 두 가지로 말할 수 있습니다. 이 차이는 다음과 같이 생각해 볼 수 있습니다.
조금 떨어진 장소에서「그녀는 무엇을 하고 있는 것일까」하고 그녀가 하고 있는 동작·행위를 알고 싶어했는데,「아아 노래를 부르고 있구나」혹은「여럿이 얘기를 하고 있구나」하고 납득하여 무엇을 하고 있는지 인정·판단하여 말하는 것, 이것이

　　她　正在　唱　歌儿　呢。
　　她们　正在　说　话　呢。　입니다.
　　Tāmen　zhèngzài　shuō　huà　ne.

'唱歌儿' '说话'라는 종류의 동작·행위라고 인정·판단하여 설명하는 것입니다. 그 다음, 예를 들어「이제 노래가 끝났겠나」「이제 이야기가 끝났는지 어떤지」하여 그 동작·행위에 한층 가까이 다가가 자세히 보니 아직 노래나 얘기를 계속하더라, 그 모습을 묘사한 것이,

　　她　唱着　歌儿　呢。
　　她们　说着　话　呢。　입니다.
　　Tāmen　shuōzhe　huà　ne.

좀 더 시점을 가깝게 하면, 그 노래하는 모습이나 얘기하는 모양을 잘 알게 되어, 다음과 같이

　　她　得意扬扬地　唱着　歌儿　呢。
　　Tā　déyìyángyángde　chàngzhe　gēr　ne.
　　그녀는 득의양양하게 노래하고 있다.

　　她　在　那儿　愉快地　说着　话　呢。
　　Tā　zài　nàr　yúkuàide　shuōzhe　huà　ne.
　　그녀는 그곳에서 즐겁게 이야기하고 있다.

'得意扬扬地'이나 '在那儿愉快地' 등의 부사어(상황어)를 붙여 그 동작의 모습을 묘사적으로 서술하는 경우가 많습니다.

2 진행과 지속은 사이가 좋다

지속에는 (a) '他写着信呢' 같은 동작의 지속과, (b) '门开着呢' 같은 결과의 잔존이 있습니다. 그중 (a)쪽은 진행형과 사이가 좋고, 동작의 모습을 '正在…呢'로 둘러쌀 수 있습니다.

她　正在　打着　电话　呢。
Tā zhèngzài dǎzhe diànhuà ne.
그녀는 전화를 걸고 있다.

她们　正在　谈着　话　呢。
Tāmen zhèngzài tánzhe huà ne.
그녀들은 얘기를 하고 있다.

'着'를 쓸 수 없는 동사 유형
판단·존재를 나타내는 동사 : 是, 在…
지속할 수 없는 동사 : 结果, 完, 消灭, 进, 出, 去, 结束…
본래 지속을 나타내는 동사 : 怕, 恨, 知道, 像, 认识, 同意…
결과보어를 동반할 때 : 打倒, 做好, 买到…
앞에 조동사를 동반할 때 : 能说, 会写, 想买…

그러나 (b)에는 이런 식의 표현법이 없습니다.

(×) 桌子　上　正在　摆着　碗筷。

또한 신체동작동사를 쓰고 있는 (c)타입은 동작의 지속상태도 표현할 수 있기 때문에, 역시 진행형 '在'와 함께 쓸 수 있습니다.

他　在　低着　头。
Tā zài dīzhe tóu.
그는 머리를 떨구고 있다.

Plus α　V 着 — 기타 용법 ('来着' '着很' (→제33장))

① [V₁+着]+V₂ — V₁着가 V₂의 수단·방식 (~하면서 ~하다)

笑着　说。
xiàozhe shuō.
웃으며 말하다.

躺着　看　书。
tǎngzhe kàn shū.
누워서 책을 읽다.

② [V₁+着+V₁+着]+V₂ — V₁하고 있는 사이 언제인지 모르게 V₂하다

她　说着　说着　哭了起来。
Tā shuōzhe shuōzhe kūleqǐlai.
그녀는 말하던 중에 울기 시작했다.

孩子　哭着　哭着　睡觉　了。
Háizi kūzhe kūzhe shuìjiào le.
아기는 울다가 잠이 들었다.

③ [V+着]+点儿 — 명령

过　马路　看着　点儿！
Guò mǎlù kànzhe diǎnr!
큰길 건널 땐 조심하세요.

悠着　点儿！
Yōuzhe diǎnr!
편히 쉬세요.

④ [V+着]+형용사 — V해보니 ~하다

这　件　衣服，穿着　很　合适。
Zhè jiàn yīfu, chuānzhe hěn héshì.
이 옷은 입어 보니 꼭 맞는다.

这个　菜，吃着　很　香。
Zhège cài, chīzhe hěn xiāng.
이 요리는 먹어 보니 매우 맛있다.

완료 · 실현의 동태

01 **완료 · 실현형**
 • V + '了₁'
 • 부정은 '没有'
 • 의문은 '吗' 의문문과 정반의문문

02 **또 하나의 '了₂' : 어기조사**

03 **문장을 끝내는 방법**
 • 수식이 없는 목적어
 • (수량사 등) 관형어 + 목적어
 • '我写了信'은 뒤에 말이 이어짐

01 완료·실현형

완료되거나 실현된 동작·행위의 모습을 나타내는 것이 완료·실현의 애스펙트입니다.

1 V + 了₁

동사의 완료·실현은 동사 뒤에 조사 '了₁'를 붙여서 나타냅니다.

我 看了 今天 的 报。
Wǒ kànle jīntiān de bào.
나는 오늘 신문을 읽었습니다.

你 买了 几 本 杂志?
Nǐ mǎile jǐ běn zázhì?
당신은 잡지 몇 권을 샀습니까?

이들은 우리말로 번역할 때 「~했다」로 되는 수가 많기 때문에 과거시제를 나타내는 것으로 생각하기 쉽습니다. 하지만 진행형이나 지속형이 과거·현재·미래 어느 때에도 쓸 수 있는 것과 같이, 완료·실현의 '了 le' 또한 시제로부터 자유롭습니다.

'了₁'가 필요하지 않는 '常常'

以前他常常来看我。 이전에 그는 자주 나를 만나러 왔다.
去年她每天都打网球。 작년에 그녀는 매일 테니스를 쳤다.
小时候他经常感冒。 어렸을 때 그는 자주 감기에 걸렸다.

'예전에 그랬었다' 라는 말도 '常常' '每天' '经常' 등의 습관적·항시적(恒時的)인 의미를 나타내는 단어가 있으면 '了'는 필요없습니다.

'了₁'가 붙지 않는 동사의 종류

是, 在, 像, 姓, 叫(이름을 ~라고 하다)   企图 qǐtú(꾀하다, 기획하다.)

2 부정은 '没有': '了₁'는 사라진다

「~하지 않았다」하고 부정할 때는 '没(有)'를 사용하며, 이때 동태조사 '了₁'는 없어집니다.

> 我 没（有） 买 杂志。
> Wǒ méi(yǒu) mǎi zázhì.
> 나는 잡지를 사지 않았다.

> 我 还 没（有） 看 今天 的 报 呢。
> Wǒ hái méi(yǒu) kàn jīntiān de bào ne.
> 나는 아직 오늘 신문을 읽지 않았다.

「아직 ~하지 않았다」에는 '还没……呢'라는 표현이 자주 쓰입니다.

3 의문은 '吗' 의문문과 정반의문문

의문형에는 '几本杂志' 같이 의문대명사를 쓰는 것이 있습니다. 그 밖에는 '吗' 의문문과 정반의문문 두 종류가 있습니다.

'吗' 의문문		你看了今天的报吗？
정반의문문	①	你看了今天的报没有？
	②	你看没看今天的报？

정반의문문 ①은 '没有'가 문장 끝에 나옵니다. 이 문장 끝의 '没有'는 보통 '没'라고는 하지 않고, 생략없는 '没有'를 씁니다. 정반의문문 ②의 '看没看' 유형은 생략된 '没'만을 씁니다.

또 하나의 '了₂' : 어기조사

글자도 발음도 같지만 '了 le'에는 또 하나, 문장 끝에 놓이는 어기조사 '了₂'가 있습니다.

我 买了 词典 了。
Wǒ mǎile cídiǎn le.
나는 사전을 샀다.

我 写了 信 了。
Wǒ xiěle xìn le.
나는 편지를 썼다.

여기에서 '买了' '写了'의 '了'는 동작의 뒤에 놓이는 완료·실현을 나타내는 조사지만, 문장 끝에 붙어 있는 '了₂'는 어기조사입니다.

어기(語氣)란 그 말을 할 때 말하는 이의 마음의 태도(➡제15장)를 뜻하지만, 이 문장 끝의 어기조사 '了₂'는 '어떤 상태나 상황이 모두 발생한 것을 인정함' '상황의 변화를 알게 됨' 등 말하는 이의 기분을 나타냅니다. 위의 예문은,

我 买了 词典 了。
Wǒ mǎile cídiǎn le.

我 写了 信 了。
Wǒ xiěle xìn le.

처럼 「사전을 샀다」는 것, 「편지를 썼다」는 것을 어기조사 '了₂'로 인정하고 말하는 것입니다. 이 어기조사 '了₂'는 동태조사 '了₁'와 사이가 좋습니다.

변화의 '了₂'란

일반적으로 실현·완료의 '了'는 '了₁'로, 문장 끝의 어기조사는 '了₂'로 구별하고 있습니다.

V + 了₁ ‖ 文 + 了₂

'他来了.'(그는 왔다, 와 있다.)의 '了'는 V의 뒤에 있지만, 문장 끝에 온 것이기도 하기 때문에 문법적으로는 '他来了₁₊₂'처럼 해석합니다.

天气冷了。 추워졌다.
她今年十岁了。 그녀는 올해 10살이 되었다.
他们找到工作了。 그들은 일을 찾았다.

등 여태까지 그렇지 않았던 것이 '그렇게 되었다'는 의미로 문장 끝에 놓습니다.

03. 문장을 끝내는 방법

「나는 사전을 샀다」「나는 스웨터를 2벌 샀다」와 같이 동사가 목적어를 동반할 때, 그 목적어에 「2벌」 같은 수량사 등의 관형어(한정어)가 붙는 경우와 붙지 않는 경우, 문장을 끝내는 방법이 다릅니다.

1 수식이 없는 목적어 : 문장 끝에 어기조사 '了₂' 필요

　　(×) 我　买了　词典。
　　(×) 我　写了　信。

이처럼 'V + 了 + O'로는 문장이 딱 끝나지 않습니다. 뒤에 무언가 말이 이어질 것 같은 느낌입니다. 목적어 '词典' '信'에 수식어가 없습니다. 또한 '已经' '昨天' 등 부사어(상황어)도 없습니다. 이 문장을 끝내려면 '인정(認定)'의 어기조사 '了₂'로 문장 끝을 감쌀 필요가 있습니다.

　　我　买了　词典　了．
　　我　写了　信　了．

이렇게 함으로써 문장을 안정적으로 끝맺을 수 있습니다. 또한 「샀다」「썼다」라고 특별히 완료·실현에 역점을 둘 필요가 없다면, 다음과 같이

　　我　买(了)　词典　了．
　　我　写(了)　信　了．

문장 끝의 어기조사 '了₂'를 남기고, 동사 뒤의 동태조사 '了₁'는 없애버려도 괜찮습니다. 오히려 이것이 자연스런 문장으로,

　　他　买　什么　了？
　　Tā　mǎi　shénme　le?
　　그는 무엇을 샀니?

　　他　买　收音机　了．
　　Tā　mǎi　shōuyīnjī　le.
　　라디오를 샀어.

이렇게 말합니다. 이것은 '吗' 의문문이나 정반의문문 및 부정문에서도 마찬가지입니다.

'吗' 의문문과 정반의문문 ① ②			부정문에서 '了' 없앰
'吗' 의문문		他 买 收音机 了 吗?	
정반 의문문	①	他 买 收音机 了 没有?	他没(有)买收音机。
	②	他 买 没 买 收音机?	

2 (수량사 등) 관형어 + 목적어 : 문장 끝에 '了' 없음

마지막의 '了' 없이 문장을 끝내는 방법도 있습니다. 그러기 위해서는

我　买了　两　件　毛衣。
Wǒ　mǎile　liǎng　jiàn　máoyī.
나는 스웨터 2벌을 샀다.

他　吃了　三　个　面包。
Tā　chīle　sān　ge　miànbāo.
그는 빵 3개를 먹었다.

이처럼 '两件毛衣' '三个面包' 같이 수량사 등의 관형어가 목적어 앞에 붙어 있어야 합니다.

我　买了　很　多　中文　杂志。
Wǒ　mǎile　hěn　duō　Zhōngwén　zázhì.
나는 많은 중국어 잡지를 샀다.

他们　参观了　我们　学校　的　图书馆。
Tāmen　cānguānle　wǒmen　xuéxiào　de　túshūguǎn.
그들은 우리 학교 도서관을 견학했다.

위의 예문들도 목적어에 '很多中文'과 '我们学校的'라는 관형어가 있기 때문에, 문장 끝 어기조사 '了'는 불필요합니다.

어기조사 '了₂'의 생략

「V+了₁」의 了₁은 부정에서는 항상 없어집니다. 그러나 「문장+了₂」의 了₂는 어떠한 조건에서는 없어지지 않고 남는 수가 있습니다. 인사말로 자주 통용되는

好　久　没　见　了!
Hǎo jiǔ méi jiàn le!
오랜만입니다.

는 끝에 '了₂'가 그대로 붙어 있습니다. 또한 다음 문장도 마찬가지입니다.

三 天 没 下 雨 了。
Sān tiān méi xià yǔ le.
사흘간 비가 오지 않았다.

이처럼 '好久'나 '三天' 등 기간을 나타내는 말이 있으면 '了'는 남을 수 있습니다.

어기조사 '了₂'와 '呢'

我 吃了 饭 了。　　　他 打了 电话 了。
他 正在 吃 饭 呢。　　妈妈 做着 饭 呢。
门 开着 呢。　　　　　他 还没 来 呢。

'了₂'는 완료·실현의 '了₁'와 사이가 좋고, '呢'는 진행·지속 및 미실현의 '还没'와 사이가 좋습니다.

3 '我写了信, ……'은 뒤에 말이 이어짐

이것저것 신경 쓰지 않으면 문장은 끝나지 않습니다. 그렇다면 말을 더 이어갈 요량으로,

我 买了 书, 就 回家。
Wǒ mǎile shū, jiù huíjiā.
나는 책을 사고 곧 집으로 돌아갈 겁니다.

我 写了 信, 就 去 游泳。
Wǒ xiěle xìn, jiù qù yóuyǒng.
나는 편지를 쓰고 바로 수영하러 갈 겁니다.

他 换了 衣服, 就 上班 了。
Tā huànle yīfu, jiù shàngbān le.
그는 옷을 갈아 입고 바로 출근했습니다.

이처럼 쉼표(,) 뒤에 문장을 이어나가 끝내는 것도 가능합니다. 또한

我买了书, 就回家。
我写了信, 就去游泳。

의 '了'는 위의 우리말 번역에서도 알 수 있듯이 미래완료를 나타내고 있습니다. 동태조사 '了₁'는 과거를 나타내는 표시가 아니고, 시간으로부터 자유롭다는 것입니다. 단,

他换了衣服, 就上班了。

에서는 문장 끝에 '了₂'가 있어 「이미 발생한 것을 인정한다」는 어기로 전체를 감싸고 있기 때문에 「출근했다」가 됩니다.

문장을 끝내는 3가지 방법

① V+(了₁)+수식없는 O+了₂ : 我吃(了)饭了。
② V+了₁+수량사 등+O : 我吃了两个面包。
③ V+了₁+수식없는 O, ……
　　我吃了饭, 就去。　他吃了饭, 就上班了。

기타 '了'가 들어가는 곳

- 연동문 — 마지막 V 뒤에 '了'(→제10장)

    他来问了我一个问题。
    그는 나에게 질문을 하나 하러 왔다.

    我去书店买了两本杂志。
    나는 서점에 가서 잡지 2권을 샀다.

- V+了+V — 동사의 중첩은 그 사이에 '了'

    他想了想说：“我不去。”
    그는 잠깐 생각하고서, '난 안 간다'고 말했다.

    上星期天我看了看朋友, 就回来了。
    지난 주 일요일 나는 친구를 잠깐 만나고 바로 돌아왔다.

- 「VO」 구조의 단어는 그 사이에 '了'

    我毕了业, 就去北京。
    나는 졸업하면 베이징에 간다.

    他下了班, 就回家了。
    그는 일이 끝나면 바로 집으로 돌아갔다.

- 관형어의 속에는 일반적으로 '了'를 쓰지 않는다.

    我买的书 내가 산 책　　(×) 我买了的书
    他说的话 그가 말한 것　(×) 他说了的话

- 不…了 : '~하지 않기로 하다/했다' '~하지 않게 되었다'

    我不吃了。　　　　　나는 먹지 않기로 했다.
    那个孩子不生病了。　그 아이는 병에 걸리지 않게 되었다.
    天不早了。　　　　　시간이 이르지 않게 되었다 → 벌써 늦었다.

경험과 임박의 동태

01 경험형 : V + '过'
- 긍정
- 부정은 '没(有)'
- 의문문

02 '过' : 종결의 '过₂ + 了'

03 임박형 : '要…了'
- 다양한 '要…了'
- 의문은 '吗', 부정의 대답에는 '还没(…)呢'
- 「곧 ~하려 했을 때」

01. 경험형 : V + 过

경험의 상태란 과거에 「~한 적이 있다」는 것을 나타냅니다.

1 긍정 : V + 过

경험형 「~한 적이 있다」는 동사 뒤에 경성 '过 guo'를 붙여 나타냅니다.

他 来过。
Tā láiguo.
그는 온 적이 있다.

我 看过 这 本 书。
Wǒ kànguo zhè běn shū.
나는 이 책을 읽은 적이 있다.

我们 尝过 他 做 的 中国菜。
Wǒmen chángguo tā zuò de Zhōngguócài.
우리들은 그가 만든 중국요리를 맛본 적이 있다.

> **TiP**
> '过'는 형용사, 예를 들면 '胖 pàng' (뚱뚱하다) 등의 뒤에도 사용됩니다.
>
> **他小时候胖过。**
> 그는 어렸을 때 뚱뚱했다.
>
> 이 경우에는 '지금과 비교하여'라는 비교의 의미가 덧붙여집니다.

이때, 동사의 앞에 자주 부사 '曾经 céngjīng' (옛날에, 이전에)이 쓰입니다.

他 曾经 学过 西班牙文。
Tā céngjīng xuéguo Xībānyáwén.
그는 예전에 스페인어를 배운 적이 있다.

她 曾经 在 英国 住过。
Tā céngjīng zài Yīngguó zhùguo.
그녀는 예전에 영국에 살았던 적이 있다.

白头山
Báitóushān
曾经爬过。

경험의 [V+过] 뒤에는 '了'가 붙지 않습니다.

2 부정은 '没有' : '过'는 남음

「~한 적이 없다」라고 부정할 때에는 '没(有)'를 쓰고, '过'는 그대로 붙어 있습니다.

他 没(有) 来过。
Tā méi(yǒu) láiguo.

我 没(有) 看过 这 本 书。
Wǒ méi(yǒu) kànguo zhè běn shū.

我们 没(有) 尝过 他 做 的 中国菜。
Wǒmen méi(yǒu) chángguo tā zuò de Zhōngguócài.

珠穆朗玛峰(에베레스트봉)
Zhūmùlǎngmǎfēng
从来没爬过。

부정에는 부사 '从来 cónglái'(여태까지)가 종종 붙습니다.

他 从来 没(有) 来过。
Tā cónglái méi(yǒu) láiguo.

我 从来 没(有) 看过 这 本 书。
Wǒ cónglái méi(yǒu) kànguo zhè běn shū.

我们 从来 没(有) 尝过 他 做 的 中国菜。
Wǒmen cónglái méi(yǒu) chángguo tā zuò de Zhōngguócài.

이처럼 긍정 부정에 따라 함께 쓰이는 부사가 달라집니다.

3 의문문

'吗' 의문문 및 정반의문문 두 가지는 다음과 같습니다.

你 爬过 那 座 山 吗？
Nǐ páguo nà zuò shān ma?

你 爬过 那 座 山 没有？
Nǐ páguo nà zuò shān méiyou?

你 爬(过) 没 爬过 那 座 山？
Nǐ pá(guo) méi páguo nà zuò shān?

Plus α

• 확실한 시간사

前年我见过他哥哥。
나는 재작년에 그의 형을 만난 적이 있다.

去年我去过上海。
작년에 나는 상하이에 간 적이 있다.

'有一年(어느 해)'이나 '有一天(어느 날)' 등의 막연한 때를 가리키는 단어는 쓰지 못합니다.

(×) 有一年他去过长城。

- **연동문 : 뒤의 동사에 '过'**

    我坐船 chuán 去过上海。
    나는 배를 타고 상하이에 간 적이 있다.
    他去医务所量过血压 xuèyā。
    그는 의무실에 가서 혈압을 잰 적이 있다.

- **(×) V + 过 V ― 동사의 중첩에 '过' 안됨**

    (×) 吃过吃　　(×) 看过看

    '좀 먹어본 적이 있다' '좀 읽어본 적이 있다'는 그럼 어떻게 표현할까요?

    这个菜, 我尝过 一点儿 。
    那本书, 我翻 fān 过 几页 。

    이렇게 '一点儿'(조금) '几页'(몇 페이지) 등 '조금'의 의미를 나타내는 수량사를 붙여 말합니다.
    이러고 보면 우리말의 '좀'에도
    ① 가벼운 기분으로 행하다 ; 좀 보고 올게.
    ② 수량이나 정도가 조금 ; 중국어를 좀 배운 적이 있다.
    라는 차이가 있음을 알 수 있습니다.

- **'过'의 금지**

    '常常'은 '过'를 쓰지 않는다. (×) 他常常去过中国。
    '把 bǎ' 구문(→제31장)에서는 일반적으로 경험의 '过'를 쓰지 않는다.
    '过'가 붙지 않는 동사의 종류: 是, 像, 在, 知道, 属于…

'过' : 종결의 '过₂ + 了'

경험의 동태조사인 '过'(~한 적이 있다)를 '过₁'라 한다면, 그 밖에 동사 뒤에 붙어 그 동작이 이미 종결했음을 나타내는 또 하나의 '过₂'가 있습니다. 이것은 경성으로 읽어도 되고 4성으로 읽어도 됩니다.

櫻花　　已经　　开过　　了。
Yīnghuā yǐjing kāiguò le.
벚꽃이 이미 피었다.

他们　吃过了　午饭，就　走　了。
Tāmen chīguòle wǔfàn, jiù zǒu le.
그들은 점심을 먹고, 곧 나갔다.

이와 같이 종결의 '过₂'의 뒤에는 '了'가 붙어 '过₂+了'라는 형태가 가능해집니다. 부정에서는 '过₂了'가 없어지고 '没(有)…呢'가 됩니다.

午饭，你　吃过₂　了　吗？
Wǔfàn, nǐ chīguò le ma?
점심 드셨습니까?

── 还　没（有）吃　呢。
Hái méi(you) chī ne.
아직 안 먹었습니다.

본래의 의미는 "지나가다"

Plus α

이 '过₂'는 문법적으로 결과보어(→제25장)라고 할 수 있습니다.
원래 '过'는

我的生日已经过了。 내 생일은 이미 지났다.
过马路 길을 건너다　　　过半数 반수를 넘기다

등의 뜻을 가진 정식 동사입니다. 이것이 「V+过」의 형태로 동사 뒤에 붙어 '过₁'이나 '过₂'의 역할을 합니다. 여기에 다시 '过₃'이라고도 말할 수 있는

一架飞机从空中飞过₃去。 비행기가 하늘을 날아간다.
她轻松地跳过₃了一米八高的横竿。 그녀는 1m80cm 높이의 바를 가볍게 뛰어넘었다.

등 원래 동사의 의미를 확실히 남기고 결과보어의 일종이라고도 할 수 있는 방향보어로서 기능하는 것이 있습니다. (→제26장)

V+过₁/过₂/过₃

- V+过₁ : 경험 '~한 적이 있다'

    我们　尝过₁　他　做　的　中国菜。
    我　没看过₁　那　本　小说。

    他　来过。　　　[비교]　他　来　了。
    ① 그는 온 적이 있다. ⟷ ① 그는 어제면 어제, 어떤 시점에 확실히 왔다.
    　　과거에만 쓴다.　　　　② 그는 와서, 지금 여기에 있다.

- V+过₂ : 종결 '마치다, 끝내다'

    樱花　已经　开过₂　了。
    晚饭，你　吃过₂　了　吗？

- V+过₃ : 공간이동의 방향 '(~) 스쳐 지나가다'
    　　　　기준치의 능가 '(~을) 넘어서다'

    一架飞机从空中飞过₃去。
    她轻松地跳过₃了一米八高的横竿。

03 임박형 : 要…了

「곧 ~하려 한다」라는 동작의 단계를 임박형이라고 합니다. '要…了'로 동사(구)를 둘러싸며 표현합니다. '要'의 앞에는 부사 '快 kuài', '就 jiù', '将 jiāng' 등이 자주 나타납니다.

1 다양한 '要…了'

要…了

他 要 回来 了。
Tā yào huílai le.
그는 곧 돌아올 것이다.

天 要 下 雨 了。
Tiān yào xià yǔ le.
곧 비가 오려 한다.

快(要)…了

春天 快 要 到 了。
Chūntiān kuài yào dào le.
봄이 곧 오려 한다.

他 快 要 毕业 了。
Tā kuài yào bìyè le.
그는 곧 졸업이다.

快 放 暑假 了。
Kuài fàng shǔjià le.
곧 여름방학이다.

'快要…了' 혹은 '快…了'로 시간이 보다 절박하게 다가오는 느낌을 표현합니다. 그러나 '快(要)…了'는 다음과 같이 구체적인 시간을 나타내는 말과는 같이 쓸 수 없습니다.

(×) 明年我们快毕业了。
(×) 他三点快来了。

이런 경우에는 다음에 나오는 '就要…了'를 씁니다.

'快…了'는 '…'에 형용사나, 시간이나 계절을 나타내는 명사를 끼워넣을 수도 있습니다.

> 天 快 黑 了。
> Tiān kuài hēi le.
> 곧 날이 어두워진다.

> 快 十点 了, 我 该 回家 了。
> Kuài shídiǎn le, wǒ gāi huíjiā le.
> 이제 곧 10시니, 난 집에 가야겠다.

> 快 立秋 了。
> Kuài lìqiū le.
> 이제 곧 입추다.

또한 위의 모든 예문에 '天快要黑了'처럼 '要'를 넣어도 괜찮습니다.

就要…了

> 四年 的 大学 生活 就 要 结束 了。
> Sìnián de dàxué shēnghuó jiù yào jiéshù le.
> 4년간의 대학생활이 곧 끝나려고 한다.

> 火车 马上 就 要 开 了。
> Huǒchē mǎshàng jiù yào kāi le.
> 기차가 곧 출발한다.

> 天 眼看 就 要 黑 了。
> Tiān yǎnkàn jiù yào hēi le.
> 날이 곧 어두워지려고 한다.

> 我们 下 星期一 就 要 考试 了。
> Wǒmen xià xīngqīyī jiù yào kǎoshì le.
> 우리는 다음 월요일에 바로 시험친다.

'就要…了'는 그 앞에 '马上(즉시)' '眼看(곧, 금방)' 등의 시간부사를 동반하여 보다 절박한 느낌을 나타냅니다. 또한 '下星期一' 등의 시간사가 있을 때에도, 이 '就要…了'를 씁니다.

将要…了 문어체(글말)

'快要…了'와 '就要…了'가 구어체에서 많이 쓰이는 데 비해서, '将要…了'는 문어체적입니다.

> 他 将 要 离开 我们 回国 了。
> Tā jiāng yào líkāi wǒmen huíguó le.
> 그는 곧 우리를 떠나 귀국할 것이다.

庄稼　将　要　成熟　了。
Zhuāngjia jiāng yào chéngshú le.
농작물이 곧 여물 것이다.

2　의문은 '吗', 부정의 대답에는 '还没(…)呢'

她们　快　要　回来　了　吗?
Tāmen kuài yào huílai le ma?
그녀들은 곧 돌아옵니까?

── 还　没　(回来)　呢。
Hái méi (huílai) ne.
아직 돌아오지 않았습니다.

你们　就　要　开学　了　吗?
Nǐmen jiù yào kāixué le ma?
당신들은 곧 개학을 합니까?

── 还　没　呢。
Hái méi ne.
아직 안 했습니다.

3　「곧 ~하려 했을 때」: '了'가 사라짐

前天　飞机　要　起飞　的　时候, 忽然　下　雨　了。
Qiántiān fēijī yào qǐfēi de shíhou, hūrán xià yǔ le.
그저께 비행기가 이륙하려 하자 갑자기 비가 내렸다.

昨天　我　要　出去　玩儿　的　时候, 我　爸爸　回来　了。
Zuótiān wǒ yào chūqù wánr de shíhou, wǒ bàba huílai le.
어제 내가 놀러 가려고 했을 때, 아버지가 돌아왔다.

임박형은 이처럼 '…的时候'가 중간에 관형어로서 나타나 「~하려 했을 때」로 되는 경우에는 '要…了'의 '了'가 사라집니다.

要……了
快要……了
就要……了
将要……了

'得' 보어 : 정도보어와 양태보어

01 정도보어
02 양태보어
- 「달리는 것이 빠르다」
- 목적어가 있을 때
- 부정
- 의문
- 「기뻐서 뛸 듯하다」

01. 정도보어

중국어에서는 「수식어(관형어·부사어)는 앞에, 보어는 뒤에」입니다. 중국어의 보어(补语)란

她们　高兴得　很。
Tāmen gāoxìngde hěn.
그녀들은 굉장히 기뻐한다.

他　跑得　很　快。
Tā pǎode hěn kuài.
그는 매우 빨리 달린다.

中文　广播，我　都　听懂　了。
Zhōngwén guǎngbō, wǒ dōu tīngdǒng le.
나는 중국어 방송을 모두 알아들었다.

이처럼 형용사와 동사의 뒤에 놓여, 그 동사나 형용사가 나타내는 상태·동작·행위에 대해 보다 구체적인 보충정보를 뒤에서 보태주는 성분을 말합니다. 보어에는 이 밖에도 몇 가지의 종류가 있지만, 여기서는 우선 '得 de'를 사용한 정도(程度)보어와 양태(樣態)보어를 배웁니다.

「기뻐서 견딜 수 없다」: 형 + 得 …

我　高兴得　很。
Wǒ gāoxìngde hěn.
나는 매우 기쁘다.

我　渴得　很。
Wǒ kěde hěn.
나는 갈증이 많이 난다.

> **TIP**
> '得 de'는 구조조사(构造助词)입니다. 구조조사는 다른 말과 합쳐져 구(句)를 만드는 역할을 합니다. 이 '得'는 정도보어·양태보어를 이끄는 표시(marker) 기능을 합니다.

이렇게 '高兴'이나 '渴'라는 형용사가 '得'를 동반하고, 그 정도를 부사 '很'이 나타냅니다. '很' 말고도

| 多 duō | 慌 huāng | 不得了 bùdeliǎo | 了不得 liǎobude |
| 要命 yàomìng | 要死 yàosǐ | 不行 bùxíng | 厉害 lìhai |

등등 모두 「대단히 ~하다」「심하게」 등 정도가 높은 것을 나타내는 말이 보어가 됩니다.

他　急得　不得了。
Tā jíde bùdeliǎo.
그는 대단히 조급하다.

这 几 天 热得 要命 了。
Zhè jǐ tiān rède yàomìng le.
요 며칠 더워서 미치겠다.

有了 电话, 方便得 多 了。
Yǒule diànhuà, fāngbiànde duō le.
전화가 생겨서 대단히 편리하게 되었다.

구조조사 '得 de'가 없는「정도보어」도 있습니다.

我们 高兴极 了!
Wǒmen gāoxìngjí le!
우리는 대단히 기쁘다.

累死 了!
Lèisǐ le!
피곤해 죽겠다.

이런 문장에서 보어로 쓰이는 단어는,

极 jí   坏 huài

死 sǐ   透 tòu

등 소수에 지나지 않고, 이들 모두는 그 정도가 극단에 이른 것을 나타냅니다. 이런 타입에서는 문장 끝에 '了'가 붙을 수 있습니다.

02 정태보어

정태보어란 동사 뒤에 '得'를 동반하여, 그 동작·행위를 하는 모습이 어떤지, 또한 형용사 뒤에 '得'를 동반하여 그 성질·상태의 모습이 어떤지를 구체적으로 묘사하는 것입니다.

1 「달리는 것이 빠르다」: V + 得…

他 跑得 很 快。
Tā pǎode hěn kuài.
그는 달리는 것이 빠르다/빨랐다
= 그는 빨리 달린다.

老师 讲得 很 清楚。
Lǎoshī jiǎngde hěn qīngchu.
선생님 말하는 것이 분명하다/분명했다
= 선생님께서는 분명하게 말씀하신다.

爷爷 走得 快, 奶奶 走得 慢。
Yéye zǒude kuài, nǎinai zǒude màn.
할아버지는 빨리 걷고, 할머니는 느리게 걷는다.

'他跑得很快' '老师讲得很清楚'처럼 보어가 성질형용사일 경우, 형용사 술어문(→제6장)처럼 일반적으로 「장식품 '很'」이 필요합니다. '很'이 없으면 대비의 느낌이 생깁니다.

이처럼 동사의 뒤에는 '得'를 붙여, 항시적·습관적으로 하는 것이나 이미 실현이 완료된 것(아니면 반드시 그렇게 될 것)에 대해 어떤지를 묘사합니다.
보어의 자리에는 성질형용사 말고도, 다음과 같이 상태형용사나 동사구, 문장형식 등도 나타납니다.

那个 老头儿 走得 慢悠悠的。 ← 상태형용사
Nàge lǎotóur zǒude mànyōuyōude.
그 노인은 느긋하게 걷는다/걸었다.

他 跑得 直 流 汗。 ← 동사구
Tā pǎode zhí liú hàn.
그는 뛰어서 땀을 흠뻑 흘렸다.

哥哥 说得 大家 都 笑起来 了。 ← 문장
Gēge shuōde dàjiā dōu xiàoqǐlai le.
형의 말에 모두 웃기 시작했다.

이들은 동작이나 행위를 행하는 방법이 어떤지가 한층 구체적으로 묘사되어 있습니다.
양태보어를 번역할 때, 「달리는 것이」「말하는 것이」 혹은 「달리는 방식이」「말하는 방식이」

와 같이 명사화하여 번역하는 경우가 많습니다만, 의미의 중점은 오히려 보어 쪽에 있습니다.

他　［跑得］　很　快。
Tā　[pǎode]　hěn　kuài.

哥哥　［说得］　大家　都　笑起来　了。
Gēge　[shuōde]　dàjiā　dōu　xiàoqǐlai　le.

이처럼 보어라고는 해도 그 보어 부분이 오히려 중요한 정보를 담고 있다고 하겠습니다.

2 목적어가 있을 때 : V + O + V + 得…

동사가 목적어를 동반할 때에는 동사를 반복합니다. 반복된 동사는 뒤에 '得'를 붙여 양태 보어를 유도합니다.

他　说　汉语　说得　很　流利。
Tā　shuō　Hànyǔ　shuōde　hěn　liúlì.
그는 중국어를 아주 유창하게 한다.

明明　吃　西瓜　吃得　很　快。吃　吃得…
Míngming　chī　xīguā　chīde　hěn　kuài.
밍밍은 수박을 매우 빨리 먹는다.

다음과 같이 되지는 않습니다.

　　（×）他　说得　汉语　很　流利。
　　（×）他　说　汉语得　很　流利。

'VOV 得' 와 같은 형식으로 동사를 반복하는 것이 기본입니다. 그러나 앞의 동사를 생략하고 다음과 같이 말하는 것도 자주 볼 수 있습니다.

他　（说）　汉语　说得　很　流利。
明明　（吃）　西瓜　吃得　很　快。

또한 목적어를 화제(話題)로 하여 문장 앞에 놓는 것도 가능합니다.

汉语, 他　说得　很　流利。
西瓜, 明明　吃得　很　快。

Plus α

- 간접목적어의 경우 — 앞의 V는 생략할 수 없다

    他 教 我们 教得 很 细。
    Tā jiāo wǒmen jiāode hěn xì.
    그는 매우 자세하게 가르쳐 준다.

'教'처럼 이중목적어를 취하는 동사의 간접목적어(他教我们汉语)를 목적어로 하는 양태보어에서는 앞의 '教'를 생략할 수 없습니다.

- '都' '已经' 등은 'V 得'의 앞에

    他们 写 汉字 都 写得 不错。
    그들은 모두 한자를 꽤 잘 쓴다.

    他 念 课本 已经 念得 很 好。
    그는 이미 교과서 읽는 것이 훌륭하다.

V를 반복한 경우, 부사는 뒤의 'V 得' 쪽에 놓입니다. 또한 '写汉字' '念课本'의 V에는 '了' '着' '过'도 붙을 수 없고, 목적어인 명사에 '这' '那' 등을 붙여 구체화시킬 수도 없습니다.

3 부정 : '不'는 보어 앞에

양태보어는 보어 부분에 의미의 중점이 있습니다. 그래서 부정할 때는 '不'로 보어를 부정합니다. 보어 부분을 부정한다는 것은, 양태보어가 (1)실현완료(혹은 실현이 거의 확실한) (2)항시적·습관적인 행위·동작에 대해 언급한다는 사실에서 기인한 것입니다. 즉 이미 실현된 기정 사실이나 항상 그렇게 행동하게 되는 습관이라면 그 동사 자체를 부정한다는 것은 있을 수 없는 일이기 때문입니다.

她 来得 不 晚。
Tā láide bù wǎn.
그녀가 늦지 않게 온다 / 언제나 늦지 않는다.

他 说得 不 清楚。
Tā shuōde bù qīngchu.
그는 불명확하게 말을 한다 / 언제나 불분명하게 말한다.

明明 (吃) 西瓜 吃得 不 快。
Míngming (chī) xīguā chīde bú kuài.
밍밍은 수박을 빨리 먹지 않는다 / 항상 천천히 먹는다.

'得'의 앞에 있는 동사를 부정하는 법은 없습니다.

4 의문 : 정반의문문은 보어 부분을 반복

형용사술어문(➡제6장)과 마찬가지로, 부정문이나 의문문에서는 「장식품 '很'」이 없어집니다.

　　他跑得快吗？
　　他跑得快不快？

　　明明(吃)西瓜吃得快吗？
　　明明(吃)西瓜吃得快不快？

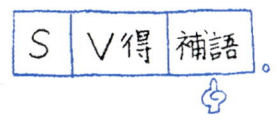

이처럼 정반의문문은 보어 부분을 반복해서 만듭니다.
그 밖에 의문대명사 '怎么样 zěnmeyàng'을 사용해 다음과 같이 말합니다.

　　她　写得　怎么样？
　　Tā　xiěde　zěnmeyàng?
　　그녀는 어떻게 씁니까?

　　她　说　汉语　说得　怎么样？
　　Tā　shuō　Hànyǔ　shuōde　zěnmeyàng?
　　그녀는 중국어를 어떻게 말합니까?

어쨌든 의문의 대상이 되는 모든 것은 보어 부분입니다.

5 「기뻐서 뛸 듯하다」 : 형 + 得

마지막으로 '得'의 앞에 형용사가 있는 보기입니다.

　　我们　高兴得　跳起来。
　　Wǒmen　gāoxìngde　tiàoqilai.
　　우리는 뛸 듯이 기뻤다.

　　我　着急得　坐　立　不　安。
　　Wǒ　zháojíde　zuò　lì　bù　ān.
　　나는 초조해서 좌불안석이었다.

　　疼得　她　直　哭。
　　Téngde　tā　zhí　kū.
　　아파서 그녀는 계속 울었다.

이들 역시 현재의 모습을 구체적으로 묘사하는 양태보어입니다.

*3개의 de
得 : 정도·양태보어 표시
　跑得很快
地 : 부사어(상황어)의 표시
　干干净净地擦
的 : 관형어(한정어)의 표시
　图书馆的书
* '坐立不安'이란 우리말의 좌불안석(坐不安席: 걱정이 되어 가만히 앉아 있지를 못함)과 같은 뜻의 숙어입니다.

 어떻게 다르지?

양태보어	부사어(상황어)
跑得快	快跑

「달려서 그 결과 빨랐다」「달리는 것이 (늘) 빠르다」는 것입니다.
이미 실현된, 혹은 습관적·계속적인 동작·행위를 말합니다.

「어떻게 뛰는가」, 「빨리 뛴다」는 것입니다.
동작·행위를 「어떤 모양으로」 하는지 그 방식이나 행하는 방법을 말하는 것이 상황어입니다.

这个孩子吃饭吃得很慢。
이 아이는 밥을 느리게 먹는다.

慢慢(地)吃吧!
천천히 드세요.

V + 결과보어

01 2단 구성의 결과보어
02 결과보어가 되는 동사와 형용사
03 '了', '过', 목적어
04 부정은 '没(有)'
05 의문
06 동사와의 어깨동무

 2단 구성의 결과보어

결과보어란,

  看完 (읽어서/끝냈다 → 다 읽었다)
  kànwán

  写错 (써서/틀렸다 → 틀리게 썼다)
  xiěcuò

이처럼 동사 '看' '写' 뒤에 동사 '完' 이나 형용사 '错'를 바로 이어 붙여서, '看'이나 '写'라는 동작의 결과가 어떻게 되었는가를 2단 구성으로 나타내는 문형입니다.

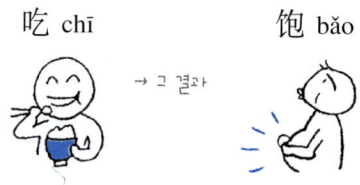

  吃饱 chībǎo (먹어서/배부르다 → 배불리 먹다)

이렇게 결과를 나타내는 성분을 결과보어라 합니다. 결과보어가 될 수 있는 것은 동사와 형용사입니다.

「오래도록 샀지만 사지 못했다」

买了半天, 没买到.
위의 예문을 직역하면 타이틀 같은 기묘한 말이 됩니다. 그러나 중국어 문장은 틀린 곳이 없습니다. 「오랫동안 사고 싶다고 생각하면서 그 사는 행위를 했지만 결국 사지는 못했다」라는 의미입니다.

借了半天, 没借到.
이것도 「오랫동안 빌리려 했지만 결국 빌리지 못했다」는 뜻입니다.
이렇게 중국어의 동작동사는 그 동작/행위 그 자체만을 나타낼 뿐, 동작의 결과까지는 나타내지 않습니다. 즉 동작하는 의도의 실현까지는 관심을 나타내지 않으려는 경향이 강합니다. 그리고 이 때문에 동작의 결과를 나타내는 결과보어가 발달되었습니다. 그러나 우리말에서도 「이 문은 아무리 잠가도 잠기지가 않아」 이런 표현은 있습니다. 우리말과 중국어 동사의 성질/경향 등을 생각해 보는 것도 재미있습니다.

02 결과보어가 되는 동사와 형용사

1 동사

결과보어로 쓰이는 동사는 비교적 적으며, 상용되는 것은 다음과 같은 동사입니다.

成 변화하여 다른 것이 되다

树叶 都 变成 红 的 了。
Shùyè dōu biànchéng hóng de le.
나뭇잎이 모두 빨갛게 변했다.

到 목적의 달성이나 어떤 지점에의 도달

我 还 没 买到 那 本 小说。
Wǒ hái méi mǎidào nà běn xiǎoshuō.
나는 그 소설을 아직 사지 못했다〈손에 넣지 못했다〉.

我们 学到 第 五 课 了。
Wǒmen xuédào dì wǔ kè le.
우리는 5과까지 배웠다.

懂 알다, 이해하다

我 听懂 了 老师 讲 的 话。
Wǒ tīngdǒng le lǎoshī jiǎng de huà.
나는 선생님이 말하는 것을 듣고 이해했다.

给 물건을 받는 사람 쪽으로 이동시킨다

我 前 几 天 寄给 你 的 信, 你 收到 了 吗?
Wǒ qián jǐ tiān jìgěi nǐ de xìn, nǐ shōudào le ma?
내가 며칠 전에 당신께 부친 편지를 받았습니까?

会 할 수 있다, 습득하다

明明 学会 骑 自行车 了。
Míngming xuéhuì qí zìxíngchē le.
밍밍은 자전거를 탈 줄 알게 되었다.

见 시각 청각 등으로 대상을 파악하다

孩子们 看见 我 来 了, 都 非常 高兴。
Háizimen kànjian wǒ lái le, dōu fēicháng gāoxìng.
아이들은 내가 오는 것을 보고 모두 매우 기뻐했다.

听见 有 人 喊:"着火 啦!"
Tīngjian yǒu rén hǎn: "Zháohuǒ la!"
누군가 "불이야!"라고 소리치는 것이 들렸다.

* '啦 la'는 어기조사인 '了 le'와 '啊 a'가 연이어 사용되어 le + a → la 로 한음절로 융합된 것입니다. 여기서는 놀람이나 흥분의 어기(語氣)를 나타내고 있습니다.
* '开'는 거기를 떠나 확장되는, 혹은 중심으로부터 넓어져가는 방향성(方向性)을 지니고 있기 때문에 방향보어라고도 볼 수 있습니다.

开 어떤 곳에서 떨어져서 거기에 공간이 생기다

他们 俩 分开 了。
Tāmen liǎ fēnkāi le.
그들 둘은 헤어져 버렸다.

完 끝나다

咱们 吃完 饭 再 去 也 不 晚。
Zánmen chīwán fàn zài qù yě bù wǎn.
식사를 다 끝내고 가도 늦지 않아.

在 어느 장소에 정착하다

张 大爷 住在 楼上。
Zhāng dàye zhùzài lóushang.
장씨 할아버지는 위층에 살고 있다.

着 zháo 목적이 달성된 것

孩子们 丢 的 东西 都 找着 了。
Háizimen diū de dōngxi dōu zhǎozháo le.
아이들이 잃어버린 것은 모두 찾아냈다.

走 본래의 위치에서 떨어지다

蝴蝶 都 飞走 了。
Húdié dōu fēizǒu le.
나비는 모두 날아가 버렸다.

住 정해진 장소에 고정적으로 정착하다

这些 汉字, 你们 都 记住 了 吗?
Zhèxiē Hànzì, nǐmen dōu jìzhù le ma?
이 한자들은 모두 외웠습니까?

Plus α

小孩儿 撞倒了 花瓶。
Xiǎoháir zhuàngdǎole huāpíng.
아이가 꽃병을 부딪쳐 넘어뜨렸다.

妈妈 叫醒了 我。
Māma jiàoxǐngle wǒ.
엄마가 나를 깨웠다.

[V+결과보어]가 그 뒤에 목적어를 가질 때 그 동사는 주어가 행하는 동작/행위이고, 결과보어는 목적어 쪽에 생겨난 결과를 나타냅니다. '撞'은 아이의 행위이고, '倒'하는 것은 꽃병입니다. 또한 '叫'는 모친의 행위이고 '醒'하는 것은 나입니다.
다음의 예는 어떨까요?

孟姜女 哭倒了 长城。

[孟姜女 전설]의 맹강녀가 만리장성에서 울며 쓰러졌다는 뜻이 아니라, 그녀가 울고불고 하여(그 격심한 슬픔으로 인하여) 만리장성이 무너졌다(그래서 남편의 시체를 찾았다)는 뜻입니다.

2 형용사

상용 형용사는 모두 결과보어가 될 수 있습니다. 몇 개 예를 들어봅니다.

好 완성되거나 만족한 상태로 되다

这 辆 摩托车 修理好 了。
Zhè liàng mótuōchē xiūlǐhǎo le.
이 오토바이는 깨끗이 수리되었다.

我们 一定 要 搞好 教学 工作。
Wǒmen yídìng yào gǎohǎo jiàoxué gōngzuò.
우리는 반드시 교과지도를 잘 해야만 합니다.

干净 깨끗해지다

你 的 衣服 洗干净 了 吗?
Nǐ de yīfu xǐgānjìng le ma?
당신의 옷은 깨끗하게 빨았습니까?

惯 익숙해지다

他 吃惯了 生鱼片 了。
Tā chīguànle shēngyúpiàn le.
그는 생선회를 먹을 수 있게 되었다.

累 피곤해지다

那个 孩子 哭累了 就 不 哭 了。
Nàge háizi kūlèile jiù bù kū le.
저 아이는 울다 지쳐서야 울음을 그쳤다.

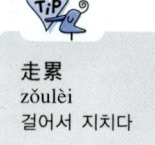
走累
zǒulèi
걸어서 지치다

清楚 분명하다

我 没 听清楚, 请 你 再 说 一 遍。
Wǒ méi tīngqīngchu, qǐng nǐ zài shuō yí biàn.
분명히 듣지 못했습니다, 다시 한번 말씀해 주세요.

03. '了', '过', 목적어 - 「동사+결과보어」의 뒤에

'看完' '写错' 등 앞의 동사와 뒤의 결과보어는 단단히 결합되어 있기 때문에, '了'나 '过' 및 목적어 등은 [동사+결과보어] 뒤에 놓입니다. 결과보어 뒤에 지속을 나타내는 동태조사 '着'가 붙는 일은 없습니다.

看完了 那 本 书   그 책을 다 읽었다
Kànwánle nà běn shū

写错过 这 个 字   이 글자를 틀리게 쓴 적이 있다
Xiěcuòguo zhè ge zì.

예문을 두 개 들어봅니다.

同学们 已经 记住了 那些 生词。
Tóngxuémen yǐjing jìzhùle nàxiē shēngcí.
학생들은 그 새로운 단어들을 이미 다 익혔다.

我 以前 看见过 飞碟。
Wǒ yǐqián kànjianguo fēidié.
나는 전에 UFO를 본 적이 있다.

04 부정은 '没(有)'

'~한 결과가 나오지 않았다'는 뜻이기 때문에 부정은 '没(有)'를 사용합니다.

声音　太　小，我　没　听清楚。
Shēngyīn tài xiǎo, wǒ méi tīngqīngchu.
소리가 너무 작아, 나는 분명히 듣지 못했다.

开汽车，她　还　没　学会　呢。
Kāi qìchē, tā hái méi xuéhuì ne.
자동차 운전은 그녀가 아직 마스터하지 못했다.

这　幅　画儿，还　没有　画成　呢。
Zhè fú huàr, hái méiyou huàchéng ne.
이 그림은 아직 완성되지 않았다.

'아직 ~라는 결과를 이루지 못했다'라는 뜻으로, '还没(有)…呢'도 자주 사용됩니다.

'不'에 의한 부정 : 조건문에서

조건문에서는 '不'를 사용합니다.

你不说清楚，我们就不能帮助你。
네가 확실하게 말하지 않으면 우리가 너를 도울 수 없다.

作业不作完就不能出去。
숙제를 다 끝내지 않으면 나갈 수 없다.

05 의문

의문은 '吗'를 사용하여

孩子们 都 睡着 了 吗?
Háizimen dōu shuìzháo le ma?
아이들은 모두 잠들었습니까?

你 记住 他 的 电话 号码 了 吗?
Nǐ jìzhù tā de diànhuà hàomǎ le ma?
당신은 그의 전화번호를 기억해 두었습니까?

또한 정반의문문을 사용해도 됩니다.

你 买到 那 本 词典 了 没有?
Nǐ mǎidào nà běn cídiǎn le méiyou?
당신은 그 사전을 샀습니까?

你 今天 看见 她 了 没有?
Nǐ jīntiān kànjian tā le méiyou?
당신은 오늘 그녀를 보았습니까?

06 동사와의 어깨동무

결과보어 성분의 동사와 형용사는 그 앞에 오는 동사와 무차별적으로 결합하여 만들지는 않습니다. 각각 결합이 잘되는 '사이좋은 동사'가 있습니다. 자주 쓰는 동사의 일부를 표로 정리해 보면 다음과 같습니다.

앞에 오는 동사						결과보어(동사)
编 biān	变 biàn	翻译 fānyi	改 gǎi	换 huàn	造 zào	成 chéng
开 kāi	看 kàn	来 lái	买 mǎi	跑 pǎo	碰 pèng	
骑 qí	说 shuō	学习 xuéxí	运 yùn	找 zhǎo	追 zhuī	到 dào
遇 yù						

听 tīng	看 kàn					懂 dǒng
传 chuán	还 huán	寄 jì	交 jiāo	借 jiè	留 liú	给 gěi
卖 mài	送 sòng	递 dì	租 zū			
看 kàn	碰 pèng	听 tīng	闻 wén	遇 yù		见 jiàn
搬 bān	打 dǎ	翻 fān	拿 ná	开 kāi	推 tuī	开 kāi
吃 chī	读 dú	翻译 fānyi	喝 hē	看 kàn	买 mǎi	完 wán
卖 mài	念 niàn	谈 tán	听 tīng	洗 xǐ	写 xiě	
用 yòng	作 zuò	准备 zhǔnbèi				
放 fàng	挂 guà	画 huà	记 jì	躺 tǎng	贴 tiē	在 zài
写 xiě	站 zhàn	住 zhù	坐 zuò			
钓 diào	买 mǎi	摸 mō	睡 shuì	找 zhǎo	抓 zhuā	着 zháo
扶 fú	记 jì	接 jiē	捆 kǔn	拉 lā	拿 ná	住 zhù
停 tíng	把握 bǎwò	抓 zhuā	捉 zhuō			
搬 bān	带 dài	飞 fēi	借 jiè	溜 liū	逃 táo	走 zǒu

앞에 오는 동사						결과보어(형용사)
翻译 fānyi	分析 fēnxī	回答 huídá	念 niàn	算 suàn	说 shuō	错 cuò
写 xiě	做 zuò					对 duì
放 fàng	张 zhāng	做 zuò				大 dà
安排 ānpái	翻译 fānyi	放 fàng	挂 guà	关 guān	录 lù	好 hǎo
睡 shuì	学 xué	站 zhàn	做 zuò	坐 zuò		
收拾 shōushi		准备 zhǔnbèi	商量 shāngliang			
擦 cā	打扫 dǎsǎo	洗 xǐ	收拾 shōushi			干净 gānjìng
唱 chàng	吃 chī	穿 chuān	看 kàn	说 shuō	听 tīng	惯 guàn
写 xiě	用 yòng	住 zhù				
吃 chī	丢 diū	喝 hē	花 huā	卖 mài	忘 wàng	光 guāng
用 yòng	走 zǒu					
讲 jiǎng	解释 jiěshì	看 kàn	念 niàn	说 shuō	听 tīng	清楚 qīngchu
问 wèn	写 xiě					

방향보어

01 V + 来/去 : 단순형 1류
02 V + V8 멤버 : 단순형 2류
03 V + V8 멤버 + 来/去 : 복합형
04 목적어의 위치
  • V +V8 멤버
  • '来/去'가 붙은 것
05 부정

 V + 来/去 : 단순형 1류

동사 중에 '来 lái'와 '去 qù'는 상당히 독특합니다. 아래 그림과 같이 지금 한 사람이 걷고 있다고 합시다. A 쪽에 있는 사람은 '他来了'(그가 왔다)고 하고, B 쪽에 있는 사람은 '他去了'(그는 가버렸다)고 말합니다.

우리말의 「오다」「가다」와 영어의 come, go 등도 기본적으로는 같습니다. 말하는 이의 「관점」을 기준으로 하여, 자신을 향해 다가오거나 가까워지면 '来'라 하고, 멀어지면 '去'라고 표현합니다.

이 장에서 배울 것은 방향보어(方向·趋向补语)입니다. 다음의 고딕체 글자에 주목해 주십시오. 특히, 이 방향보어를 동반하는 구(句)에는 동태조사 '着'는 붙지 않습니다.((×) 出来着)

走来 zǒulai	걸어오다	回去 huíqu	돌아가다
跑来 pǎolai	달려오다	扑去 pūqu	덤벼들다

'来'나 '去'가 동사의 뒤에 붙어 있습니다. 그리고 앞의 동사가 어떠한 동작과 행위를 나타내느냐에 따라 사람이나 사물이 이동하는 방향을 나타냅니다. 이것이 방향보어입니다. 'V + 来/去'의 '来'나 '去' 등 방향보어 역할을 하는 동사는 조금 가볍게 읽습니다. 어떤 동작·행위가 행해져, 그 결과 어떤 방향을 향하는 것이기 때문에, 이것도 결과보어의 일종이라 할 수 있겠습니다만, 특히 방향을 나타내는 그룹이라 방향보어라고 불립니다.

'来'와 '去'는 여러 가지 동사의 뒤에 붙습니다.

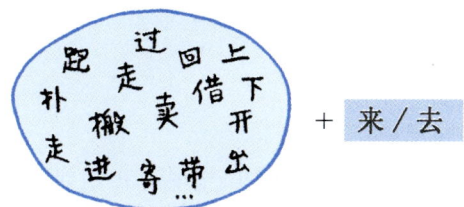 + 来 / 去

26 방향보어

이 형태: 「V+来/去」를 단순형 1류라고 명명해봅시다. 다음은 그 예입니다.

上来 올라오다
shànglai

上去 올라가다
shàngqu

出来 나오다
chūlai

出去 나가다
chūqu

他 进来 了。그가 들어왔다.
Tā jìnlai le.

他们 都 回去 了。그들은 모두 돌아갔다.
Tāmen dōu huíqu le.

02 V + V8멤버 : 단순형 2류

이번에는 동그라미 안을 주목해 주십시오. 이 동그라미 속에는 수많은 동사가 들어갈 수 있습니다. 그렇다고 이들 동사가 모두 평등하라는 법은 없습니다.

이 중에서 8개의 동사만이, '来/去'와 비슷한 역할을 할 수 있습니다. 즉 다른 동사의 뒤에 붙어서 그 동작·행위에 따라 사람이나 사물이 어떻게 공간을 이동하는지를 나타낼 수 있습니다.

그 8개란 '上, 下, 进, 出, 回, 过, 起, 开'입니다.

走下 걸어 내려오다
zǒuxia

跑回 뛰어 돌아오(가)다
pǎohui

搬进 이사 들어가다
bānjin

卖出 팔아 내다
màichu

 + 上 下 进 出 回 过 起 开

[V+上/下/进/出/回/过/起/开]를 단순형 2류라고 명명하고 선택된 8개의 동사를 「V8멤버」라고 하겠습니다. 다음은 이 V8멤버가 활약하는 예문입니다.

他 很 快 地 爬上了 树。
Tā hěn kuài de páshangle shù.
그는 재빨리 나무에 올라갔다.

孩子们 唱着 歌 走进 公园。
Háizimen chàngzhe gēr zǒujin gōngyuán.
아이들은 노래를 부르며 공원으로 들어간다.

刚才 汽车 开过 那 座 桥。
Gāngcái qìchē kāiguo nà zuò qiáo.
지금 막 자동차가 그 다리를 통과했다.

她 从 地上 捡起了 一 个 钱包。
Tā cóng dìshang jiǎnqile yí ge qiánbāo.
그녀는 땅에서 지갑을 하나 주웠다.

录象带 看完 后 请 放回 原处。
Lùxiàngdài kànwán hòu qǐng fànghui yuánchù.
비디오테이프는 보고 나서 제자리에 갖다 놓으세요.

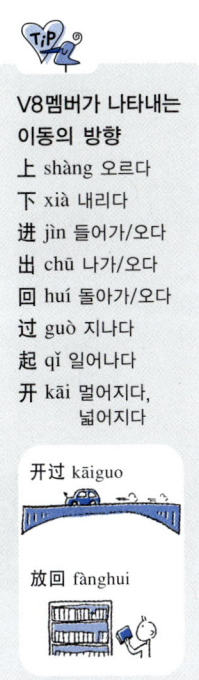

V8멤버가 나타내는 이동의 방향
上 shàng 오르다
下 xià 내리다
进 jìn 들어가/오다
出 chū 나가/오다
回 huí 돌아가/오다
过 guò 지나다
起 qǐ 일어나다
开 kāi 멀어지다, 넓어지다

开过 kāiguo

放回 fànghui

03 V + V8멤버 + 来/去 : 복합형

여기에서, 2개의 그림을 합쳐 봅니다. 그러면 복합형의 형태가 나타납니다.

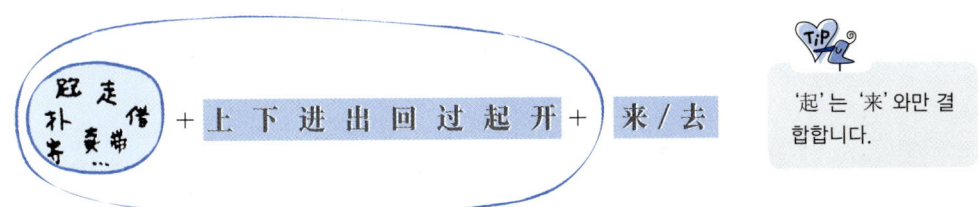

'起'는 '来'와만 결합합니다.

跑出来 뛰어 나오다
pǎochulai

带回去 가지고 돌아가다
dàihuiqu

이 형태 [V+V8멤버+来 / 去] 이것을 복합형이라고 하겠습니다. 다음은 모두 이 복합형이 사용된 예문입니다.

老师 走出去 了。
Lǎoshī zǒuchuqu le.
선생님은 걸어 나가셨다.

这 封 信，地址 写得 不 对，退**回来** 了。
Zhè fēng xìn, dìzhǐ xiěde bú duì, tuìhuilai le.
이 편지는 주소를 잘못 적어서 되돌아왔다.

我们 刚刚 爬到 山顶上，太阳 就 升**起来** 了。
Wǒmen gānggāng pádào shāndǐngshang, tàiyang jiù shēngqilai le.
우리들이 막 산 정상에 오르자, 태양이 떠올랐다.

病虫害 蔓延**开来**，这 片 庄稼 要 受 损失。
Bìngchónghài mànyánkailai, zhè piàn zhuāngjia yào shòu sǔnshī.
병충해가 만연되면 이 일대의 농작물은 손해를 입을 거다.

왜 V8멤버인가 – 그 성질

단순형 2류의 V8 멤버, 예를 들면

　　　他 上来 了。
　　　她 出去 了。

등의 '上'이나 '出'는 모두 틀림없는 본동사입니다. 그러나 이들 V8 멤버만이 그 앞에 다른 본동사를 불러들여 자신은 공간이동을 나타내는 표시로서 변하는 성질을 갖추고 있습니다. 즉

　　　他 走上来 了。
　　　她 跑出去 了。

처럼 말할 수 있습니다. 그러나 V8 멤버 이외의 동사들, 예를 들면 '借'나 '买'의 경우에는

　　　我 的 词典 他 借去 了。
　　　他 给 她 买来 了 一 个 戒指。

처럼 말할 수 있지만

　　　(×)我 的 词典 他 拿借去 了。
　　　(×)他 给 她 跑买来 了 一 个 戒指。

등으로는 말할 수 없습니다. '借'나 '买'는 이런 역할을 하지 못하기 때문입니다. V8 멤버가 선택된 자라고 불리는 이유가 여기 있습니다.

04. 목적어의 위치

목적어 O의 위치는 [V+V8멤버] ― 단순형 2류와 뒤에 '来 / 去'가 붙는 ― 단순형 1류 및 복합형의 두 가지로 나누어 생각해 봅니다.

1 V + V8멤버 – 뒤에 O

이것은 V8멤버의 뒤에 O를 놓으면 됩니다. 목적어가 무엇이든 보통의 SVO 형태이므로, 정말 간단합니다.

他们　走进了　公园。
Tāmen　zǒujinle　gōngyuán.
그들은 공원으로 걸어 들어갔다.

她　捡起了　一　个　钱包。
Tā　jiǎnqile　yí　ge　qiánbāo.
그녀는 지갑을 하나 주웠다.

2 '来 / 去'가 붙은 것 – '来 / 去'의 앞

단순형이든 복합형이든 '来/去'가 붙은 것은, 우선 목적어 O를 '来/去'의 앞에 놓는 것이라고 외웁니다.

老师　进　教室　来　了。
Lǎoshī　jìn　jiàoshì　lai　le.
선생님이 교실에 들어오셨다.

你　带　雨伞　去　吧。
Nǐ　dài　yǔsǎn　qu　ba.
너 우산을 가져 가렴.

一　群　小孩儿　跑上　山　去　了。
Yì　qún　xiǎoháir　pǎoshang　shān　qu　le.
한 무리의 아이들이 산으로 뛰어 올라갔다.

그러나 좀더 자세히 살펴보면, 목적어라 해도 두 가지로 나눌 수 있습니다. 장소처럼 가지고 다닐 수 없는 것과 일반 사물이어서 가지고 다닐 수 있는 것 두 종류입니다. 그렇기 때문에 목적어의 위치에 차이가 생깁니다.

가지고 다닐 수 없는 것 : 장소 등

예를 들면 '宿舍'나 '楼', '长城'이나 '比赛大厅' 등처럼 가지고 다니거나, 움직일 수 없을 때는 목적어가 반드시 '来/去'의 앞입니다.

他 回 宿舍 去。
Tā huí sùshè qu.
그는 기숙사로 돌아간다.

大夫 下 楼 来 了。
Dàifu xià lóu lai le.
의사 선생님이 아래층으로 내려오셨다.

我 想 爬上 长城 去 看看。
Wǒ xiǎng páshang Chángchéng qu kànkan.
나는 만리장성에 올라가 보고 싶다.

运动员 走进 比赛 大厅 去 了。
Yùndòngyuán zǒujin bǐsài dàtīng qu le.
선수가 경기장으로 걸어 들어갔다.

가지고 다닐 수 있는 것 : 일반 사물

일반 사물인 '照相机'나 '书' 등도 보통은 '来/去'의 앞에 옵니다.

我 想 带 照相机 去。
Wǒ xiǎng dài zhàoxiàngjī qu.
나는 카메라를 가져 가고 싶다.

他 从 书架上 拿下 一 本 书 来。
Tā cóng shūjiàshang náxià yì běn shū lai.
그는 책장에서 책을 한 권 꺼낸다.

그러나 동작이 이미 완료되었을 때에는 목적어를 '来/去' 앞에 두어도 되고 뒤에 두어도 됩니다. 이것이 가지고 다닐 수 없는 O와의 차이점입니다.

我 寄了 一 封 信 去。
Wǒ jìle yì fēng xìn qu.
나는 편지를 한 통 부쳤다.

我 寄去了 一 封 信。
Wǒ jìqùle yì fēng xìn.
나는 편지를 한 통 부쳤다.

他 带回来 那 本 小说 了。
Tā dàihuilai nà běn xiǎoshuō le.
그는 그 소설책을 가지고 돌아왔다.

- '비'나 '얼굴'은 가지고 다닐 수 없다

    下起 雨 来 了。
    Xiàqi yǔ lai le.
    비가 내렸다. - 起来(→제27장)

    他 扭过 脸 去 了。
    Tā niǔguo liǎn qu le.
    그는 얼굴을 돌렸다. - 过去(→제27장)

운반이 안돼요.

목적어가 가지고 다닐 수 없는 것일 경우, 그 대표적인 예로서 장소의 경우에는 '来' '去' 앞에 놓는다고 배웠습니다. '비'나 '얼굴'은 장소는 아니지만, 의자나 책처럼 운반할 수 있는 것이 아닙니다. 그래서 이들도 '来' '去' 앞에 놓습니다. '回头'(고개를 돌리다), '跳舞 tiàowǔ'(춤을 추다), '唱歌 chànggē'(노래를 부르다) 등도 모두 마찬가지입니다. 그 밖에 다음의 것들도 운반할 수 없는 목적어이기 때문에 '来' '去' 앞에 놓습니다.

    说不出 道理 来。
    Shuōbuchū dàolǐ lai.
    이치를 설명해낼 수 없다.   说不出(→제28장)

    想不起 他 的 名字 来。
    Xiǎngbuqǐ tā de míngzi lai.
    그의 이름을 생각해 낼 수 없다.   想不起(→제28장)

- 명령문 — 동작이 완료되지 않았어요.

    '빨리 내게 컵을 가져 와'라고 한다면

    快 给 我 拿 一 个 杯子 来!
    Kuài gěi wǒ ná yí ge bēizi lai!   이지

    (×) 快给我拿来一个杯子!   는 아닙니다.

동작이 이미 실현된 경우에는 목적어를 '来' '去' 뒤에 놓아도 괜찮지만 '명령'은 동작이 완료된 것이 아니므로, 명령문에서도 목적어는 '来' '去' 앞에 놓입니다.

05 부정

부정은 단순형 1류·2류와 복합형 모두 '没(有)'로 부정합니다.

他 没 回 宿舍 去。
Tā méi huí sùshè qù.
그는 기숙사로 돌아가지 않았다.

我 没(有) 带 照相机 去。
Wǒ méi(yǒu) dài zhàoxiàngjī qù.
나는 카메라를 가져가지 않았다.

汽车 没开过 那 座 桥。
Qìchē méikāiguo nà zuò qiáo.
자동차는 그 다리를 건너지 않았다.

他 没 走过去。
Tā méi zǒuguoqu.
그는 지나가지 않았다.

那个 牌子 没(有) 拿下来。
Nàge páizi méi(yǒu) náxialai.
그 표지판은 내려지지 않았다.

他 没(有) 带回来 那 本 小说。
Tā méi(yǒu) dàihuílai nà běn xiǎoshuō.
그는 그 소설을 가져오지 않았다.

단, 조건문에서는 다음과 같이 모두 '不'로 부정합니다.

现在 不 回去 就 来不及了。
Xiànzài bù huíqu jiù láibujíle.
지금 돌아가지 않으면 제시간에 댈 수 없다.

汽车 不 开过 那 座 桥, 哪 能 找到 他们 村子。
Qìchē bù kāiguo nà zuò qiáo, nǎ néng zhǎodao tāmen cūnzi.
자동차가 그 다리를 건너지 않으면 어떻게 그들 마을을 찾을 수 있겠어.

你们 不 爬上 山 去 就 看不见 那个 湖。
Nǐmen bù páshang shān qù jiù kànbujiàn nàge hú.
산에 올라가지 않으면 그 호수를 볼 수 없다.

방향보어의 파생의

01 파생의란
02 잘 쓰이는 파생의

파생의란

방향보어의 단순형1류 '-来' '-去', 2류의 V8멤버 및 복합형은 그 말이 가진 본래 의미에 따라 공간이동의 방향, 예를 들면

- 来 「이쪽으로 향해서 오다」
- 进去 「들어가다」

처럼 방향을 표시하는 의미 외에, 파생의(派生義)를 가지고 있습니다. 파생의란 각각 본래 의미에서 벗어나, 추상화되거나 전화(轉化)되어서 생긴 의미를 말합니다. 방향보어에서는 이 파생의가 크게 활약합니다.

잘 쓰이는 파생의

来 '看, 说, 听, 想' 동사의 뒤에 붙어, 「어떤 면에 착안하다」, 「어떤 면에서 추측하다」라는 의미이다.

他 看**来** 身体 不 好。
Tā kànlai shēntǐ bù hǎo.
그는 보아하니 몸이 좋지 않은 듯하다.

这 件 事 想**来** 已 有 二十 几 年 了。
Zhè jiàn shì xiǎnglai yǐ yǒu èrshi jǐ nián le.
이 일을 생각해 보니 벌써 이십여 년이나 되었다.

过 동작에 따라 사물이 경계를 넘어 어떤 장소에서 다른 장소로 이동하거나, 사물이 방향을 바꿀 때에 쓰인다. (→제23장)

他 接**过** 那 封 信 说：" 谢谢 你。"
Tā jiēguo nà fēng xìn shuō: "Xièxie nǐ".
그는 그 편지를 건네받고 '고맙습니다' 라고 말했다.

他 回过 头 看看 她。
Tā huíguo tóu kànkan tā.
그는 고개를 돌려 그녀를 슬쩍 보았다.

上 열려 있거나 떨어져 있는 것이 합해지거나 따라붙을 때에 쓰인다.

窗户 我 关上了。
Chuānghu wǒ guānshangle.
창문은 내가 닫았습니다.

到了 拐弯儿 的 地方, 他 才 追上了 那 个 人。
Dàole guǎiwānr de dìfang, tā cái zhuīshangle nà ge rén.
코너를 도는 곳에 이르러서야, 그는 겨우 그 사람을 따라붙었다.

그 밖에 어떤 새로운 상황에 들어가, 그 상황이 계속되고 있음을 나타낼 때에도 '上'이 자주 쓰입니다.

他 爱上 她 了。
Tā àishang tā le.
그는 그녀를 사랑하게 되었다.

我 和 那个 小孩儿 交上了 朋友。
Wǒ hé nàge xiǎoháir jiāoshangle péngyou.
나와 그 아이는 친구가 되었다.

起来

(a) 분산에서 집중으로 — 조각조각 흩어진 것들이 모이다.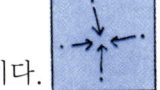

要 下雨 了, 快 把 外边 的 粮食 收起来 吧。
Yào xiàyǔ le, kuài bǎ wàibian de liángshi shōuqilái ba.
비가 오려고 하니, 빨리 밖에 널려 있는 곡식을 거둬들이세요.

团结 起来 力量 大。
Tuánjié qǐlai lìliang dà.
단결하면 힘이 커진다.

(b) 동작이나 상황의 개시 — 동작이나 상황이 시작되어 그대로 계속된다.

她 说着 说着 突然 哭起来了。
Tā shuōzhe shuōzhe tūrán kūqiláile.
그녀는 말을 하다가 갑자기 울기 시작했다.

下起 雨 来 了。
Xiàqi yǔ lái le.
비가 내리기 시작했다.

(c) 「~ 해보면」의 의미로, 그 동작 행위를 해보면.

> 这 件 事 说**起来** 容易, 做起来 难。
> Zhè jiàn shì shuōqilai róngyì, zuòqilai nán.
> 이 일은 말하기는 쉽지만, 해보면 어렵다.

> 算**起来**, 他 离开 我们 已经 三年 了。
> Suànqilai, tā líkāi wǒmen yǐjing sānnián le.
> 꼽아 보니, 그가 우리를 떠난 지 벌써 삼년이 된다.

下来

(a) 사물이 분리되어 이탈하다.

> 请 大家 把 大衣 脱**下来** 挂在 衣架上。
> Qǐng dàjiā bǎ dàyī tuōxialai guàzài yījiàshang.
> 여러분 코트를 벗어 옷걸이에 걸어주세요.

> 他 把 手表 摘**下来** 了。
> Tā bǎ shǒubiǎo zhāixialai le.
> 그는 손목시계를 풀었다.

(b) 사물이 한곳에 고정되어 머물다.

> 汽车 在 一座 大楼前 停了 **下来**。
> Qìchē zài yízuò dàlóuqian tíngle xialai.
> 자동차는 한 빌딩 앞에 멈췄다.

> 我 把 她 的 电话 号码 记**下来**了。
> Wǒ bǎ tā de diànhuà hàomǎ jìxialaile.
> 나는 그녀의 전화번호를 받아 적었다.

(c) 이전부터 계속.

> 从 古代 传**下来** 的 这个 故事, 是 十分 美丽 的。
> Cóng gǔdài chuánxialai de zhège gùshi, shì shífēn měilì de.
> 고대부터 전해내려오는 이 이야기는, 정말 아름답다.

> 学 中文 的 学生 都 坚持 **下来** 了。
> Xué Zhōngwén de xuésheng dōu jiānchí xialai le.
> 중국어를 배우는 학생은 모두 계속 노력했다.

下去

(a) 지금 하고 있는 동작을 그대로 계속하다.

> 时间 不 早 了, 我们 不 能 再 谈**下去** 了。
> Shíjiān bù zǎo le, wǒmen bù néng zài tánxiaqu le.
> 시간이 늦어서, 우리는 더 이상 얘기를 계속할 수가 없다.

心里　乱得　很，看书　也　看不**下去**。
Xīnli　luànde　hěn,　kànshū　yě　kànbuxiaqu.
마음이 몹시 혼란스러워, 책을 보아도 읽어내려갈 수가 없다.

> '看不下去'는 방향보어의 가능형으로, '읽기를 계속할 수 없다'의 뜻. '읽기를 계속할 수 있다'는 '看得下去'. (➡제28장)

(b) 형용사에 붙어, 상태의 계속을 나타낸다.

天气　再　热**下去**　怎么办？
Tiānqì　zài　rèxiaqu　zěnmebàn?
날씨가 계속 더우면 어떡하지.

不能　这样　瘦**下去**。
Bùnéng　zhèyang　shòuxiaqu.
이렇게 계속 야위어가면 안된다.

上来

(a) 하급에서 상급으로.

他　从　基层　单位　调**上来**　了。
Tā　cóng　jīcéng　dānwèi　diàoshanglai　le.
그는 말단부서에서 올라왔다.

> 基层单位
> jīcéng dānwèi
> 말단조직, 하층조직
> 调 diào 이동하다, 전출가다

(b) 말이나 생각이 말로 나오다.

那些　问题　很　难，但　他　都　能　回答得**上来**。
Nàxiē　wèntí　hěn　nán,　dàn　tā　dōu　néng　huídádeshanglai.
그 문제들은 어려웠지만, 그는 모두 대답할 수 있었다.

这些　词　的　意思　你　说得**上来**　说不**上来**？
Zhèxiē　cí　de　yìsi　nǐ　shuōdeshanglai　shuōbushanglai?
이 단어들의 뜻을 말할 수 있니?

> 说得上来, 说不上来 : 가능형의 정반의문문. (➡제28장)

(c) 상황이 확실한 단계에 도달하다.

天　黑**上来**　了。
Tiān　hēishànglai　le.
하늘이 어두워졌다.

立秋　以后，天气　慢慢　凉**上来**。
Lìqiū　yǐhou,　tiānqì　mànman　liángshanglai.
입추가 지나자 날씨가 점점 시원해졌다.

过来

(a) 방향을 바꿔 이쪽 방향이 되다.

他 转过 身 来 对 我 说："老李， 快 点 走。"
Tā zhuǎnguo shēn lái duì wǒ shuō: "Lǎo Lǐ, kuài diǎn zǒu."
그는 몸을 돌려 내게 말했다. 「이씨. 빨리 좀 갑시다.」

把 衣服 翻过来 晒晒。
Bǎ yīfu fānguolai shàishai.
옷을 뒤집어서 좀 말리세요.

(b) 본래의 정상적인 상태로 되돌리다.

他 从 昏迷中 醒过来 了。
Tā cóng hūnmízhong xǐngguolai le.
그는 혼미한 상태에서 깨어났다.

我们 要 把 几十 年 来 的 习惯 改过来。
Wǒmen yào bǎ jǐshí nián lái de xíguàn gǎiguolai.
우리는 수십 년 내려온 관습을 고쳐야만 한다.

(c) 시간이나 능력 수량이 만족스러운 것. 자주 '-不过来'의 형태로 쓰여서 전체적으로 행동이나 상황에 두루 미치지 못함을 나타낸다.

这个 班 学生 太 多，老师 照顾不过来。
Zhège bān xuésheng tài duō, lǎoshī zhàogùbuguòlai.
이 반은 학생이 너무 많아 선생님이 다 돌볼 수 없다.

这么 多 的 事情，一 个 人 忙不过来。
Zhème duō de shìqing, yí ge rén mángbuguòlai.
이렇게 많은 일을 혼자서는 바빠서 다 처리할 수 없다.

过去

(a) 방향을 바꿔 저쪽 방향이 되다.

他 翻过 身 去，很 快 又 睡觉 了。
Tā fānguo shēn qù, hěn kuài yòu shuìjiào le.
그는 돌아누우며 금방 또 잠이 들었다.

他 扭过 脸 去 了。
Tā niǔguo liǎn qù le.
그는 얼굴을 돌렸다.

(b) 본래의 정상적인 상태를 잃다.

病人 晕过去 了。
Bìngrén hūnguoqu le.
환자는 정신을 잃어버렸다.

他 一句 话 还 没说完 就 昏**过去** 了。
Tā yíjù huà hái méishuōwán jiù hūnguoqu le.
그는 한 마디 말도 다 마치지 못하고 정신을 잃었다.

(c) 대충 얼버무리다.

你们 瞒不**过去** 我 的 眼睛。
Nǐmen mánbuguòqu wǒ de yǎnjīng.
너희는 나의 눈을 속일 수 없다.

困难 是 绕不**过去** 的。
Kùnnán shì ràobuguòqu de.
곤란은 피하려 해도 피할 수 없다.

결과보어·방향보어의 가능형

01 사이에 끼어드는 '不'와 '得'
02 부정형을 많이 씀
03 긍정형이 쓰이는 경우
04 '能' '可以'와의 만남
   • 「~할 수 없다」
   • 「~할 수 있다」
05 목적어의 위치
   • 가능형의 뒤
   • 방향보어의 복합형
06 가능형으로 잘 쓰이는 것들
07 写得清楚 : 비교해 보면

01 사이에 끼어드는 '不'와 '得'

결과보어와 방향보어의 가능형이란,

吃饱 배불리 먹다
chībǎo

回来 돌아오다
huílai

听懂 알아듣다
tīngdǒng

走进去 들어가다
zǒujinqu

등 2단구조의 결과보어 및 방향보어의 동사와 보어의 사이에 '不 bu'나 '得 de'가 끼어들어가는 형태를 말합니다.

이 중간에 끼어든 '不'나 '得'는 그 뒤의 보어에 작용하여, 「~할 수 없다」 「~할 수 있다」의 의미를 가지게 됩니다. 사이에 끼어드는 '不 bu'나 '得 de'는 경성입니다.

吃不饱 먹어서 배불리 되지 않는다 → 배불리 먹을 수 없다.
chībubǎo

吃得饱 먹어서 배불리 된다 → 배불리 먹을 수 있다.
chēdebǎo

听不懂 듣고 이해하지 못하다 → 듣고 이해할 수 없다.
tīngbudǒng

听得懂 듣고 이해가 된다 → 듣고 이해할 수 있다.
tīngdedǒng

回不来 돌아올 수 없다
huíbulái

走不进去 걸어 들어갈 수 없다
zǒubujinqu

回得来 돌아올 수 있다
huídelái

走得进去 걸어 들어갈 수 있다
zǒudejìnqu

 부정형을 많이 씀

결과보어·방향보어의 가능형은 실제로,

看不见 볼 수 없다
kànbujiàn

上不去 올라갈 수 없다
shàngbuqù

听不清楚 잘 들리지 않는다
tīngbuqīngchu

站不起来 일어설 수 없다
zhànbuqǐlai

"站不起来"

'不'가 중간에 끼어들어 부정의 형태로 쓰이는 경우가, 긍정의 형태로 쓰이는 경우에 비해 압도적으로 많습니다.

那 座 山 太 高, 我 爬不上去。
Nà zuò shān tài gāo, wǒ pábushàngqu.
저 산은 너무 높아 내가 오를 수 없다.

他 走远 了, 你 叫 他, 他 也 听不见 了。
Tā zǒuyuǎn le, nǐ jiào tā, tā yě tīngbujiàn le.
그는 멀리 가버려서 네가 불러도 그는 들을 수 없다.

"爬不上去"

 긍정형이 쓰이는 경우

긍정형에서 쓰이는 경우는, 의문문일 때가 많습니다.

我 的 话 你们 听得懂 吗?
Wǒ de huà nǐmen tīngdedǒng ma?
내가 말하는 것을 알아듣겠습니까?

── 听得懂。 알겠습니다.

정반의문문에서는 다음과 같이 긍정형, 부정형이 통째로 반복됩니다.

这 座 山 比较 高, 你 上得去 上不去?
Zhè zuò shān bǐjiào gāo, nǐ shàngdequ shàngbuqù?
이 산은 꽤 높은데, 오를 수 있겠니?

── 上得去。 오를 수 있습니다.

── 上不去。 오를 수 없습니다.

　　这个　谜语　你　猜得着　猜不着？
　　Zhège　míyǔ　nǐ　cāidezháo　cāibuzháo?
　　이 수수께끼 알아맞힐 수 있겠니?

　　── 猜得着。 맞힐 수 있습니다.

또한 확신이 없다든지 완곡하게 부정하는 의미를 포함하는 경우에도 쓸 수 있습니다. 확신이 없이 말하는 경우의 긍정형은 종종 '也许 yěxǔ ~일지도 모른다, 大概 dàgài 아마, 说不定 shuōbudìng 어쩌면 ~일지도 모른다' 등의 부사와 함께 쓰입니다.

　　那　本　书　也许　买得到。
　　Nà　běn　shū　yěxǔ　mǎidedào.
　　저 책은 살 수 있을지도 모르겠다.

　　他　的　病　不　是　药　治得好　的。
　　Tā　de　bìng　bú　shì　yào　zhìdehǎo　de.
　　그의 병은 약으로 치료할 수 있는 것이 아니다.

04. '能' '可以'와의 만남

1 「~할 수 없다」: '不'가 끼어들기 형태로

「~할 수 없다」는 조동사(능원동사➡제18장 참조) '能'의 부정 형태인 '不能…'으로 나타낼 수 있습니다. 그러나 동사가 결과보어·방향보어를 동반하고 있다면 「~할 수 없다」는 일반적으로 '不'가 끼어드는 형태로 나타냅니다.

　　写不好　　　잘 쓸 수 없다.
　　Xiěbuhǎo

　　爬不上去　　올라갈 수 없다.
　　pábushàngqu

예를 들면, '不能'을 사용하여,

　　他　不能　打开　这个　塞子。
　　Tā　bùnéng　dǎkāi　zhège　sāizi.

라고 하면 '그는 이 마개를 열 수 없다'와 '그는 이 마개를 열어선 안된다'는 두 가지 뜻이 됩니다. 또한 주어를 '你'로 하여

你不能打开这个塞子。

이것은 '안된다' 즉 금지의 의미로 기울게 됩니다. 이렇게 '不能'은 자주 금지를 나타내는 경향이 있기 때문에, 결과보어 방향보어를 동반하는 동사구에서「할 수 없다」라 할 때는 일반적으로 '不' 끼어들기 형을 사용합니다.

2 「~할 수 있다」: '能' '可以'로

한편「~할 수 있다」라는 의미를 나타낼 때는, 결과보어·방향보어를 동반하는 동사구에서도 조동사(능원동사)를 사용해 다음과 같이 말합니다.

那 本 书, 你 在 那儿 可以 买到。
Nà běn shū, nǐ zài nàr kěyǐ mǎidào.
그 책은 저곳에서 살 수 있다.

他 说得 很 清楚, 我 能 听懂。
Tā shuōde hěn qīngchu, wǒ néng tīngdǒng.
그는 말하는 것이 또렷해서, 내가 알아들을 수 있다.

我 能 学会 滑冰, 但 学不会 游泳。
Wǒ néng xuéhuì huábīng, dàn xuébuhuì yóuyǒng.
나는 스케이트는 마스터할 수 있지만, 수영은 마스터할 수 없다.

这 座 山 不 高, 小孩儿 也 能 爬上去。
Zhè zuò shān bù gāo, xiǎoháir yě néng páshangqu.
이 산은 높지 않아서 아이들도 올라갈 수 있다.

때로는 다음과 같이 조동사 '能'과 '得' 끼어들기 형태를 병용하는 수도 있습니다.

他 能 写得清楚 吗?
Tā néng xiědeqīngchu ma?
그는 또렷하게 쓸 수 있습니까?

我 能 回得来。
Wǒ néng huídelái.
나는 돌아올 수 있다.

'写得清楚' '回得来'의「또렷하게 쓸 수 있다」「돌아올 수 있다」에 '能'이나 '可以'를 더함으로써 말하는 이의 인정(認定)이 덧붙여집니다.

 상대에게 허가를 구하는 '~해도 좋습니까'에 보어의 가능형은 사용하지 않습니다.

我可以进来吗? 들어가도 좋습니까?
(×) 我进得来吗?

我可以出去吗? 나가도 좋습니까?
(×) 我出得去吗?

 목적어의 위치

1 가능형의 뒤

일반적으로 목적어는 보어의 가능형 뒤에 놓입니다.

他们　都　听不懂　韩语。
Tāmen dōu tīngbudǒng Hányǔ.
그들은 모두 한국어를 알아듣지 못한다.

그러나 다음과 같이 목적어를 표현상의 화제로 하여, 앞으로 가져오는 것도 가능합니다.

他们韩国语都听不懂。
그들은 한국어를 모두 알아듣지 못한다.

韩语他们都听不懂。
한국어를 그들은 모두 알아듣지 못한다.

 *이 '都'는 강하게 읽습니다. 그렇지 않으면 '连…都'(~조차도)의 뜻이 됩니다.

더욱이 비교적 긴 관형어(한정어)가 붙은 목적어는 문장 앞에 놓아, 화제로 삼는 것이 보통입니다.

北京人　说　的　北京　土话　我们　听不懂。
Běijīngrén shuō de Běijīng tǔhuà wǒmen tīngbudǒng.
베이징 사람이 말하는 베이징 사투리는 우리가 알아듣지 못한다.

2. 방향보어의 복합형 : '来' '去' 앞

목적어는 '来' '去' 앞에 놓입니다.

我 说不出 道理 来。
Wǒ shuōbuchū dàolǐ lai.
나는 이치를 설명해낼 수 없다.

我 想不起 他 的 名字 来。
Wǒ xiǎngbuqǐ tā de míngzi lai.
나는 그의 이름을 생각해낼 수 없다.

我们 想不出 办法 来。
Wǒmen xiǎngbuchū bànfǎ lai.
우리들은 방법을 생각해낼 수 없다.

그러나 비교적 긴 관형어가 붙은 목적어는 화제로 삼아 문장 앞에 놓을 수 있습니다.

那个 电影 的 情节 你 说得出来 吗?
Nàge diànyǐng de qíngjié nǐ shuōdechūlai ma?
그 영화의 스토리를 당신은 말할 수 있습니까?

Plus α 숙어를 외웁시다 - 일상적으로 자주 쓰는 숙어는 통째 암기!

- 差不多 큰 차이 없다, 비슷비슷
  差得多 크게 다르다
- 对不起 미안하다
  对得起 면목이 선다
- 禁不住 참을 수 없다
  禁得住 참을 수 있다
- 靠不住 믿을 수 없다
  靠得住 믿을 만하다

- 看不起 경멸하다
  看得起 존경하다
- 来不及 시간에 못 대다
  来得及 시간을 맞출 수 있다
- 受不了 참을 수 없다
  受得了 참을 수 있다
- 想不到 생각지도 못하다
  想得到 생각이 미치다

그외 부정형만으로 쓰이는 숙어
- 巴不得 열망하다
  bābude
- 怪不得 어쩐지
  guàibude
- 恨不得 꼭 ~하고 싶다
  hènbude
- 说不定 어쩌면 ~인지 모른다

06 가능형으로 잘 쓰이는 것들

动 사람이나 사물의 위치를 이동시키는 동작에 대해, 이를 행할 힘이 있다.

你们 抬得动 这 张 桌子 吗？
Nǐmen táidedòng zhè zhāng zhuōzi ma?
너희들은 이 탁자를 들 수 있니?

他 已经 跑不动 了。
Tā yǐjing pǎobudòng le.
그는 이미 뛸 수 없게 되었다.

그 밖에, 대상에 어떤 변화를 일으키려는 힘이 작용하는 것을 나타내는 '动'도 있습니다.

不管 木头 多 硬, 老鼠 都 啃得动。
Bùguǎn mùtou duō yìng, lǎoshǔ dōu kěndedòng.
나무가 아무리 단단하더라도 쥐는 모두 갉을 수 있다.

我 的 牙 都 活动 了, 咬不动 硬 东西 了。
Wǒ de yá dōu huódòng le, yǎobudòng yìng dōngxi le.
나의 이가 모두 흔들려서 딱딱한 것을 씹을 수 없다.

了 liǎo 어떤 동작을 행할 가능성이 있다, 「완전히 ～할 수 있다」.

老师 病 了, 明天 上不了 课 了。
Lǎoshī bìng le, míngtiān shàngbuliǎo kè le.
선생님은 병이 나서 내일 수업에는 나오실 수 없게 되었다.

你 喝得了 这么 多 茅台酒 吗？
Nǐ hēdeliǎo zhème duō Máotáijiǔ ma?
자네, 이렇게 많은 마오타이주를 다 마실 수 있나?

이 '了 liǎo'는 「V＋不了」「V＋得了」처럼 가능형으로만 쓰입니다. 결과보어나 방향보어에서는

写好 → 写不好, 写得好

回来 → 回不来, 回得来

처럼 본래의 형태에서 가능형이 만들어지는 것과는 달리, '上不了' '喝得了'에는 [(×)上了 liǎo / (×)喝了 liǎo]라는 형태는 없습니다.

28 결과보어 · 방향보어의 가능형

下 어떤 장소에 수용할 만큼의 공간이 있다.

那个 剧场 坐不下 两千 人。
Nàge jùchǎng zuòbuxià liǎngqiān rén.
그 극장에 2000명은 앉을 수 없다.

汽车 里 挤不下 八 个 人。
Qìchē li jǐbuxià bā ge rén.
차에 8명은 탈 수 없다.

起 그만큼의 부담 능력이나 자격이 있다.

那么 贵 的 东西, 你 买得起 吗?
Nàme guì de dōngxi, nǐ mǎideqǐ ma?
그렇게 비싼 것을 네가 살 수 있니?

这么 贵 的 菜, 我 吃不起。
Zhème guì de cài, wǒ chībuqǐ.
이렇게 비싼 요리, 난 먹을 수 없다.

Plus α

또 다른 타입

舍不得 shěbude 떠나기 싫다, 섭섭하다
舍得 shěde 아깝지 않다, 미련이 없다

보어의 가능형에는 또 하나, 동사의 뒤에 '–不得 -bude' '–得 -de'만을 보어로 삼는 유형이 있습니다.
부정의 형태인 '舍不得'는 숙어로서,

我在北京住了三年了, 真**舍不得**离开这个地方。
나는 베이징에 산 지 3년이 되었는데, 정말 이곳을 떠나기 싫다.

이처럼 쓰입니다. 그 밖에 다음과 같이 쓰일 때에는 거기에 뭔가 지장이 있기 때문에 그러지 않는 편이 현명하다라는 의미로 사용됩니다.

这种蘑菇mógu**吃得**, 那种有毒**吃不得**。
이 버섯은 먹을 수 있으나 그것은 독이 있어 먹을 수 없다.
→ 먹지 않는 게 좋다.

 **'写得清楚' : 비교해 보면**

예를 들면 '写得清楚'에는 다음의 두 가지 의미가 있습니다.

写得清楚　┌「또렷하게 쓸 수가 있다」　결과보어의 가능형
xiědeqīngchu　└「또렷하게 쓴다」　　　　양태보어

어느 쪽의 의미인지는 그 대화의 상황에서 알 수 있기 때문에 고민할 필요가 없습니다. 아무 배경도 없이, 그냥 '写得清楚' 등으로 나오는 법은 없습니다. 그러나 결과보어의 가능형과 양태보어와의 모습의 차이를 정리해보는 것이 쓸데없는 것은 아닙니다.

구　분	결과보어의 가능형	양태보어
긍　정	写得清楚 또렷하게 쓸 수가 있다 형용사 앞에 부사가 들어가지 못한다	写得 [很 / 特別] 清楚 또렷하게 쓴다 형용사 앞에 부사가 들어갈 수 있다
부　정	写不清楚 또렷하게 쓸 수가 없다 '不'가 사이에 끼어든다	写得 [不清楚] 또렷하지 않게 쓴다 '得' 뒤에 있는 보어를 부정한다
정반의문	[写得清楚] [写不清楚] 또렷하게 쓸 수 있겠니, 없겠니? 긍정형과 부정형을 통째로 사용한다	写得 [清楚不清楚] 또렷하게 쓰냐, 안 쓰냐? '得' 뒤에 있는 보어의 긍정형과 부정형을 반복한다

동량·시량·차량

01 수량은 동사·형용사 뒤에
02 **동량(動量)**
  • 동량사
  • 목적어의 위치
  • 부정은 '没有'
03 **시량(時量)**
  • 시량을 말하는 법
  • 지속되는 시량
  • 경과된 시량
04 **차량(差量)**

01. 수량(數量)은 동사·형용사 뒤에

「한번 간 적이 있다」「10분간 말하다」「3살 연상이다」 등, 우리말에서는 동작의 횟수, 시간량, 비교한 결과의 차량(差量 ; 차이나는 양의 크기)은 언제나 동사나 형용사의 앞에 옵니다. 그러나 중국어에서는 완전히 반대, 동사·형용사의 뒤에 위치합니다.

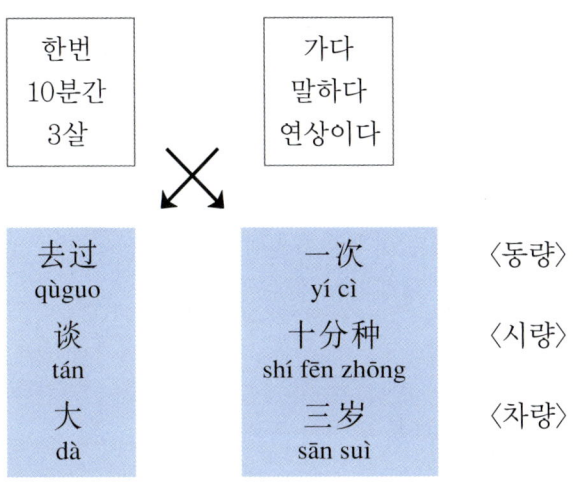

02. 동량(動量)

동량이란 동작의 횟수를 말하며, 「수사＋동량사」로 나타냅니다. 명사의 수량을 「수사＋명량사」로 나타내는 것과 마찬가지입니다.

1 동량사(動量詞)

'去过一次'(한번 간 적이 있다)의 '次 cì'는 동작의 횟수를 세는 단위로서, 이것을 동량사라고 부릅니다. 동량사에는 전용(專用)동량사와 차용(借用)동량사가 있습니다.

전용동량사

次 cì	동작의 횟수를 나타내며, 반복해서 나타나는 것에 쓰인다.	
回 huí	'次'와 같이 동작의 횟수를 나타낸다.	
遍 biàn	처음부터 끝까지 통틀어 1회를 나타낸다.	
下 xià	① 시계가 종을 치는 횟수나 손으로 물건을 밀거나 때리는 횟수, 또는 물건이 흔들리는 횟수 등을 나타낸다. ② 'V+一下'의 형태로 「좀 ~해보다」의 의미를 나타낸다.(동사의 중첩형 → 제10장) 또는 가볍고 즐거운 느낌을 주어 말투를 부드럽게 만든다.	
趟 tàng	오가는 횟수를 나타낸다. '去一趟北京'「베이징에 한 번 가다」에는 「돌아온다」는 속뜻이 들어 있다.	
顿 dùn	식사, 꾸짖음, 구타, 질책 등의 횟수를 나타낸다.	
翻 fān	시간이나 노력이 드는 동작 행위의 횟수를 나타낸다.	
场 cháng	비바람이나 병, 싸움, 재해 등의 횟수를 말한다.	
chǎng	연극이나 스포츠 등이 한번 행해지는 횟수를 말한다.	

차용동량사

그 동작 행위를 하기 위한 도구나 몸의 일부를 빌려서 동량사로 삼는 것

眼 yǎn	看了一眼	한번 힐끔 보았다.
口 kǒu	咬了一口	한입 덥석 깨물었다.
脚 jiǎo	踢了一脚	한번 뻥 찼다.
拳 quán	打了一拳	한방 퍽 때렸다.
刀 dāo	切了一刀	한칼에 싹 베었다.

이상은 전용동량사와 차용동량사의 대표적인 것들입니다. 언제나 「수사＋동량사」를 동사의 뒤에 놓고 동작의 횟수, 즉 동량(動量)을 표시합니다.

这 本 小说 我 看了 两 遍。
Zhè běn xiǎoshuō wǒ kànle liǎng biàn.
이 소설은 내가 2번 읽었다.

刚才 钟 打了 三 下。
Gāngcái zhōng dǎle sān xià.
방금 전에 종이 세 번 울렸다.

我 给 你们 彼此 介绍 一下。
Wǒ gěi nǐmen bǐcǐ jièshào yíxià.
내가 두 분을 서로 소개시켜 드리죠.

他 骂 了 我 一 顿。
Tā màle wǒ yí dùn.
그는 나를 심하게 한 번 꾸짖었다.

我 劝 了 他 一 翻。
Wǒ quànle tā yì fān.
나는 그에게 한바탕 충고했다.

2 목적어의 위치

전용동량사

- 목적어가 일반 사물일 때: [V+동량사+O]

    我 吃过 一 次 这个 菜。
    Wǒ chīguo yí cì zhège cài.
    나는 이 요리를 한 번 먹어본 적이 있다.

    我 看了 一 遍 展览会。
    Wǒ kànle yí biàn zhǎnlǎnhuì.
    나는 전람회를 한 번 둘러보았다.

목적어를 주제로 하여, '이 요리는 내가 한번 먹어본 적이 있다'고 말할 때 这个菜我吃过一次. 처럼 '这个菜'를 문장 앞에 쓸 수 있습니다.

- 목적어가 대명사(代词)일 때: [V+O+동량사]

    我 见过 她 一 次。   (×) 我见过一次她。
    Wǒ jiànguo tā yí cì.
    나는 그녀를 한 번 만난 적이 있다.

    我 去过 那儿 三 次。   (×) 我去过三次那儿。
    Wǒ qùguo nàr sān cì.
    나는 그곳에 세 번 간 적이 있다.

- 차용동량사 : [V+O+차용동량사]

    他 踢了 狗 一 脚。
    Tā tīle gǒu yì jiǎo.
    그는 개를 한 번 찼다.

    狼 咬了 鸡 一 口。
    Láng yǎole jī yì kǒu.
    이리가 닭을 한입에 물었다.

    我 告诉 他 一 声。
    Wǒ gàosu tā yì shēng.
    내가 그에게 한마디 하겠습니다.

我 打了 他 一 拳。
Wǒ dǎle tā yì quán.
나는 그를 한 대 때렸다.

목적어가 대명사일 때는 동량사의 앞에 오며, 또한 차용동량사일 때도 일반적으로 목적어는 동량사의 앞에 놓입니다. 단, 목적어가 인명·지명일 때는 동량사의 앞뒤 어느쪽도 괜찮습니다.

我 去过 北京 一 次。/ 我去过一次北京。
Wǒ qùguo Běijīng yí cì.
나는 베이징에 한 번 가본 적이 있다.

我 见过 小李 一 回。/ 我见过一回小李。
Wǒ jiànguo Xiǎo Lǐ yì huí.
나는 이군을 한 번 본적이 있다.

3 부정은 '没(有)'

부정할 때는 '没(有)'를 동사의 앞에 놓습니다만, 동량사를 동반하는 동사구를 특별히 부정하는 것은 다음과 같이 그 횟수를 정정하는 경우가 보통입니다.

西安 那个 地方 我 只 去过 一 次, 没 去过 两 次。
Xī'ān nàge dìfang wǒ zhǐ qùguo yí cì, méi qùguo liǎng cì.
西安 그 곳은 한 번 간 적이 있을 뿐, 두 번 가지는 않았다.

这 本 小说 我 只 看过 两 遍, 没 看过 三 遍。
Zhè běn xiǎoshuō wǒ zhǐ kànguo liǎng biàn, méi kànguo sān biàn.
이 소설을 나는 두 번 읽었을 뿐, 세 번 읽은 것은 아니다.

부정사 '不'는 조건문에서 쓰입니다.

你 不 尝 一 口, 怎么 知道 味道?
Nǐ bù cháng yì kǒu, zěnme zhīdao wèidao?
한입 맛보지도 않고 어떻게 맛을 알겠는가?

这个 人, 不 骂 一 顿, 不 会 虚心 的。
Zhège rén, bú mà yí dùn, bú huì xūxīn de.
이 녀석은 한 번 야단맞지 않으면 겸손해지지 않을 거야.

# 시량(時量)

시간량(時間量)이란 시간의 일정한 길이 — time interval — 를 말합니다.

1 시량(時量)을 말하는 법

시간의 단위		하루의 단위		월의 단위		해의 단위	
一 秒 钟 yì miǎo zhōng	1초간	半 天 bàn tiān	반나절	半 个 月 bàn (ge) yuè	보름간	半 年 bàn nián	반년간
一 分 钟 yì fēn zhōng	1분간	一 天 yì tiān	1일간	一 个 月 yí ge yuè	1개월간	一 年 yì nián	1년간
一 刻 钟 yí kè zhōng	15분간	两 天 liǎng tiān	2일간	两 个 月 liǎng ge yuè	2개월간	两 年 liǎng nián	2년간
半（个）小时 bàn ge xiǎoshí	반시간	一（个）星期 yì ge xīngqī	1주간	기타	半天 bàntiān	한참 동안	
一（个）小时 yí (ge) xiǎoshí	1시간	两（个）星期 liǎng ge xīngqī	2주간		一会儿 yíhuìr	잠깐	
两 个 小时 liǎng ge xiǎoshí	2시간						
小时=钟头 zhōngtóu				'天'과 '年'은 그 자체가 양사성을 띤 명사이므로 '×一个天' '×两个年'처럼 '个'를 쓰면 틀립니다. (→제2장)			

이들 시량을 동사의 뒤에 놓으며, 다음과 같이 말합니다.

他　休息了　一　天。
Tā　xiūxile　yì　tiān.
그는 하루 쉬었다.

｜←― 일정시간 동안에 동작·행위를 계속하고 있다 ―→｜
"休息"

他　死了　三　年　了。
Tā　sǐle　sān　nián　le.
그가 죽은 지 3년이 된다.

"死" ←―――― 동작·행위가 끝나고서부터 경과된 시간 ――――→
▲
동작·행위의 종결점　　　　　　　　　　　　　　현재

같은 시량이라도, '休息了一天'은 '休息'이라는 동작·행위가 지속된 길이가 「1일간」임에 비해, '死了三年了'는 '死'라는 동작·행위가 끝나고부터 「3년」이 경과한 것이라는 차이가 있습니다. 이것은 시량과 연결되는 동사의 성질이 지속성이 있는지, 아니면 순간적으로 끝나버리는 것인지에 따라 결정됩니다.

2 지속되는 시량

(1) 동사는 지속성의 것 : '着 zhe'가 붙을 수 있는 동사

手术　进行了　三　个　小时。
Shǒushù jìnxíngle sān ge xiǎoshí.
수술은 3시간 동안 계속됐다.

小李，你　等　一会儿。
XiǎoLǐ, nǐ děng yíhuìr.
이군, 잠깐 기다려 주세요.

(2) 목적어가 있을 때 : 2가지

[V+O+V+시량] — V를 반복하는 타입

她　打　电话　打了　一　刻　钟。
Tā dǎ diànhuà dǎle yí kè zhōng.
그녀는 전화를 15분 동안 걸었다.

他　学　英文　学了　两　年。
Tā xué Yīngwén xuéle liǎng nián.
그는 영어를 2년 배웠다.

[V+시량+(的) O] — 시량을 끼워넣는 타입

我　听了　二十　分　钟　(的)　广播。
Wǒ tīngle èrshí fēn zhōng (de) guǎngbō.
나는 20분 동안 방송을 들었다.

她　学了　一　年　(的)　汉语。
Tā xuéle yì nián (de) Hànyǔ.
그녀는 중국어를 1년 배웠다.

이 두 가지 중 어느 쪽을 사용해도 괜찮습니다. 또한 목적어를 화제(話題)로 하여 문장 앞으로 끄집어내는 것도 가능합니다.

汉语，她学了一年了。

V를 반복하는 유형은 양태보어의 '念书念得不错'와 많이 닮았습니다.(→제24장)
부사나 조동사는 두 번째 V의 앞에 둡니다.
我看电视只看了十分钟。
她学汉语要学一年。

(3) 부정의 형태

부정은 '没(有)'로 하며, '不'는 조건문에서 사용합니다.

我 只 休息了 一 天, 没 休息 两 天。
Wǒ zhǐ xiūxile yì tiān, méi xiūxi liǎng tiān.
나는 하루 쉬었을 뿐이지, 이틀 쉰 것은 아니다.

你 不 休息 一会儿 不 行。
Nǐ bù xiūxi yíhuìr bù xíng.
너는 잠깐 쉬지 않으면 안되겠다.

위 예문에서 '不行 bùxíng'은 '허락할 수 없다, 안된다, 좋지 않다'의 의미로 한마디로 된 단어입니다. '行'은 '좋다, 괜찮다'로서, '这么办行不行？' '行, 就这么办吧！'(이렇게 하면 어때? 좋아, 그렇게 하자!)처럼 쓰입니다.

3 경과된 시량

(1) 동사는 '着'가 붙을 수 없는 동사

他 毕业 五 年 了。
Tā bìyè wǔ nián le.
그는 졸업한 지 5년이 됐다.

他们 结婚 一 个 多 月 了。
Tāmen jiéhūn yí ge duō yuè le.
그들은 결혼한 지 1개월 남짓이다.

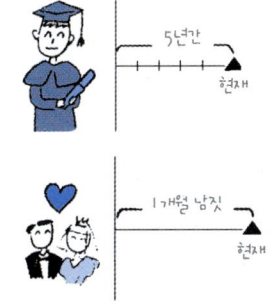

姐姐 回来 两 个 月 了。
Jiějie huílai liǎng ge yuè le.
누나가 돌아온 지 2개월이 되었다.

她 离开了 三 天 了。
Tā líkāile sān tiān le.
그녀가 떠난 지 3일이 되었다.

'回来' '考上' 등 방향보어나 결과보어를 동반한 동사구에 '着'는 붙지 않습니다.

(2) 목적어

경과된 시량의 경우에는 목적어가 있든 없든 그 일이 끝난 시점부터 현재까지의 시간을 나타내며, 시량은 보통 맨 나중에 놓습니다.

他 来 首尔 半个 月 了。
Tā lái shǒu'ěr bànge yuè le.
그는 서울에 온 지 보름이 됐다.

妹妹　考上　大学　一　年　多　了。
Mèimei kǎoshang dàxué yì nián duō le.
여동생이 대학에 들어간 지 1년 남짓 된다.

(3) 부정의 형태 — '不'와 '没(有)'로 시량을 부정합니다.

他们　结婚　还　不到　一　年。
Tāmen jiéhun hái búdào yì nián.
그들은 결혼한 지 아직 1년이 되지 않았다.

我们　认识　没　几　天　就　好　了。
Wǒmen rènshi méi jǐ tiān jiù hǎo le.
우리는 사귄 지 며칠 되지 않아 사이좋게 되었다.

他　大学　毕业　没　几　天。
Tā dàxué bìyè méi jǐ tiān.
그는 대학을 졸업한 지 며칠 되지 않는다.

이렇게 '不'와 '没(有)'로 「일정의 시량이 아니다」 「일정의 시량이 되지 않았다」라고 시량을 부정합니다. 이러한 유형은 위와 같이 그 일이 모두 끝나고 나서의 시간을 말하는 것이기 때문에, 그 일을 나타내는 동사를 부정하지 않습니다. 그래서 다음과 같이 말하지 않습니다.

（×）我们不认识几天就好了。

（×）他大学没毕业几天。

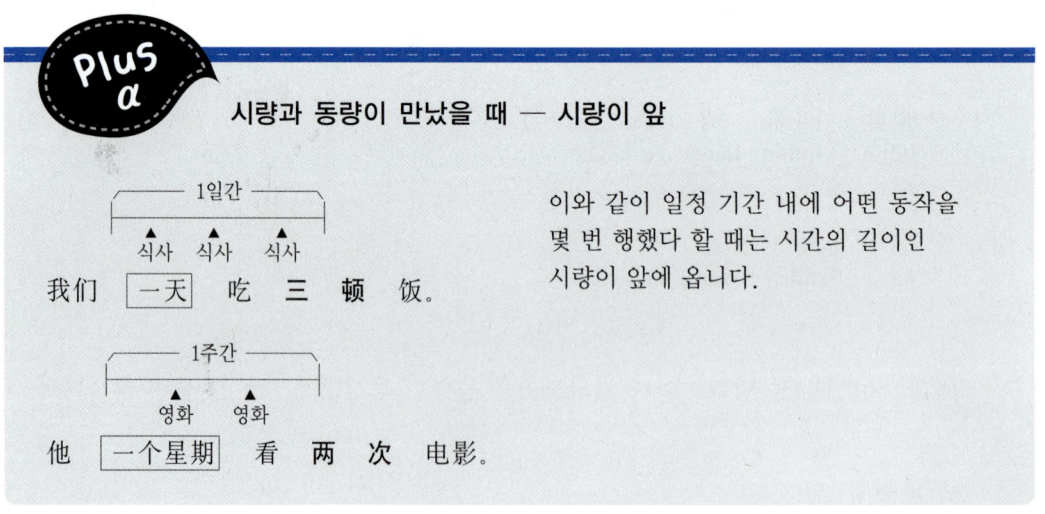

04 차량(差量)

어느 쪽이 「얼마만큼」 많다, 적다, 높다, 낮다 등 비교한 결과의 차이를 나타내는 수량 ― 즉 차량(差量)은 형용사의 뒤에 놓입니다.

哥哥 比 我 大 三 岁。
Gēge bǐ wǒ dà sān suì.
형은 나보다 3살 많다.

这个 西瓜 比 那个 重 一 斤。
Zhège xīguā bǐ nàge zhòng yì jīn.
이 수박은 그것보다 한 근 무겁다.

这 种 书包 比 那 种 便宜 两 快 钱。
Zhè zhǒng shūbāo bǐ nà zhǒng piányi liǎng kuài qián.
이 책가방은 저것보다 2원 싸다.

他 的 病 今天 比 昨天 好 一点儿。
Tā de bìng jīntiān bǐ zuótiān hǎo yìdiǎnr.
그의 병세가 오늘은 어제보다 조금 낫다.

> 비교를 나타내는 전치사 '比(~에 비해, ~보다)'는 제 30장 참조)

보어와 수량표현 ― 술어의 뒤에 오는 것

종류	나타내는 의미	보어가 되는 성분	예문	주	
'得' 보어 정도보어 양태보어	이미 실현된, 혹은 늘 행해지는 것에 대해 동작·행위나 상태의 모습·정도를 묘사한다	대명사 형용사(구) 동사구 주술구	她写得怎么样？ 他跑得很快。 他说得有道理。 老师讲得大家都笑了。 热得要命。	다른 보어와 달리, 보어는 단어·구·문장 등 여러 가지	
결과보어	동작·행위의 결과가 어떤지를 나타낸다	동사 형용사	他们俩分开了。 你的衣服洗干净了吗？	가능형	他已经跑不动了。 他说的话, 你听得懂吗？
방향보어	동작·행위가 행해지는 방향을 표시한다	방향보어	他进来了。 他进教室去了。 他流下了眼泪。 他跑上来了。		今天你回得来回不来？ 那座山太高, 我爬不上去。

| 수량표현 | 동량
시량
차량 | 수량사
(명사성 구) | 我见过他一次。
他休息了一天。
她毕业三年了。
我听了二十分钟广播。
他比我大三岁。 | '得'·결과·방향 보어의 '보어가 되는것'과 달리, 이것만이 명사성 구(句), 따라서 보어와 목적어의 중간에 위치하는 성분. |

Plus α

바디 랭귀지

竖大拇指
shù dàmuzhǐ
엄지를 세운다
→ 멋져, 넘버원!

竖小拇指
shù xiǎomuzhǐ
새끼손가락을 세운다
→ 안돼, 시원찮다

刮脸皮
guā liǎnpí
집게손가락으로 뺨을 문지른다
→ 상대가 보기 싫은 일, 창피한 일을 저질렀을 때 '没羞 méixiū'라고 하며 놀린다

拉钩儿
lāgōur
집게손가락을 갈고리 형태로 구부려 상대방의 집게손가락과 건다
→ 약속을 하다

비교 표현법

01 A跟B一样 : A와 B는 같다
- 비교하는 대상
- 부정
- 의문

02 A有B那么/这么 : A는 B와 거의 같다
- 有 : ~에 달하다
- 부정
- 의문

03 A比B…
- 「~보다 ~하다」
- 차량(差量)
- '更', '还'
- 부정
- 의문

04 최상급

 'A跟B一样' : A와 B는 같다

비교에는 A와 B를 비교하였을 때, 「A와 B는 같다」, 「A와 B는 거의 같은 정도다」, 「A와 B는 차이가 있다」의 3가지 표현법이 있습니다.

1 비교하는 대상

'A跟B'로 A를 B와 비교하지만, 비교하는 대상은 명사뿐만이 아닙니다.

我 的 毛衣 跟 你 的(毛衣) 一样。
Wǒ de máoyī gēn nǐ de (máoyī) yíyàng.
나의 스웨터는 당신 것과 같다. — 명사

读 跟 写 一样 重要。
Dú gēn xiě yíyàng zhòngyào.
읽는 것은 쓰는 것과 마찬가지로 중요하다. — 동사

去 他 那儿 跟 来 我这儿 一样。
Qù tā nàr gēn lái wǒzhèr yíyàng.
그가 있는 곳에 가는 것과 내가 있는 곳에 오는 것은 마찬가지다. — 동사구

你 来 跟 他 来 一样。
Nǐ lái gēn tā lái yíyàng.
네가 오는 것과 그가 오는 것은 마찬가지다. — 주술구

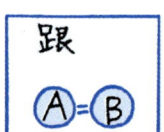

TIP
'跟…一样' 뒤에 형용사나 동사(구) 등을 놓아 '跟…一样'을 부사어나 관형어로 만드는 것도 가능합니다.
读跟写一样 重要
跟这本一样的 字典

2 부정

부정은 '不'를 '一样' 앞에 놓고, 다음과 같이 말하는 것이 보통입니다.

他 的 意见 跟 我 的 意见 不 一样。
Tā de yìjiàn gēn wǒ de yìjiàn bù yíyàng.
그의 의견은 나의 의견과 다르다.

我 去 跟 他 去 不 一样。
Wǒ qù gēn tā qù bù yíyàng.
내가 가는 것과 그가 가는 것은 다르다.

3 의문

'吗' 의문문 외에, 정반의문문에서는 '一样'의 긍정과 부정을 반복시킵니다.

他 的 意见 跟 你 的 一样 不 一样?
Tā de yìjiàn gēn nǐ de yíyàng bu yíyàng?
그의 의견과 당신의 의견은 같습니까?

我 去 跟 他 去 一样 不 一样?
Wǒ qù gēn tā qù yíyàng bu yíyàng?
내가 가는 것과 그가 가는 것이 같습니까?

长 跟 短 一样 不 一样?
Cháng gēn duǎn yíyàng bu yíyàng?
길고 짧은 것이 같습니까?

 'A有B那么/这么' : A는 B와 거의 같다

1 '有' - 「~에 달하다」

비교에 쓰이는 '有'는 「성질이나 수량이 일정 정도에 달하다」는 의미입니다. 또한 '那么/这么'는 생략할 수 있습니다.

这 种 西瓜 有 那 种(那么) 甜。
Zhè zhǒng xīguā yǒu nà zhǒng(nàme) tián.
이 수박은 저것만큼 달다 — 단맛이 거의 같다.

他 弟弟 有 我(这么) 高 了。
Tā dìdi yǒu wǒ(zhème) gāo le.
그의 남동생은 나만큼 키가 자랐다.

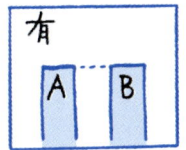

이 '有'를 쓰는 비교의 표현법은 부정이나 의문의 형태로 많이 쓰입니다.

2 부정

这 座 楼 没有 那 座 楼 高。
Zhè zuò lóu méiyǒu nà zuò lóu gāo.
이 빌딩은 저 빌딩만큼 높지 않다.

他 没有 你 那么 细心。
Tā méiyǒu nǐ nàme xìxīn.
그는 너만큼 세심하지 않다.

他们 那里 没有 这儿 这么 冷。
Tāmen nàli méiyǒu zhèr zhème lěng.
그들이 있는 곳은 여기만큼 춥지 않다.

他 没有 她 那么 爱 看 电影。
Tā méiyǒu tā nàme ài kàn diànyǐng.
그는 그녀만큼 영화를 좋아하지는 않는다.

他 唱歌 没有 小张 唱得好。
Tā chànggē méiyǒu Xiǎo Zhāng chàngdehǎo.
그의 노래 실력은 장군보다 훌륭하지 않다.

我 没有 他 来得 那么 早。
Wǒ méiyǒu tā láide nàme zǎo.
나는 그보다 일찍 오지 않았다.

3 의문

这 种 西瓜 有 那 种 那么 甜 吗?
Zhè zhǒng xīguā yǒu nà zhǒng nàme tián ma?
이 수박은 저것만큼 답니까?

他 弟弟 有 没有 我 这么 高?
Tā dìdi yǒu méiyǒu wǒ zhème gāo?
그의 남동생은 나만큼 큽니까?

他 弟弟 有 我 这么 高 没有?
Tā dìdi yǒu wǒ zhème gāo méiyǒu?
그의 남동생은 나만큼 큽니까?

03 A比B…

1 「~보다 ~하다」

弟弟 比 我 高。
Dìdi bǐ wǒ gāo.
동생은 나보다 키가 크다.

南方人 比 北方人 喜欢 吃 大米。
Nánfāngrén bǐ běifāngrén xǐhuan chī dàmǐ.
남방 사람은 북방 사람보다 쌀밥을 좋아한다.

她 比 我 跑得快。
Tā bǐ wǒ pǎodekuài.
그녀는 나보다 빨리 달린다.

骑 自行车 比 坐车 要 快得多。
Qí zìxíngchē bǐ zuòchē yào kuàideduō.
자전거 타는 것이 버스보다 훨씬 빠를 거다.

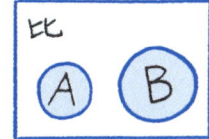

이렇게 전치사 '比'를 사용해 A와 B를 비교하고, 비교한 결과를 그 뒤에 놓습니다.

'大米 dàmǐ'는 '小米(좁쌀)'와 비교해 '쌀'을 말합니다.
'要'는 '~할 것이다' '~일 것이다' 라는 추측의 의미로 비교문에서 자주 사용됩니다. '要'의 위치는 '比…' 앞에 두어
今天要比昨天热。오늘은 어제보다 더울 거다. 처럼 말할 수도 있습니다.

2 차량(差量) – 차(差)의 수치

(1) 확실한 차이

비교한 결과로 나타난 차이의 양(=差量)은 형용사의 뒤에 둡니다.(→제29장)

哥哥 比 我 大 三 岁。
Gēge bǐ wǒ dà sān suì.
형은 나보다 3살 많다.

这个 西瓜 比 那个 重 一 斤。
Zhège xīguā bǐ nàge zhòng yī jīn.
이 수박은 그것보다 한 근 무겁다.

30 비교 표현법 287

我们 班 的 学生 比 你们 班 的(学生) 少 五 个。
Wǒmen bān de xuésheng bǐ nǐmen bān de(xuésheng) shǎo wǔ ge.
우리 반 학생은 너희 반 학생보다 5명 적다.

他 比 我 多 买了 一 本 词典。
Tā bǐ wǒ duō mǎile yì běn cídiǎn.
그는 나보다 사전을 한 권 더 샀다.

她 比 我 早来 十分 钟。
Tā bǐ wǒ zǎolái shífēn zhōng.
그녀는 나보다 10분 일찍 온다.

(2) 대충의 차이

비교한 결과의 차이가 클 때는 '- 得多'를 씁니다. 부사 '很' '非常' 등은 사용하지 않습니다.

这 座 山 比 那 座 山 高得多。
Zhè zuò shān bǐ nà zuò shān gāodeduō.
이 산은 그 산보다 훨씬 높다.

你们 班 的 学生 比 我们 班 的 多得多。
Nǐmen bān de xuésheng bǐ wǒmen bān de duōdeduō.
너희 반 학생은 우리 반 학생보다 훨씬 많다.

비교한 결과, 차이가 조금일 때는 '一点儿'이나 '一些'를 사용합니다.

他 比 我 大 一点儿。
Tā bǐ wǒ dà yìdiǎnr.
그는 나보다 조금 나이가 많다.

他 比 我 高 一些。
Tā bǐ wǒ gāo yìxiē.
그는 나보다 조금 키가 크다.

他 比 我 唱得好 一点儿。
Tā bǐ wǒ chāngdehǎo yìdiǎnr.
그는 나보다 노래를 좀 잘한다.

A比B好 — '很' 종류는 안됨

(×) 这个比那个**很**好。
(×) 这座山比那座山**非常**高。

라고는 말하지 않습니다. 비교한 결과 차이가 클 때는 'A 比 B 好**得多**'입니다.

3 '更、还'

부사 '更、还'는 '很'이나 '非常'과 달리, 비교문에 쓰일 수 있습니다. '更'과 '还'는 둘 다 '보다~'의 의미지만, '更'이 A·B를 비교해 객관적으로 'A 쪽이 보다 ~하다'임에 비해, '还'는 말하는 이의 기분, 감정, 놀람이나 과장 등이 포함되어 있습니다.

A 比 B | 更 / 还 | 好

我 家 的 耗子 比 猫 还 大。
Wǒ jiā de hàozi bǐ māo hái dà.
우리 집 쥐는 고양이보다 크다.

这个 办法 比 那个 办法 更 好。
Zhège bànfǎ bǐ nàge bànfǎ gèng hǎo.
이 방법은 그 방법보다 더 좋다.

上海 的 人口 比 首尔 更 多。
Shànghǎi de rénkǒu bǐ Shǒu'ěr gèng duō.
상하이의 인구는 서울보다 더 많다.

今天 比 昨天 还 冷。
Jīntiān bǐ zuótiān hái lěng.
오늘은 어제보다 더 춥다.

新 宿舍 比 这 座 楼 还 漂亮。
Xīn sùshè bǐ zhè zuò lóu hái piàoliang.
새 기숙사는 이 건물보다 더 멋있다.

'比' 뒤에 나오는 '那个办法' '首尔' '昨天' '这座楼' 등은 모두 '好'하거나 '多, 冷, 漂亮' 하지만, '比' 앞에 있는 성분이 그보다는 더욱 '好、多、冷、漂亮' 하다는 의미입니다.

4 부정 : '没有' 유형으로

부정은 일반적으로 '没有'를 사용합니다.

今天 没有 昨天(那么) 热。
Jīntiān méiyǒu zuótiān(nàme) rè.
오늘은 어제만큼 덥지 않다.

他 没有 你(那么) 细心。
Tā méiyǒu nǐ (nàme) xìxīn.
그는 당신만큼 세심하지 않다.

我 没有 他 唱歌 唱得(那么) 好。
Wǒ méiyǒu tā chànggē chàngde(nàme) hǎo.
나는 그만큼 노래를 잘하지 않는다.

5 의문

의문은 일반적으로 '吗', 그리고 '有' 유형에서는 정반의문의 형태로 나타냅니다.

这 座 山 比 那 座 山 高 吗?
Zhè zuò shān bǐ nà zuò shān gāo ma?
이 산은 저 산보다 높습니까?

他 弟弟 有 没有 我 这么 高?
Tā dìdi yǒu méiyǒu wǒ zhème gāo?
그의 동생은 키가 나만큼 큽니까?

또 하나의 부정 '不比'

这种龙井茶不比那种差

'不比' 형은 사용법이 까다롭습니다. 위 문장의 의미는 단순히 '이 롱징차는 그것보다 나쁘지 않다' 라는 뜻만이 아닙니다. 이것은

这种龙井茶很好。 이 롱징차는 매우 좋다.
这种龙井茶也好。 이 롱징차도 좋다.

라는 상황에서의 표현으로, 둘 다 좋은 차라서 '이것도 저것에 못지않은 양질의 차입니다' 라는 뜻입니다. 또 하나

这样做不比那样做好。

도 단순히 '이렇게 하는 것은 그렇게 하는 것보다도 좋지 않다' 라는 뜻만이 아니고, '이렇게 하는 것도 그다지 좋지 않다' '그렇게 하는 것도 그다지 좋지 않다' 라는 상황에서의 표현법입니다. 따라서 '이렇게 하는 것은 그렇게 하는 것과 큰 차이 없다' 어느쪽을 하든 도토리 키 재기라는 이야기입니다.
어쨌든 상대방의 생각에 대해서 가볍게 반박하는 표현이라고 할 수 있겠습니다.

04 최상급

여태까지는 두 가지 대상에 대한 비교를 배웠습니다. 세 개 이상의 대상을 비교하는 「무엇보다도 ~하다」「가장 ~하다」라는 최상급 표현법에는 다음 두 가지가 있습니다.

(1) '最'를 사용

北京 秋天 天气 最 好。
Běijīng qiūtiān tiānqì zuì hǎo.
베이징은 가을 날씨가 가장 좋다.

他 最 喜欢 听 音乐。
Tā zuì xǐhuan tīng yīnyuè.
그는 음악 듣는 것을 가장 좋아한다.

(2) 比 + 의문대명사 + 都…

她 比 谁 都 聪明。
Tā bǐ shéi dōu cōngming.
그녀는 누구보다도 총명하다.

西湖 的 风景 比 哪儿 都 美。
Xīhú de fēngjǐng bǐ nǎr dōu měi.
서호의 경치는 어디보다도 아름답다.

A 不如 B …

일상생활에서 자주 사용하는 비교 표현법에 'A 不如 B …'라는 것이 있습니다. '不如 bùrú'는 A는 B에 '미치지 못한다'는 의미의 동사입니다.

这种文字处理机不如那种。 이 워드프로세서는 저것보다 못하다.

晚去不如早去好。 늦게 가는 것은 일찍 가는 것만 못하다.

我不如他念得流利。 나는 그 남자만큼 술술 읽을 수 없다.

"一天比一天" "一年比一年"

'매일매일, 날로' '매년, 해마다'를 외워두면 편리합니다.

天气一天比一天暖和了。 날씨가 나날이 따뜻해진다.

学生的数目一年比一年增加了。 학생 수가 매년 증가했다.

31

把구문

01 把구문이란
- 把구문의 형태
- 把구문의 의미
- O는 특정, 동사에는 결과의 모습
- 부정
- 의문의 형태
- 把구문의 특징

02 '자리 매김' '변신'의 把구문
- 把 + O + V在/到 + 장소
- 把 + O + V成 + 변신한 것
- 把 + O + V给 + 대상

03 다양한 把구문

 '把' 구문이란

1 把구문의 형태

'把구문'이란 본동사의 뒤에 놓이는 목적어를 전치사(介词) '把 bǎ'의 목적어로 하여 동사의 앞에 두고, 이 전치사구(介词句)가 동사에 대해 부사어의 역할을 하는 구조를 말합니다.

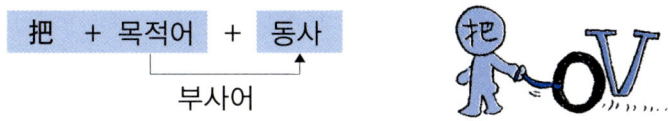

他 把 窗户 关上 了。
Tā bǎ chuānghu guānshang le.
그는 창문을 닫았다.

她 把 练习 做完 了。
Tā bǎ liànxí zuòwán le.
그녀는 연습문제를 끝마쳤다.

이들이 '把'를 사용하지 않는 보통 어순의 표현법과 어디가 다른 것일까요?

他 关上 窗户 了。
그는 창문을 닫았다.

她做完练习了。
그녀는 연습문제를 끝마쳤다.

표현의 의도가 다릅니다.

2 把구문의 의미 : 사물을 어떻게 처치하는가

'他关上窗户了。' '她做完练习了。'는 각각 「창문을 닫았다」 「연습문제를 끝마쳤다」라는 사실을 평범하게 서술하고 있을 뿐입니다. 하지만 把구문을 사용하면, 전치사 '把' 다음에 놓이는 목적어인 「窗户」나 「练习」를 「어떻게 하려는 것인가」, 그것들에 「어떤 행위·처치(처리)를 가하려고 하는 것인가」라는, 처치(处置)의 의도가 더해집니다. 이런 이유로 把구문은 '처치(處置)식 문장'이라고도 합니다.

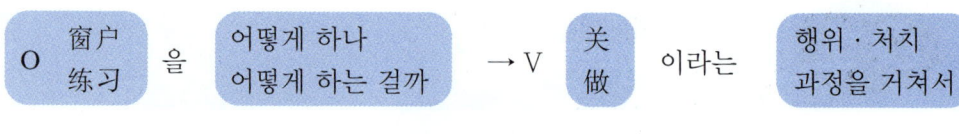

他把窗户关上了。
她把练习做完了。

목적어인 사물에「행위·처치를 가한다」라는 말대로, 그 목적어는 확실히 그것이라고 알 수 있는 특정의 존재이며 이미 존재하고 있는 것이어야 합니다. 동시에 가해진 행위·처치의 결과가 나타나야 합니다. 예를 들면 위치가 이동한다든지 상태가 변했다든지 하는 무언가가 변화하거나 결과가 나타나는 것을 의미합니다.

따라서 把구문에서는 동사가 혼자서 '关'이나 '做'로 끝나는 것은 안되며, '关上', '做完'이라는 결과의 모습을 나타내는 보어가 붙고, 나아가 '关上了' '做完了' 등 그 표현이나 변화를 나타내는 '了'도 동반합니다. 또한「행위·처치를 가하는」것이기 때문에 동사는 당연히 능동적인 것이어야 합니다.

3 O는 특정, 동사에는 결과의 모습

把구문에서 목적어는 특정의 것이어야 하고, 동사는 그 뒤에 결과의 모습을 나타내는 다른 성분이 따라오지 않으면 안됩니다.

S	把	특정의 O	V	플러스 α
我	把	药	吃	了。
我	把	照相机	带	来了。
她	把	课文	翻译	好了。
咱们	把	这个问题	研究	研究。
他	把	这篇文章	背	得很熟了。

표 안의 목적어인 '药'는「먹지 않으면 안 되는 약」이고, '照相机'는「내가 가지고 있는 카메라」, '课文'은「지금 공부하고 있는 그 본문」이라는 특정의 것입니다. 또한 위의 표에 나타나 있듯이

 V 플러스 α 의 부분이야말로 把구문의 핵심입니다.

我 把 这个 消息 告诉 他。
Wǒ bǎ zhège xiāoxi gàosu tā.
나는 이 뉴스를 그에게 알려준다.

你 把 介绍信 拿着。
Nǐ bǎ jièshàoxìn názhe.
당신이 소개장을 잘 가지고 계세요.

我 把 那 件 事 压了 几 天。
Wǒ bǎ nà jiàn shì yāle jǐ tiān.
나는 그 일을 며칠째 그대로 내버려두었다.

别 把 纸 满地 乱 扔。
Bié bǎ zhǐ mǎndì luàn rēng.
종이를 여기저기 막 버리지 마세요.

등도 모두 표시한 부분에 중점이 있습니다.

把구문에서 쓸 수 없는 동사

판단·상태를 나타내는 V
是 像 有 姓 存在 在 属于…

O를 가지지 않는 자동사
合作 旅行 游泳 锈

지각 심리활동의 V
知道 认识 觉得 相信 希望 看见 听见

방향을 나타내는 V
上 下 进 出 回 过 起 来 去

가능보어는 쓸 수 없다
(×) 我把这件事办不好。
(×) 我把这个菜吃不下。

경험의 동태조사
'过₁'도 보통 쓰지 않습니다.

4 부정 : '不' '没(有)'는 "把"의 앞

우리말에서는 「이야기를 <u>끝내지</u> <u>않는다</u>」「카메라를 <u>가져오지</u> <u>않는다</u>」이기 때문에 자칫하면

×你怎么把话不说完？
×我也把照相机没带来。

라고 하기 쉽습니다. 하지만 중국어에서는 '把' 앞에 부정사를 두어서

$$\begin{matrix} 不 \\ 没 \end{matrix} \; + \; 「把 \; O \; V \cdots」$$

처럼, '把' 이하 전체를 '不'나 '没'로 부정합니다.

你 怎么 不 把 话 说完？
Nǐ zěnme bù bǎ huà shuōwán?
당신은 어째서 이야기를 마지막까지 끝내지 않나요?

我 也 没 把 照相机 带来。
Wǒ yě méi bǎ zhàoxiàngjī dàilai.
나도 카메라를 가져오지 않았다.

그 밖에 조동사도 '把' 앞에 두어야 합니다.

我 不 想 把 这 件 事 告诉 他。
Wǒ bù xiǎng bǎ zhè jiàn shì gàosu tā.
나는 이 일을 그에게 알리고 싶지 않다.

我们 一定 能 把 这个 工作 做好。
Wǒmen yídìng néng bǎ zhège gōngzuò zuòhǎo.
우리는 반드시 이 일을 잘 할 수 있다.

'무심코 실수'의 把구문

예기치 않은 일, 무심코 실수의 把구문도 있습니다.

我 把 钱包 丢 了。 지갑을 잃어버렸다.
Wǒ bǎ qiánbāo diū le.

坏 了，我们 把 车 坐错 了。 아차, 버스를 잘못 탔다.
Huài le, wǒmen bǎ chē zuòcuò le.

이들은 행위자가 목적어에 의도적으로 '丢了' '坐错了'라는 행위 · 처치를 가한 것은 아닙니다. '그렇게 해서는 안될 것을 자신의 부주의로 인해 마이너스 방향으로 무심코 처치해 버렸다'라고 생각하면 되겠습니다.

5 의문의 형태

일반적으로 '吗' 의문문을 많이 사용합니다.

你把照相机带来了吗？

그 밖에 '把'를 반복시키는 정반의문문으로 말할 수도 있습니다.

你把没把照相机带来？
你把照相机带来了没有？

6 把구문의 특징 : 정리

把구문의 특징을 정리해 봅니다.

① 목적어는 특정한 것

② 술어동사는 능동적인 것(타동사)

③ 술어동사에는 플러스 알파 — 맨몸의 V는 안된다.
- '了' '着'를 붙인다.
- 동사를 중첩형으로 만든다.
- 보어를 가진다 — 단 가능보어는 사용하지 않는다.
- 동사의 뒤에는 목적어가 붙는다.
- 동사는 부사어(상황어)를 갖는다. '别把纸满地乱扔'이 부사어의 예입니다.

단, 동사 자체에 결과·완성의 의미를 포함하는 것은 단독으로도 사용할 수 있습니다.

把　队伍　解散。 대열을 해산하다.
bǎ　duìwǔ　jiěsàn.

把　操场　扩大。 운동장을 넓히다.
bǎ　cāochǎng　kuòdà.

④ 부정사 '不, 没, 别' 및 조동사 등은 '把' 앞

02. '자리 매김' '변신'의 把구문

1 把 + O + V + 在/到 + 장소

동사가 결과보어 '在' '到'를 동반하되, 더욱이 그 뒤에 장소목적어가 있고, 어떤 사물이나 사람이 그 장소에 있음을 나타내는 경우, 이 把구문이 자주 사용됩니다.

她 把 邮票 贴在 信封上 了。
Tā bǎ yóupiào tiēzài xìnfēngshang le.
그녀는 우표를 봉투 위에 붙였다.

他 把 椅子 拿到 楼上 去 了。
Tā bǎ yǐzi nádào lóushang qu le.
그는 의자를 위층으로 가져갔다.

2 把 + O + V + 成 + 변신한 것

어느 사물이 어떤 동작 행위를 통해 변화하여, 「다른 것이 되었다」거나 「다른 것으로 바뀌고 있다」는 것을 표현하고 싶을 때도 '把' 구문이 활약합니다.

那个 魔术师 把 花儿 变成 小鸟儿 了。
Nàge móshùshī bǎ huār biànchéng xiǎoniǎor le.
그 마술사는 꽃을 작은 새로 바꾸었다.

他 把 美元 换成 人民币 了。
Tā bǎ Měiyuán huànchéng Rénmínbì le.
그는 달러를 인민폐로 환전했다.

그 밖에 把구문에 자주 쓰이는 동사 '当做 dàngzuò'(~로 간주하다), '叫做'(~라고 부르다), '看做'(~라고 보다) 등이 있습니다.

别 把 我 当做 外人。
Bié bǎ wǒ dàngzuò wàirén.
나를 남 취급하면 안돼.

他们 把 "喝茶" 叫做 "吃茶"。
Tāmen bǎ "hēchá" jiàozuò "chīchá".
그들은 '喝茶'를 '吃茶'라고 한다.

他们 把 她 看做 家里 人。
Tāmen bǎ tā kànzuò jiāli rén.
그들은 그녀를 집안 사람으로 간주한다.

3 把 + O + V + 给 + 대상

어떤 사물 O가 동작을 통해 상대에게 건네지는 것을 표현하고 싶을 때의 把구문입니다.

我　把　火车票　交**给**了　他。
Wǒ　bǎ　huǒchēpiào　jiāogěile　tā.
나는 기차표를 그에게 건넸습니다.

他　把　我们　介绍　**给**　大家。
Tā　bǎ　wǒmen　jièshao　gěi　dàjiā.
그가 우리들을 모두에게 소개한다.

다양한 把구문

이상은 把구문의 기본적인 특징이며 원칙입니다. 하지만 실제로는 기본 원칙과 다른 예들이 적지 않게 존재합니다.

1 '把'의 목적어가 반드시 술어동사의 의미상의 목적어는 아닙니다.

怎么　把　特务　跑　了!
Zěnme　bǎ　tèwù　pǎo　le!
어쩌다 스파이를 놓쳤어!

我　把　全村　都　跑遍　了。
Wǒ　bǎ　quáncūn　dōu　pǎobiàn　le.
나는 온 마을을 뛰어다녔다.

他　把　脸　喝红　了。
Tā　bǎ　liǎn　hēhóng　le.
그는 취해서 얼굴이 붉어졌다.

2 '把'의 목적어에는 '一个' 등의 수량사가 붙는 수가 있지만, 보통은 특정한 물건을 나타냅니다.

我　把　一　张　当天　的　报纸　推到　他　面前。
Wǒ　bǎ　yì　zhāng　dàngtiān　de　bàozhǐ　tuīdào　tā　miànqián.
나는 그날 신문을 한 장 그의 앞에 밀어 놓았다.

그러나 불특정한 물건을 나타내는 경우도 있습니다.

把 一 个 青年 培养成 有用 的 人材 不是 件 容易 事。
Bǎ yí ge qīngnián péiyǎngchéng yǒuyòng de réncái búshì jiàn róngyì shì.
한 사람의 청년을 쓸모있는 인재로 키워내는 것은 쉬운 일이 아니다.

3 숙어성이 강한 고정된 표현법에서는 부정사가 '把'의 뒤에 오는 수가 있습니다.

他 把 这些 事 也 不 放在 心上。
Tā bǎ zhèxiē shì yě bú fàngzài xīnshang.
그는 이런 일들도 마음에 두지 않는다.

他 把 谁 都 不 放在 眼里。
Tā bǎ shéi dōu bú fàngzài yǎnli.
그는 누구도 안중에 없다.

중국 속담 — 우리 속담

- 说曹操，曹操就到。　　Shuō Cáo Cāo, Cáo Cāo jiù dào.　　호랑이도 제 말 하면 온다.
- 有钱能使鬼推磨。　　Yǒu qián néng shǐ guǐ tuī mò.　　돈만 있으면 귀신도 부릴 수 있다.
- 与人方便，自己方便。　　Yǔ rén fāngbiàn, zìjǐ fāngbiàn.　　친절을 베풀면 보답이 온다.
- 情人眼里出西施。　　Qíngrén yǎnli chū Xīshī.　　제 눈에 안경.
- 人怕出名，猪怕壮。　　Rén pà chūmíng, zhū pà zhuàng.　　모난 돌이 정 맞는다.

被구문

01 피동의 표시 단어가 없는 피동문 : 의미상의 피동문
02 피동 표시 단어가 있는 피동문
   - 被
   - 让, 叫, 给
   - 被(为)…所…
03 把구문과 被구문

 **피동의 표시 단어가 없는 피동문 - 의미상의 피동문**

被구문이란「피동」구문을 말합니다. 중국어의 피동 표현법은 크게 나누어,
① 피동의 표시 단어가 없는 피동문
② '被 bèi' 등 피동의 단어가 있는 피동문
으로 갈라집니다.

예를 들면 편지를 이미 썼을 경우, 우리말에서는 보통「편지를 다 썼다」라고 말하지「편지가 다 씌어졌다」라고 일일이 피동으로 말하지 않습니다. 중국어도 마찬가지입니다.

　　信　我　已经　写完　了。
　　Xìn　wǒ　yǐjing　xiěwán　le.
　　편지는 내가 이미 다 썼다.

이것을 일부러 피동 표시 '被'를 사용해 다음과 같이 말하지는 않습니다.

　(×)　信　已经　被　我　写完　了。
　　　Xìn　yǐjing　bèi　wǒ　xiěwán　le.
　　　편지는 이미 나에 의해 다 씌어졌다.

오해가 생길 수 없는 경우, 마찬가지로 다음과 같이 말합니다.

　　菜　已经　做好　了。
　　Cài　yǐjing　zuòhǎo　le.
　　요리는 이미 다 만들었다.

　　车票　卖完　了。
　　Chēpiào　màiwán　le.
　　차표는 이미 다 팔렸다.

　　房间　打扫干净　了。
　　Fángjiān　dǎsǎo gānjìng　le.
　　집은 깨끗이 청소했다.

　　衣服　我　叠好　了。
　　Yīfu　wǒ　diéhǎo　le.
　　옷은 내가 잘 개어 놓았다.

이런 표현에는 어떠한 어색함도 없습니다. 이런 타입을 문법적으로는「의미상의 피동문」이라고 합니다. 우리말과 마찬가지로 중국어에서도 이런 의미상의 피동문이 일상생활에서 자주 쓰입니다.

02. 피동 표시 단어가 있는 피동문

피동의 표시로서 자주 쓰이는 것은 '被 bèi', '让 ràng', '叫 jiào', '给 gěi' 등의 전치사입니다. 전치사들 가운데 '被'를 대표로 하여, 이들로 만들어진 수동태 문장을 被구문이라고 부릅니다.

1 被

(1) '被'가 쓰이는 형태

「~에 의해 ~되다」에서 「~에 의해」의 의미를 나타내는 것이 전치사 '被'입니다. 다음,

小王　　打碎　窗户　了。
Xiǎo Wáng dǎsuì chuānghu le.
왕군이 창을 깨뜨렸다.

는 「왕군이 창을 깨뜨렸다」는 사실을 평범하게 서술한 「S+V+O」형식의 동사술어문입니다. 이것을 「창은 왕군에 의해 깨졌다」라고 말하고 싶을 경우에는

窗户　被　小王　打碎　了。

이렇게 됩니다. 주어의 위치에 객체(客體)인 '窗户'가 오고, 피동 표시 단어 '被' 다음에 동작의 주체인 '小王'이 놓이게 됩니다. 이와 같이 동작·행위를 행하는 것을 '주체'라 하고 그 동작·행위를 받는 것을 '객체'라 부릅니다.

(2) 객체는 특정·V에는 플러스 α

被구문에서 주어의 위치에는 특정한 객체가 오며, 동사는 능동적인 타동사, 동사의 뒤에는 일반적으로

> V 플러스 α

라는 형태로 「~되었다」는 결과를 나타내는 다른 성분 α를 동반합니다.

객체	被	주체	동사	플러스 α
窗户	被	小王	打	碎了。

我的自行车	被	弟弟	骑	走了。
我	被	爷爷	说 꾸짖다	了一顿。
我的钱包	被	小偷儿 도둑	偷 훔치다	走了。

(3) 被 + V

전치사 '被'를 쓰는 수동태 문장에서, 특히 주체를 말할 필요가 없거나 주체가 일반적인「사람들」일 경우, '被'와 동사를 직접 연결시킬 수 있습니다.

这 本 书 昨天 被 借走 了。
Zhè běn shū zuótiān bèi jièzǒu le.
이 책은 어제 대출되었다.

他 被 选为 车间 主任 了。
Tā bèi xuǎnwéi chējiān zhǔrèn le.
그는 작업장 주임에 선출되었다.

(4) 부정 부사 · 조동사 등 — '被'의 앞에 놓는다

我 的 钱包 没 被 小偷儿 偷去。
Wǒ de qiánbāo méi bèi xiǎotōur tōuqu.
내 지갑은 소매치기한테 도둑맞지 않았다.

我 没有 被 妈妈 打过。
Wǒ méiyou bèi māma dǎguo.
나는 어머니한테 맞아본 적이 없다.

那 只 老鼠 不 会 被 猫儿 抓住。
Nà zhī lǎoshu bú huì bèi māor zhuāzhù.
그 쥐가 고양이에게 잡힐 리가 없다.

이런 식으로 말합니다. 그 밖의 부사도 일반적으로 '被' 앞에 놓습니다.

我 的 自行车 刚 被 弟弟 骑走。
Wǒ de zìxíngchē gāng bèi dìdi qízǒu.
내 자전거는 방금 동생이 타고 나갔다.

那个 小孩儿 也 被 狗 咬 了。
Nàge xiǎohái'r yě bèi gǒu yǎo le.
그 아이도 개한테 물렸다.

동사의 뒤에 이어지는 플러스 α 의 성분에 대해서는 把구문만큼 엄격하지는 않습니다. 경우에 따라서는 2음절 동사로 끝내는 경우도 있습니다.

他常被人嘲笑。
그는 자주 사람들에게 비웃음을 산다.

这句话很容易被人误解。
이 말은 사람들에게 오해받기 쉽다.

이런 경우 '被' 앞에는 부사어가 있는 것이 보통입니다.

(5) '被'의 의미

중국어에서는 일반적으로 의미상의 피동문이라 하여, 다음과 같이 말하는 것이 보통이었습니다.

麦子　我们　运走　了。
Màizi　wǒmen　yùnzǒu　le.
보리는 우리가 옮겼다.

车票　他　已经　买　了，你　别　担心。
Chēpiào tā yǐjing mǎi le, nǐ bié dānxīn.
차표는 그가 이미 샀으니까 걱정하지 마세요.

이것을 被구문으로

麦子　被　敌人　运走　了。
Màizi bèi dírén yùnzǒu le.
보리는 적군에 의해 운반되었다.

车票　都　被　他们　买　了。
Chēpiào dōu bèi tāmen mǎi le.
차표는 그들에 의해 구입되었다.

라고 말하면, 여기에는「피해를 당하다」혹은「내 뜻이 아니다」라는 기분이 더해집니다. 이것이 被구문을 사용해 표현하는 경우의 기본적인 의미입니다. 또한 동사 앞에 '给'를 덧붙여

我　的　自行车　被　他　给　骑走　了。
Wǒ de zìxíngchē bèi tā gěi qízǒu le.
내 자전거는 그가 타고 갔다.

같은 패턴도 있습니다. '给'가 붙으면 보다 구어적인 표현이 됩니다.

이와 같이, '被'의 주된 역할은 「피동」을 나타내기보다는 「피해를 당한다」는 점에 있습니다. 앞에서 예로 든

窗户被小王打碎了。
我的钱包被小偷儿偷走了。

이 「피해의 '被'」가 사용되고 있는 예입니다.
그러나 요즘에 와서는 점점 이런 「피해의 '被'」의 제약에서 탈피하여, 다음과 같이 쓰기도 합니다.

他 被 选为 车间 主任 了。
Tā bèi xuǎnwéi chējiān zhǔrèn le.
그는 작업장 주임에 뽑혔다.

那 辆 车 被 他 修好 了。
Nà liàng chē bèi tā xiūhǎo le.
그 차는 그에 의해 수리되었다.

他们 被 老师 表扬过。
Tāmen bèi lǎoshī biǎoyángguo.
그들은 선생님께 칭찬받은 적이 있다.

那 张 桌子 被 学生 搬到 那个 房间 去 了。
Nà zhāng zhuōzi bèi xuésheng bāndao nàge fángjiān qù le.
그 책상은 학생에 의해 그 방으로 옮겨졌다.

글자 그대로 「피동 표시 단어」로서의 역할이 늘어나고 있다는 것입니다. 하지만 원래 가지고 있는 「피해」의 의미는 역시 근저에 깔려 있습니다.

被구문에서 사용하지 않는 동사

'是, 有, 在, 像, 属于' 등 把구문에서 사용하지 않는 동사와 거의 비슷하지만, 把구문만큼 제약은 많지 않습니다.

我的秘密被他知道了。 나의 비밀이 그에게 알려졌다.

에서처럼 '知道' 등도 쓸 수 있습니다.

가능보어도 사용하지 않습니다.
(×) 这件事被他办不好。

2 让 / 叫 / 给

전치사 '让, 叫, 给'도 피동 표시 단어로 쓰입니다. '让', '叫'는 '被'에 비해 보다 구어적이어서 회화체에서 많이 쓰입니다.

衣服 让 树枝 挂破 了。
Yīfu ràng shùzhī guàpò le.
옷이 나뭇가지에 걸려 찢어졌다.

这个 谜语 叫 小学生 猜着 了。
Zhège míyǔ jiào xiǎoxuéshēng cāizháo le.
이 수수께끼를 초등학생이 알아맞혔다.

我 的 话 叫 他 听见 了。
Wǒ de huà jiào tā tīngjian le.
나의 말을 그가 엿들었다.

门 给 风 吹开 了。
Mén gěi fēng chuīkāi le.
문이 바람에 열렸다.

剩下 的 东西 给 拿走 了。
Shèngxià de dōngxi gěi názǒu le.
남은 물건은 다른 사람이 가져갔다.

이들의 용법과 의미는 '被'와 거의 같습니다. 단 '给'를 제외하고 '让'과 '叫'는 일반적으로 동사와는 직결되지 않고, 그 다음에 객체가 놓이는 것이 보통입니다.

(×) 衣服让挂破了。

(×) 我的话叫听见了。

3 被(为wéi)…所…

이 표현 방식은 고전중국어가 현대중국어 속에 살아남은 흔적입니다. 주로 서면어(문어체)에 사용됩니다.

我 被 这 情景 所 感动 了。
Wǒ bèi zhè qíngjǐng suǒ gǎndòng le.
나는 이 광경에 감동받았다.

她 深深地 为 这 幅 国画 所 吸引。
Tā shēnshēnde wéi zhè fú guóhuà suǒ xīyǐn.
그녀는 이 중국 그림에 깊이 끌렸다.

先 则 制 人, 선즉 제인이요,
Xiān zé zhì rén,

後 则 为 人 所 制。 후즉 위인소제라.
hòu zé wéi rén suǒ zhì.

※ '기선을 잡으면 남을 제압하지만, 그렇지 못하면 남에게 제압당하게 된다'는 뜻으로, 《사기(史記)》의 〈항우본기(項羽本紀)〉에 나오는 말입니다. 여기에 '为…所…'가 사용되었습니다.

03 '把'구문과 '被'구분

把구문(→제31장)이란 '把' 뒤에 놓인 사물이나 사람에게 적극적인 행위·처치를 가해, 그 사물을 「어떻게 하려는 것인가」「어떻게 한 것인가」를 나타냅니다. 被구문이란 '被' 뒤에 나온 주체에 의해 사물이나 사람이 「어떻게 되는 것인가」「어떻게 되었던 것인가」를 나타냅니다. 즉 처치를 가하는 것(능동문)과 가해지는 것(피동문)은 서로 표리의 관계에 있습니다. 따라서 다음과 같이 바꿔말하기가 가능한 경우도 있습니다.

虫子 把 这 几 棵 白菜 咬坏 了。
Chóngzi bǎ zhè jǐ kē báicài yǎohuài le.
벌레가 이 배추 몇 포기를 갉아먹었다.

这 几 棵 白菜 被 虫子 咬坏 了。
이 배추 몇 포기를 벌레가 갉아먹었다.

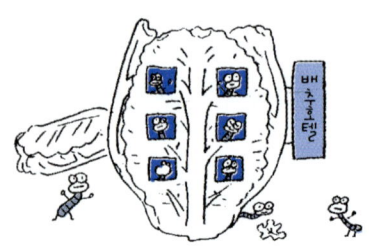

연동문(2)

01 연동문(2)의 형태
02 V₁의 의미에 따른 분류
 • 사역을 나타내는 동사
 • 호칭·인정을 나타내는 동사
 • '有'를 사용하는 연동문

 연동문(2)의 형태

동작이나 행위가 이루어지는 순서에 따라 동사(구)를 이어가는 연동문(1)은 제10장에서 배웠습니다. 여기에서는 또 하나의 연동문(2)를 공부합니다.

연동문(连动句) 유형(1)을 다시 한번 살펴봅니다.

　　　孩子们　去公园　玩儿。
　　　我　去银行　取钱　买衣服。

이들은 하나의 주어 S에 대해, 동사(구) V₁ V₂ …가 주어 S의 동작으로서, 그들이 행해지는 순서에 따라 이어지고 있습니다.

　　　　　S ＋ V₁ ＋ V₂ ……

이것이 연동문 유형(1)입니다. 그러면 다음 문장은 어떨까요?

　　　老师　叫　我们　背　课文。
　　　Lǎoshī jiào wǒmen bèi kèwén.
　　　선생님은 우리에게 본문을 암기시켰다.
　　　→ 선생님은 우리에게 본문을 암기하라고 하셨다.

이 문장도 주어 '老师'에 대해 동사구 V₁ '叫我们'과 V₂ '背课文'이 이어져 있는 것은 확실합니다. 그러나 S와 V₁ V₂의 내부구조가 다릅니다. '叫'는 「(말하여) ~시키다」, '背'는 「암기하다」는 뜻입니다. 하지만 이것은,

　　　　老师　叫　我们　背　课文

라는 관계가 성립하는 문장입니다. V₁쪽의 '叫'(말하여 ~시키다)는 '老师'의 동작·행위이고, V₂의 '背'(암기하다)는 '我们'의 동작·행위라는 관계입니다. 아래 박스의 구조는 S V O로, '我们'은 V₁ '叫'의 목적어가 되고 있습니다.

　　　　S ＋ V₁ ＋ O
　　　　老师　叫　我们　　선생님이 우리에게 시켰다.

하지만 다음 네모를 보면, '我们'은 V₂ '背'의 주어 역할을 하고 있습니다.

```
   S + V₂
  我们   背   课文
```
우리는 본문을 암기한다.

결국, '我们'이 목적어 O와 주어 S의 두 가지 역할을 겸하고 있는

```
   S + V₁ + O/S + V₂ …
```

라는 구조입니다. 두 가지 역할을 겸하고 있기 때문에 이를 겸어식 연동문(兼语式连动句)이라 불러 유형(1)과 구별합니다. 겸어식 연동문은 「겸어문(兼语句)」이라고도 합니다.
이 연동문(2)는 V₁의 동사가 가진 의미를 가지고 몇 개로 분류할 수 있습니다.

02 V₁의 의미에 따른 분류

1 사역을 나타내는 동사

(1) '让 ràng', '叫 jiào', '使 shǐ' ― 사역의 표시

'让, 叫, 使'는 「~에게 (~을) ~시키다」라는 사역의 의미를 나타냅니다.
'让 ràng'은 원래 그 사람의 바람대로 「그렇게 시켜드리다(해받다)」라는 의미를 가지고 있고, '叫 jiào'는 상대에게 「말해서 ~시키다」가 본래의 의미입니다. 또한 '使 shǐ'는 약간 딱딱한 문어체의 말투라고도 할 수 있으나, 똑같이 「시키다」라고 해도 동적인 동작·행위를 시키는 것이 아니고, 「기쁘게 하다」「만족시키다」「진보 향상시키다」라는 비(非)동작적이고 정적인 말과 연결되어 쓰입니다.
이렇게 '让, 叫, 使'에는 의미·용법상, 미묘한 차이가 있지만, 모두 다 「~에게 (~을) ~시키다」라는 사역 표시 동사입니다.

妈妈 叫 弟弟 去 买 酱油。
Māma jiào dìdi qù mǎi jiàngyóu.
어머니는 남동생에게 간장을 사오게 했다.

来晚 了, 让 你 久等 了。
Láiwǎn le, ràng nǐ jiǔděng le.
늦었습니다, 너무 오래 기다리게 했습니다.

부정은 '不'나 '没'를 '让, 叫'의 앞에 놓습니다.

爸爸 不 让 我 去 看 电影。
Bàba bú ràng wǒ qù kàn diànyǐng.
아버지는 나에게 영화를 보러 가지 못하게 했다.

他 病 了, 你们 不 应该 叫 他 去。
Tā bìng le, nǐmen bù yīnggāi jiào tā qù.
그는 병이 났으니 너희는 그를 가게 하면 안 된다.

大夫 没 让 我 吃 这 种 药。
Dàifu méi ràng wǒ chī zhè zhǒng yào.
의사는 나에게 이 약을 먹지 못하게 했다.

의문은 '吗' 의문문 외에, V₁를 반복시켜 정반의문문을 만듭니다.

妈妈 叫 不叫 弟弟 去 买 酱油?

또한 다음과 같이 '让我', '让我们'으로 말하면 바람을 나타냅니다.

让 我 好好儿 想一想 吧!
Ràng wǒ hǎohāor xiǎngyixiang ba!
나에게 잘 생각할 수 있게 해주세요.

让 我们 永远 生活在 一起!
Ràng wǒmen yǒngyuǎn shēnghuózài yìqǐ!
우리가 계속 함께 살 수 있도록 해주세요.

使 비(非)동작적이고 정적인 말과 연결

虚心 使 人 进步, 骄傲 使 人 落后。
Xūxīn shǐ rén jìnbù, jiāo'ào shǐ rén luòhòu.
겸손은 사람을 발전시키고, 교만은 사람을 퇴보시킨다.

这个 消息 使 大家 很 高兴。
Zhège xiāoxi shǐ dàjiā hěn gāoxìng.
이 소식은 모두를 기쁘게 했다.

经常 锻炼 身体 能 使 人 健康 长寿。
Jīngcháng duànliàn shēntǐ néng shǐ rén jiànkāng chángshòu.
늘상 몸을 단련하는 것은 사람을 건강하고 장수하게 할 수 있다.

(2) '派 pài' '求 qiú' '请 qǐng' 등 — 압력단체의 동사들

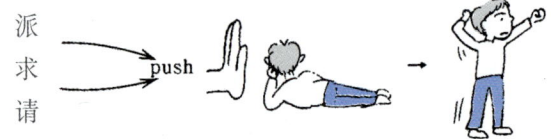

사람에게 압력을 넣어 「~시키다」라는 의미의 동사들입니다.

派 pài   파견하여 ~시키다

科长　派　我　去　联系。
Kēzhǎng pài wǒ qù liánxì.
과장이 나를 보내 연락하게 했다.

政府　派出　经济　代表团　到　西欧　各国　进行　考察。
Zhèngfǔ pàichu jīngjì dàibiǎotuán dào Xī'ōu gèguó jìnxíng kǎochá.
정부는 경제대표단을 파견해 서유럽 각국을 시찰시켰다.

求 qiú   부탁하다

你　求　他　帮帮　忙　吧。
Nǐ qiú tā bāngbang máng ba.
너 그 남자에게 좀 도와달라고 부탁하렴.

我　想　求　你　去　办　一　件　事，可以　吗？
Wǒ xiǎng qiú nǐ qù bàn yí jiàn shì, kěyǐ ma?
너에게 일을 부탁하고 싶은데, 괜찮겠니?

请   초대하다, 오게 하다

我　想　请　他　讲　几　句　话。
Wǒ xiǎng qǐng tā jiǎng jǐ jù huà.
나는 그에게 이야기를 몇 마디 해달라고 할 생각이다.

他　昨天　请　我们　吃饭。
Tā zuótiān qǐng wǒmen chīfàn.
그는 어제 우리에게 한턱 냈다.

2 호칭·인정을 나타내는 동사

'称 chēng'(~라고 칭하다, ~라고 부르다), '认 rèn'(~라고 인정하다), '选 xuǎn'(선출해서 ~로 삼다) 등의 동사가 이에 속합니다.

历史上　称　这　一　时期　为　战国。
Lìshǐshang chēng zhè yì shíqī wéi Zhànguó.
역사에서는 이 시대를 전국시대라고 한다.

我 认 您 作 我 的 师傅 吧！
Wǒ rèn nín zuò wǒ de shīfu ba!
내가 당신을 사부로 모시게 해주세요.

究竟 选 谁 当 班长, 他们 早就 心 中 有 数 了。
Jiūjìng xuǎn shéi dāng bānzhǎng, tāmen zǎojiù xīn zhōng yǒu shù le.
도대체 누구를 뽑아 반장으로 하는가는, 그들 마음에 벌써 정해져 있다.

3 '有'를 사용하는 연동문

'有'을 사용한 겸어식 연동문에서는, '有'의 목적어는 '一个…' '几个…' '人' 등과 같이 불특정의 것입니다.

中国 古代 有 个 文学家 叫 司马 迁。
Zhōngguó gǔdài yǒu ge wénxuéjiā jiào Sīmǎ Qiān.
옛날 중국에 사마천이라는 문학가가 있었다.

我们 这儿 没 有 人 姓 金。
Wǒmen zhèr méi yǒu rén xìng Jīn.
우리 쪽에는 김씨 성을 가진 사람이 없다.

她 有 一 把 伞 很 好看。
Tā yǒu yì bǎ sǎn hěn hǎokàn.
그녀는 매우 예쁜 우산을 갖고 있다.

또 하나의 '有' 연동문

他们 都 有 房子 住。
Tāmen dōu yǒu fángzi zhù.
그들은 모두 살 집이 있다.

以前 我 家 没有 饭 吃, 没有 衣服 穿。
Yǐqián wǒ jiā méiyou fàn chī, méiyou yīfu chuān.
예전에 우리 집에는 먹을 밥도, 입을 옷도 없었다.

我 没有 什么 理由 可以 反对。
Wǒ méiyou shénme lǐyóu kěyǐ fǎnduì.
나에게는 반대할 어떤 이유도 없다.

이들도 V₁에 '有'가 있고, 뒤로 V₂가 이어져 있습니다. 그런데, 구조는

(×) 他们都有 | 房子 | 住

는 아닙니다. '房子'는 '有'의 목적어이긴 하지만, '×房子住'라는 식으로 '住'의 주어는 되지 못합니다.

他们 都 有 房子 住

「살아야 할 집」「사는 집」이라는 식으로 생각해, 「번역할 때는 뒤부터」라고들 말하는 유형입니다. 이것을 또 하나의 '有' 연동문 또는, 연동문(3)으로서 '有饭吃, 有衣服穿' 등 외우기 쉬운 말로 기억해두면 편리합니다.

연동문의 정리

1. 동작이 행해지는 순서에 따라 $V_1 + V_2 \cdots$

   孩子们去公园玩儿。(➡제10장)

2. 겸어식 : $V_1 + O/S + V_2$

   妈妈不让弟弟看电视。
   엄마는 남동생에게 TV를 보지 못하도록 했다.

   我请他讲几句话。
   나는 그에게 몇마디 이야기할 것을 청했다.

3. 有 + O + V_2

   有饭吃, 有衣服穿。
   먹을 밥이 있고, 입을 옷이 있다.

   我没有什么理由可以反对。
   나는 반대할 아무런 이유도 없다.

34

어기조사 · 반어문

01 **어기조사**
- 어기조사란
- 상용 어기조사 (1)
- 상용 어기조사 (2)
- '着呢'와 '来着'

02 **반어문**

01. 어기조사(语气助词)

1 어기조사란

우리말에서 '오늘이 10일이네!' '빨리 하지 않으면 늦을 거예요' '잘됐구나'에서의 '-네'나 '-요' '-구나' 등은 문장 끝에 놓이는 조사로서, 확인이나 감탄 등을 나타냅니다. 중국어에서도 문장 끝에 '的' '呢' '嘛' 등이 나타나 '단정'이나 '혼란' 혹은 '이미 알고 있었는데…' 등 말하는 이의 기분을 나타냅니다.

他 一定 会 来 的。
Tā yídìng huì lái de.
그는 반드시 돌아올 겁니다.

怎么 说 好 呢?
Zěnme shuō hǎo ne?
어떻게 말하면 좋을까요?

你 是 大学生 嘛!
Nǐ shì dàxuéshēng ma!
너는 대학생이잖아!

이처럼 문장 끝에 놓여 말하는 이의 마음 상태나 기분 등 여러 가지 빛깔을 보태는 말을 어기조사라 합니다.

2 상용 어기조사 (1)

吗 ma '吗'는 평서문의 끝에 쓰여 상대에게 물어보거나, 질문하는 어기를 나타냅니다.

北京 的 秋天 凉快 吗?
Běijīng de qiūtiān liángkuai ma?
베이징의 가을은 시원합니까?

你 去过 重庆 吗?
Nǐ qùguo Chóngqìng ma?
당신은 重慶에 간 적이 있습니까?

你 不 认识 他 吗?
Nǐ bú rènshi tā ma?
당신은 그를 모릅니까?

了₂ le   어떤 사실이나 상황이 일어난 것을 인정하는 기분이나, 상황의 변화를 인정하는 기분을 나타냅니다. 문장 끝에 놓여, 동사의 바로 뒤에서 완료·실현을 나타내는 동태조사 '了₁'과는 구별됩니다.(➡제22장)

我 写了 信 了₂.
Wǒ xiěle xìn le.
나는 편지를 썼다.

下 雨 了₂.
Xià yǔ le.
비가 내린다.

树叶 都 红 了₂.
Shùyè dōu hóng le.
나뭇잎이 모두 빨갛게 됐다.

我 明天 不 去 长城 了₂.
Wǒ míngtiān bú qù Chángchéng le.
나는 내일 만리장성에 가지 않기로 했다.

Plus α   자주 사용되는 '了₂'의 형태

[太…了] — 정도가 대단하다

太好了!	아주 좋아.
太不好了!	지독하게 나빠.
太感谢你了。	정말 고맙습니다.

[…极 jí 了] — 정도가 지극히 높다

美极了!	매우 아름답다.
我满意极了!	나는 극히 만족스럽다.
屋里收拾得整齐极了。	방은 아주 깨끗이 정리되어 있다.

别 + V + 了 — 금지

| 别想了! | 더 생각하지 마. |
| 别说话了! 大家看书呢。 | 말하지 마, 모두 책을 보고 있잖아. |

겹쳐서 사용되는 일상어

好了, 好了, 别哭了!	됐어 됐어, 울지 마.
算了, 算了, 就这样吧!	알았어 알았어, 그럼 그렇게 할게.
行了, 行了, 别再买了。	됐어 됐어, 다시는 사지 마.
请再坐一会儿! 不了, 不了。	좀 더 앉아 계세요. 아뇨, 됐습니다. 실례할게요.
对了, 对了, 想起来了!	아, 맞다! 생각났다.
得了, 得了, 我知道了。	됐어 됐어, 나 알았어.
请再多吃点儿啊! 够了, 够了!	좀 더 드세요! 충분합니다.

嘛 ma   도리로 당연하다, 알고 있는 것이다라는 어기를 나타냅니다.

你 怎么 回答不出来？你 是 大学生 嘛。
Nǐ zěnme huídábuchūlai? Nǐ shì dàxuéshēng ma.
어째서 대답을 못하는 거지? 넌 대학생이잖아.

谁 说 我 迟到 了？我 早就 来 了 嘛。
Shéi shuō wǒ chídào le? Wǒ zǎojiù lái le ma.
누가 내가 지각했다고 하니? 나는 벌써 와 있었는데.

公共 财物 嘛, 大家 都 得 爱护。
Gōnggòng cáiwù ma, dàjiā dōu děi àihù.
공공의 재산이잖아. 우리 모두가 아껴야 해.

이 맨 끝의 예문 '公共财物嘛, …'처럼 반드시 문장 끝에 나오는 것은 아니고, 문장 가운데 간격(포즈)을 두어 「공공의 재산이잖아, …」처럼 말할 수도 있습니다.

的 de   딱 잘라 단정하는 어기입니다. 자주 '会'와 함께 '会…的'의 형태로 사용되어 「반드시 ~할 것이다」라는 의미를 나타냅니다. 또한 '是…的' 구문(➡제14장)의 '的'도 단정의 어기를 나타내는 것입니다.

好 的。
Hǎo de.
좋아요.

他 要 走 的。
Tā yào zǒu de.
그는 갈 겁니다.

放心 吧！你 的 病 会 好 的。
Fàngxīn ba! Nǐ de bìng huì hǎo de.
안심하세요! 당신의 병은 좋아질 겁니다.

我 是 同意 你 的 意见 的。
Wǒ shì tóngyì nǐ de yìjiàn de.
나는 당신의 의견에 찬성입니다.

罢了 bàle   부사 '不过' '只是' 등과 호응하여 「단지 ~에 지나지 않는다」라는 뜻으로 '不过…罢了' '只是…罢了'라고 쓰입니다.

没 什么, 只是 着 点儿 凉 罢了。
Méi shénme, zhǐshì zháo diǎnr liáng bàle.
별거 아니야, 단지 감기에 좀 걸렸을 뿐이야.

我 不过 做了 我 应该 做 的 事 罢了。
Wǒ búguò zuòle wǒ yīnggāi zuò de shì bàle.
나는 단지 내가 해야 할 일을 했을 뿐입니다.

我 不过 说说 罢了, 你 可 不 要 当真。
Wǒ búguò shuōshuo bàle, nǐ kě bú yào dàngzhēn.
난 그냥 한번 말해 본 것뿐이야, 사실이라 여기지 마라.

啊 a   감탄의 어기를 나타냅니다. 자주 부사 '多'와 함께 '多…啊!' '굉장히 ~해'의 형태로 사용됩니다. 이 어기조사 '啊'는 발음할 때, 그 앞에 이어진 음절의 맨 끝소리에 의해 아래와 같은 음 변화를 일으킵니다. 또한 글자로 쓸 때도 음 변화에 따라 문자를 달리하여 쓰기도 합니다.

时间 过得 多 快 呀!
Shíjiān guòde duō kuài ya!
시간이 정말 빠르게 지나가는구나!

这儿 的 风景 多 美 呀!
Zhèr de fēngjǐng duō měi ya!
이곳의 경치는 정말 아름답군!

这个 孩子 多 爱 劳动 啊!
Zhège háizi duō ài láodòng a!
이 아이는 정말 일하는 걸 좋아하는구나!

这 匹 马 跑得 真 快 呀!
Zhè pǐ mǎ pǎode zhēn kuài ya!
이 말은 정말 빨리 달리는구나!

'啊 a'의 음 변화

앞 음절의 끝소리	변화음	한자
i ü	ya	呀
u (ao iao)	wa	哇
n	na	哪
ng	nga	啊
-i [설치음]	[za]	啊
-i [권설음]	ra	啊
a o e	ya	呀

-i [설치음]는 zi, ci, si의 i,
-i [권설음]는 zhi, chi, shi, ri의 i음을 나타냅니다.
이 음 변화는 일부러 외우지 않아도 앞 음절에 '啊'를 이어 발음해보면 자연히 이와 같은 음이 됩니다.

3 상용 어기조사 (2)

'吧 ba'나 '呢 ne'는 대단히 자주 사용되는 어기조사입니다. 또한 '啊'도 감탄 이외에 여러 가지 어기로 쓰입니다.

吧 ba 다음 명령문을 비교해보면

快说! 　빨리 말해.

快说吧! 　빨리 말하세요.

'快说吧!' 쪽 명령문의 느낌이 부드럽습니다. 문장 끝에 '吧'를 붙임으로써 평서문이나 의문문을 단정적으로 말하는 것이 아닌, 부드러운 느낌으로 문장 전체를 바꿔줍니다.

新鲜 的 事儿 一定 不 少 吧。
Xīnxiān de shìr yídìng bù shǎo ba.
신기한 일이 틀림없이 많을 거야.

好 吧, 就 这样 吧!
Hǎo ba, jiù zhèyàng ba!
좋아, 그렇게 하자구.

咱们 走 吧, 走 吧!
Zánmen zǒu ba, zǒu ba!
우리, 가자 가자.

他 大概 已经 走 了 吧?
Tā dàgài yǐjing zǒu le ba?
그는 아마도 이미 나갔겠지?

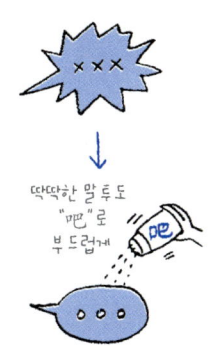

딱딱한 말투도 "吧"로 부드럽게

呢 ne '呢'는 '吗' 의문문 이외의 의문문에서 문장 끝에 붙어 혼란스러움, 우유부단함 등의 기분을 나타냅니다.(→제12장)

现在 几点 了 呢?
Xiànzài jǐdiǎn le ne?
지금 몇 시나 됐나?

他 回家 了 没有 呢?
Tā huíjiā le méiyou ne?
그는 집에 돌아갔을까?

我们 去 天坛 呢, 还是 去 北海 呢?
Wǒmen qù Tiāntán ne, háishì qù Běihǎi ne?
天壇에 갈까, 아니면 北海에 갈까?

평서문에서는 진행의 동태 표시 '正在'(→제20장)나 지속의 동태조사 '着'(→제21장), 부사

'还'나 '可＋형용사'와 사이가 좋아, 자주 문장 끝에 붙습니다.

他 正在 睡觉 呢。
Tā zhèngzài shuìjiào ne.
그는 지금 자고 있다.

外边儿 下着 雨 呢。
Wàibianr xiàzhe yǔ ne.
밖에는 비가 내리고 있다.

他 还 会 弹 钢琴 呢。
Tā hái huì tán gāngqín ne.
그는 피아노도 칠 수 있다.

今天 可 冷 呢。
Jīntiān kě lěng ne.
오늘은 정말 춥구나.

王府井 可 热闹 呢。
Wángfǔjǐng kě rènao ne.
王府井은 정말 번화하구나.

啊 a

'啊'에는 감탄의 어기 외에도 말하는 이가 '어?' 하고 생각하는 듯한 기분을 나타냅니다.

小王 不 去 上海 呀?
Xiǎo Wáng bú qù Shànghǎi ya?
어, 왕군은 上海에 가지 않아?

怎么 不 说 呀, 要是 我 就 说。
Zěnme bù shuō ya, yàoshi wǒ jiù shuō.
어, 왜 말하지 않지? 나라면 말할텐데.

또한 주의를 주거나 충고하는 기분을 나타냅니다.

慢 点儿 走 哇, 当心 地上 滑。
Màn diǎnr zǒu wa, dāngxīn dìshang huá.
천천히 가, 길이 미끄러우니까 조심해.

这 件 事 啊, 你 可 不 能 马马虎虎。
Zhè jiàn shì a, nǐ kě bù néng mǎmahūhū.
이 일은 말야, 네가 대충대충 하면 안돼.

그 밖에 사람을 부르거나 무엇을 열거할 때에도 사용합니다.

小张 啊, 快 下来!
Xiǎo Zhāng a, kuài xiàlai!
장군, 빨리 내려와.

这里 的 山 啊, 水 啊, 树 啊, 草 啊, 都
Zhèli de shān a, shuǐ a, shù a, cǎo a, dōu
是 我 从 小 就 非常 熟悉 的。
shì wǒ cóng xiǎo jiù fēicháng shúxī de.
이곳의 산, 내, 나무, 풀 등 모든 것이 내가 어렸을 때부터 익숙한 것들이다.

4 '着呢'와 '来着'

着呢 zhene 주로 형용사의 뒤에 쓰여, 그러한 성질·상태인 것을 '(실은) ~야'라고 상대에게 주장하거나, 알려주는 표현법입니다. 회화에서 많이 사용되며 다소 과장하는 느낌이 포함됩니다.

汉拿山 高 着呢。
Hànnáshān gāo zhene.
한라산은 높다.

饭 还 多 着呢, 你 吃 呀。
Fàn hái duō zhene, nǐ chī ya.
밥은 아직 많으니까, 드세요.

北京烤鸭 世界上 有名 着呢。
Běijīngkǎoyā shìjièshang yǒumíng zhene.
베이징 오리구이는 세계적으로 유명해.

이렇게 '着呢'를 형용사 뒤에 붙일 경우, '很' 등의 정도부사나 정도를 나타내는 보어 등은 붙을 수 없습니다.

(×)汉拿山 很 高 着呢。
(×)汉拿山 高得 很 着呢。

Plus α

「동사+着+呢」

他在那儿站着呢。 그는 저쪽에 서 있다.

여기에서 '着呢'는 지속을 나타내는 동태조사 '着'에 어기조사 '呢'가 결합한 것으로, 「형용사+着呢」와는 다릅니다.

来着 láizhe : 중국 북방 지역의 구어체에서 사용되며, '가까운 과거에 어떤 일이 일어났다'라는 것을 나타냅니다. 이 가까운 과거란, 조금 전의 일이거나 시간이 꽤 지난 일일 수도 있기 때문에 그것은 화자의 주관에 달렸습니다. 또한 과거에 일어난 일을 마치 눈앞에 보이는 듯한 기분으로 말할 때도 쓰이며, 이를 '과거의 회상'이라고도 합니다.

他 刚才 还 在 这儿 来着, 怎么 一 转眼
Tā gāngcái hái zài zhèr láizhe, zěnme yì zhuǎnyǎn
就 不 见 了?
jiù bú jiàn le?
그는 방금까지 여기 있었는데, 어떻게 잠깐 사이에 안 보이네?

原来 我 有 枝 这样 的 钢笔 来着, 后来
Yuánlái wǒ yǒu zhī zhèyàng de gāngbǐ láizhe, hòulái
送给 朋友 了。
sònggěi péngyou le.
예전에 나에게 이런 만년필이 있었는데, 나중에 친구에게 주었다.

이 '来着'를 문장 끝에 두는 경우, 문장 속에 동태 표시 '了' '过' '着'는 나타나지 않습니다. '来着'는 다음과 같이 일상적인 표현으로도 자주 쓰입니다.

他 叫 什么 来着?
Tā jiào shénme láizhe?
그 남자 이름이 뭐라고 했지?

你 刚才 说 什么 来着?
Nǐ gāngcái shuō shénme láizhe?
너 금방 뭐라고 했지?

 반어문(反语句)

반어문이란 부정의 형태로 강하게 긍정하거나, 긍정의 형태로 강하게 부정하는 식으로, 말하고자 하는 내용을 반대의 형태로 나타내는 강조표현입니다. 이것은 레토릭(효과적인 말투)을 위한 수단이기 때문에 생생한 회화 속에 자주 쓰입니다
보통의 평서문처럼 보이지만, 대화하는 자리의 분위기에 따라서 반어(反語)의 느낌으로 바꾸는 것은 우리말에서도 쉽게 찾아볼 수 있습니다.

这是你的? 이게 네 것이라고?
他不是人? 그는 사람이 아니니?

다음은 패턴화된 반어표현을 몇 개 배우겠습니다.

不是…吗? ~가 아닌가

你 **不是** 明天 去 釜山 **吗**?
Nǐ búshì míngtiān qù Fǔshān ma?
너 내일 부산에 가는 거 아니니?

我们 **不是** 已经 约好了 **吗**?
Wǒmen búshì yǐjing yuēhǎole ma?
우리 이미 다 약속한 거 아닌가?

这 本 小说 **不是** 很 有意思 **吗**?
Zhè běn xiǎoshuō búshì hěn yǒuyìsi ma?
이 소설 정말 재미있지 않니?

'不是…吗?'로 강한 긍정을 나타냅니다.

难道 nándào …吗? 설마 ~이겠니

他 **难道** 不 赞成 我 的 意见 **吗**?
Tā nándào bú zànchéng wǒ de yìjiàn ma?
그가 설마 내 의견에 찬성하지 않겠니?

难道 他 回 家 了 **吗**?
Nándào tā huí jiā le ma?
설마 그가 집에 돌아갔겠니?

哪儿…(啊)? 어디에 ~한 일이 있으랴, 있을 리가 없다

我 **哪儿** 有 工夫 **啊**?
Wǒ nǎr yǒu gōngfu a?
내가 어디 틈이 있어 — 틈이라곤 없다.

那个 人 **哪儿** 是 社长 **啊**?
Nàge rén nǎr shì shèzhǎng a?
저 사람이 어디 사장이냐 — 사장이 아니다.

他 **哪儿** 能 不来 **呢**?
Tā nǎr néng bùlái ne?
그가 오지 않을 리가 없다 — 반드시 온다.

世上 **哪儿** 有 白 做 的 工作?
Shìshang nǎr yǒu bái zuò de gōngzuo?
이 세상에 그냥 되는 일이 어디 있겠는가 — 아무 데도 없다.

…什么? 뭐가 ~하다는 건가? 무얼 ~하는 건가?

哭 什么?
Kū shénme?
뭘 울고 그래? — 울 일 없다.

跑 什么? 时间 还 早 呢。
Pǎo shénme? Shíjiān hái zǎo ne.
뭘 뛰고 그래? 시간은 아직 일러.

这 篇 文章 难 什么?
Zhè piān wénzhāng nán shénme?
이 문장이 뭐가 어렵다는 거야? — 쉽다.

漂亮 什么? 一点儿 也 不 好看。
Piàoliang shénme? Yìdiǎnr yě bù hǎokàn.
뭐가 예쁘다는 거야? 하나도 예쁘지 않다.

이렇게 본래 목적어를 취하지 않는 동사나 형용사의 뒤에 '什么'를 붙여 반박하는 기분을 나타냅니다.

有什么… 뭐가 ~한 거야?

주로「有什么+형용사」의 형태로 쓰입니다.

这 件 衣服 有 什么 难看。
Zhè jiàn yīfu yǒu shénme nánkàn.
이 옷이 뭐가 보기 싫다는 거냐.

这 张 画儿 有 什么 好看?
Zhè shāng huàr yǒu shénme hǎokàn?
이 그림이 뭐가 아름답다는 거냐?

还 를 사용한 반어문

这么 好 的 条件, 你 还 不 满意!
Zhème hǎo de tiáojiàn, nǐ hái bù mǎnyì!
이렇게 좋은 조건인데 너는 아직도 불만이냐!

第 一 次 学 游泳, 还 能 不 喝 几 口 水?
Dì yī cì xué yóuyǒng, hái néng bù hē jǐ kǒu shuǐ?
처음 수영 배우면서 어떻게 물을 안 먹을 수 있다는 거냐?

谁… 怎么会/能…

谁 说 我们 干不成？ 我们 一定 干得成！
Shéi shuō wǒmen gànbuchéng? Wǒmen yídìng gàndechéng!
누가 우리가 못한다고 했어? 우린 반드시 해낼 거야!

他 **怎么 会** 来？ 他 摔折了 腿 了。
Tā zěnme huì lái? Tā shuāizhéle tuǐ le.
그가 어떻게 올 수 있겠어? 그는 넘어져서 다리가 부러졌는데.

이것도 반어문?

상대가 하는 말에 '그야 물론/그렇고말고'라고 동의할 때의 표현법

可不是吗！Kěbushì ma! 可不是嘛！Kěbushì ma!
可不是！Kěbushì!   可不！Kěbù!

이를테면 다음과 같이 사용합니다.

A : 他汉语说得真好。 그는 중국어를 정말로 잘 해.
B : 可不, 说得和中国人差不多。 그렇고 말고, 중국인과 똑같이 말해.

복문·긴축문

- **01 단문과 복문**
  - 단문
  - 복문
- **02 복문의 유형**
  - 형태상으로 보면
  - 의미관계에서 보면
- **03 접속사**
  - 접속사 : 호응의 세 유형
  - 편정유형의 접속사
  - 동일의문대명사의 호응
- **04 긴축문**

 단문(短句)과 복문(复句)

사람이 언어를 사용해 자신의 의사를 전하려 할 때는, 항상 문장을 기본단위로 하여 전합니다. 그 문장에는 형태(구조)로 볼 때 2가지 종류가 있는데, 바로 단문과 복문입니다.

1 단문

단문에는 주어와 술어를 갖춘 주술문과 하나의 단어나 주술구 이외의 구로 되어 있는 비주술문이라는 것이 있습니다. (➡제17장 문의 정리 참조)

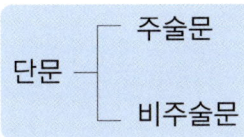

(1) 주술문

다음은 주어와 술어를 모두 갖추고 있는 주술문입니다.

我们　唱　歌儿。
Wǒmen chàng gēr.
우리들은 노래를 부릅니다.

他们　都　是　学生。
Tāmen dōu shì xuésheng.
그들은 모두 학생이다.

地球上　出现了　一　个　人类　始祖。
Dìqiúshang chūxiànle yí ge rénlèi shǐzǔ.
지구상에 인류의 시조가 나타났다.

 "地球上出现了一个人类始祖" 이 문장은 우리말을 기준으로 판단하면, '인류의 시조'가 주어인 것처럼 보이지만, 구조적으로 볼 때

<u>地球上</u>　<u>出现了</u>　<u>一个人类始祖</u>。
　S　　　　V　　　　　O

로 [S+V+O]의 구조입니다.

(2) 비주술문

走! 가자.
Zǒu!

多 美 啊! 정말 아름답다!
Duō měi a!

下 雨 了。 비가 내린다.
Xià yǔ le.

'下雨'는 우리말로는 '비가 오다'니까 주술구문으로 보일지 모르지만 구조상으로는

下 雨
V O

이렇게 동사와 목적어로 이루어진 구문입니다.

2 복문

복문이란 2개 혹은 2개 이상의, 의미상 깊은 관계를 가진, 또한「서로 다른 문장의 성분이 되지 않는 단문」으로 이루어진 문장을 말합니다. 예를 들면,

他 是 中国人, 我 是 韩国人。
Tā shì Zhōngguórén, wǒ shì Hánguórén.
그는 중국인이고, 나는 한국인이다.

天气 太 热, 我们 不 去 了。
Tiānqì tài rè, wǒmen bú qù le.
날씨가 너무 더워서, 우리는 가지 않기로 했다.

这儿 风景 优美, 所以 游人 很 多。
Zhèr fēngjǐng yōuměi, suǒyǐ yóurén hěn duō.
이곳은 경치가 좋아서 관광객이 많다.

他 虽然 年纪 小, 但是 胆子 不 小。
Tā suīrán niánjì xiǎo, dànshì dǎnzi bù xiǎo.
그는 비록 나이는 어리지만 배짱이 두둑하다.

이들은 각각 쉼표(逗号 dòuhào)를 사이에 두고, 주술구가 되는 단문이「다른 문장의 성분으로 됨이 없이」나열되어 있습니다. 이런 문장을 복문이라 말하고, 이 복문의 구성요소가 되는 단문을 '分句 fēnjù'라고 부릅니다.

「서로 다른 문장 성분이 되지 않는 단문」　「다른 어떤 성분도 되지 않는다는 것」

은 어떤 것인가

我们都知道, 他工作积极学习努力。
그가 적극적으로 일하고 열심히 공부한다는 것은, 우리 모두가 알고 있다.

이 문장은 얼핏 복문처럼 보일지 모릅니다. 그러나 이것은 '他工作积极, 学习努力'가 동사 '知道'의 목적어라는 문장성분이 됩니다.

我们都知道, 他工作积极, 学习努力。
　S　　　V　　　　　O

그렇기 때문에 이 전체가 하나의 단문으로, 복문이 아닙니다. 다음은 어떨까요.

帮助他们实现理想, 是 我们的一个重要目标。
　　　S　　　　　V　　　　O

그들을 도와 이상을 실현시키는 것은 우리의 중요한 목표이다.

이것은 '帮助他们实现理想'이 주어의 역할을 하고 있습니다. 그러므로 이것 역시 복문이 아닌 단문입니다.

복문의 유형

'分句 fēnjù'라 불리는 단문을 그 구성요소로 하여 성립된 복문은, 그 '分句' 간의 관계를 형태상과 의미관계상 두 가지 형태로 나눌 수 있습니다.

1 형태상으로 보면

(1) 접속사(连词 ; 연사) 없는 유형

접속사란 '分句'를 이어주는 기능을 가진 어휘인데, 이것이 없는 유형입니다.

他 是 中国人, 我 是 韩国人。
Tā shì Zhōngguórén, wǒ shì Hánguórén.
그는 중국인이고, 나는 한국인이다.

天气 很 热, 我们 不 去 了。
Tiānqì hěn rè, wǒmen bú qù le.
날씨가 더워서 우리는 가지 않기로 했다.

여기서 앞의 '分句'를 P, 뒤의 '分句'를 Q라 한다면, P와 Q가 예문과 같이「~이지만」이나「~라서」따위의 '연결하는 말' 없이 그대로 나열되어 있는 유형입니다.

접속사(连词)란, '如果 rúguǒ' 만일 ~라면, '即使 jíshǐ' 설사 ~라도, '因为 yīnwèi' ~때문에 등의 접속사, '都 dōu', '再 zài', '却 què' 등의 부사 및 '另一方面 lìng yì fāngmiàn' 한편으로는 등의 연결기능을 가진 어휘를 말합니다.

(2) 접속사가 있는 유형

다음은「— 그래서」의 '所以 suǒyǐ'나「비록 ~이지만」'虽然…但是… suīrán… dànshì…'처럼, PQ간의 의미관계를 확실히 보여주는 접속사가 있는 유형입니다.

这儿 风景 优美, **所以** 游人 很 多。
Zhèr fēngjǐng yōuměi, suǒyǐ yóurén hěn duō.
여기는 경치가 좋다, 그래서 관광객이 많다.

他 **虽然** 年纪 小, **但是** 胆子 不 小。
Tā suīrán niánjì xiǎo, dànshì dǎnzi bù xiǎo.
그는 비록 나이는 어리지만 그래도 배짱은 두둑하다.

단, 대화의 장이나 문맥으로 보아 P와 Q의 의미관계가 분명하다면, 오히려 접속사가 없는 (1)의 유형으로 말하는 것이 더욱 간결하고 경쾌한 표현이 됩니다.

他 年纪 小, 胆子 不小。
Tā niánjì xiǎo, dǎnzi bùxiǎo.
그는 나이가 어리지만, 배짱은 두둑하다.

站得高, 看得远。
Zhàndegāo, kàndeyuǎn.
높은 곳에 서면 멀리 볼 수 있다.

2 의미관계에서 보면

복문은, 앞의 '分句' P와 뒤의 '分句' Q가, 의미적으로 같은 비중인 등위(等位) 유형과 의미의 비중이 한쪽으로 편중되는 편정(偏正) 유형의 두 가지로 크게 나눌 수 있습니다.

(1) 등위 유형

他 又 是 我 的 老师, 又 是 我 的 朋友。
Tā yòu shì wǒ de lǎoshī, yòu shì wǒ de péngyou.
그는 나의 선생님이기도 하고 나의 친구이기도 하다.

你 刚 走, 他 就 来 了。
Nǐ gāng zǒu, tā jiù lái le.
네가 나가고, 곧 그가 왔다.

你们 坐 飞机 去, 还是 坐 火车 去?
Nǐmen zuò fēijī qù, háishi zuò huǒchē qù?
너희는 비행기로 가니, 아니면 기차로 가니?

이들은 「P이기도 하고, Q이기도 하다」「P하고 Q했다」「P이냐 Q이냐」처럼 P와 Q가 등위로 나열되어 있습니다.

(2) 편정 유형

P에서는 이유나 양보를 나타내고, 의미의 중점은 Q쪽에 두는 유형입니다.

因为 他 有 事, 所以 提前 走 了。
Yīnwèi tā yǒu shì, suǒyǐ tíqián zǒu le.
그는 일이 있기 때문에, 그래서 미리 갔다.

尽管 已经 到 下班 时间 了, 但是 他 还 在 工作。
Jǐnguǎn yǐjing dào xiàbān shíjiān le, dànshì tā hái zài gōngzuò.
벌써 퇴근시간이 되었음에도 불구하고, 그는 아직도 일을 하고 있다.

Plus α 의미관계의 하위분류

'分句' PQ간의 의미관계 분류 ①등위 유형 ②편정 유형은 하위분류가 가능합니다. 이 하위분류에는 여러 설(說)이 있지만 여기 가장 일반적인 분류법을 설명합니다.

① 등위 유형

병렬 : P이기도 하고 Q이기도 하다
　　　他们**一边**跳舞, **一边**唱歌。

속행 : P하고, Q하다
　　　他**首先**讲话, **然后**她也讲了话。

선택 : P이거나 Q이거나
　　　或者你去, **或者**他去。

점층 : P뿐만 아니라 Q이다
　　　他**不但**会说英文, **而且**会说中文。

② 편정 유형

인과 : P이기 때문에 Q다

因为他有事，所以提前走了。

역접 : P이지만 그러나 Q다
他虽然年纪小，但是胆子不小。

가정 : 만일 P라면 Q다
天气冷的话，不去也行。

조건 : P라야만 Q다
只要努力学习，就能学好。

양보 : 설사 P라도 Q다
即使明天下雨，我们也要去。

03. 접속사(连词)

접속사에는 '因为…所以'(~때문에, 그래서~), '虽然…但是…'(비록~하지만, 그래도~) 처럼, 전후로 호응하여 한 쌍으로 쓰이는 것이 다수 있습니다. 그러나 이들이 늘 쌍쌍으로 쓰이는 것은 아니고 호응에도 몇 가지 유형이 있습니다.

1 접속사 : 호응의 세 유형

호응하는 유형에는 세 종류가 있습니다. 그 대표적인 것을 열거해 봅니다.

(1) 앞뒤로 둘 다 써도 좋고, 어느쪽이든 하나만 써도 좋다.

(虽然)…(但是)…
(因为)…(所以)…

(2) 앞뒤로 둘 다 써도 좋고, 뒤의 것 하나만 써도 좋다

(不但)…而且…　　　(既然)…就…
(即使)…也…　　　　(如果)…就…

(要是)…就…　　　　　　(与其)…不如…
(只要)…就…　　　　　　(还是)…还是…
(或者)…或者…　　　　　(既)…也…
(也)…也…　　　　　　　(又)…又…

(3) 앞뒤로 둘 다 쓰는 것

不管…都…　　　　　　　不是…就是…
尽管…还是…　　　　　　首先…其次…
一…就…　　　　　　　　一边…一边…
一则…二则…　　　　　　越…越…

'分句'가 P와 Q 두 개뿐인 복문에 대해 본다면, 관련사의 있고 없음과 그 호응의 타입에 의해 다음과 같은 4가지 복문이 가능하게 됩니다.

P	,	Q
P	,	접속사+Q
접속사+P	,	Q
접속사+P	,	접속사+Q

1 편정 유형의 접속사

'分句' P와 Q에 있어, 앞뒤 한 쌍으로 호응해서 쓰이는 접속사 중에 '因为…所以…'나 '虽然…但是…'처럼 편정형의 의미관계를 가진 접속사를 좀더 자세히 보면, 거기에는 일정한 규칙성이 있습니다.

因为 这儿 风景 优美, **所以** 游人 很 多。
Yīnwèi zhèr fēngjǐng yōuměi, suǒyǐ yóurén hěn duō.
여기는 경치가 아름답기 때문에 그래서 관광객이 많다.

他 **虽然** 年纪 小, **但是** 胆子 不 小。
Tā suīrán niánjì xiǎo, dànshì dǎnzi bù xiǎo.
그는 비록 나이는 어리지만, 그래도 배짱은 두둑하다.

두 문장을 비교해 보면 '因为…' 쪽은 P와 Q가 순접(順接)으로 이어지는데, '虽然…'의 쪽은 역접(逆接)의 관계인 것을 알 수 있습니다. 더욱이,

因为 他 病 了, **所以** 不能 参加 比赛。
Yīnwèi tā bìng le, suǒyǐ bùnéng cānjiā bǐsài.
그는 병이 났기 때문에, 시합에 나갈 수 없다.

要是 她 在 这儿, 那 可 **就** 好了。
Yàoshi tā zài zhèr, nà kě jiù hǎole.
만일 그녀가 여기 있다면 좋을 텐데.

이 두 가지를 비교해 보면, '因为…' 쪽은 '分句' P의 사실이 「병이 났다」라는 이미 그렇게 된 기정사실인 반면, '要是…'의 P는 '그녀가 있더라면'으로 그 사실은 아직 그렇게 되지 않은 미확정입니다.

35 복문·긴축문　　**335**

		순 접		역 접
已然 P의 사실 확정	인 과 문	因为 P, 所以 Q P이기 때문에 Q다 既然 P, 就 Q 이미 P이니까, Q다	역 접 문	虽然 P, 但是 Q P이지만, 그러나 Q다 固然 P, 但是 Q 본래 P이지만, 그러나 Q다
未然 P의 사실 미확정	조 건 · 가 정 문	如果 P, 就 Q 만일 P라면 Q다 只要 P, 就 Q P이기만 하면, Q다	양 보 문	就是 P, 也 Q 설사 P라도, Q다 不管 P, 也 Q P임에도 불구하고 Q다

3 동일의문대명사의 호응

같은 의문대명사가 앞뒤에서 호응하는 복문입니다. 동일의문대명사의 호응은 의미관계에서 본다면 편정 유형의 복문으로, 앞의 단문(分句)은 일반적으로 조건을 나타냅니다.

谁 爱 去 谁 去。
Shéi ài qù shéi qù.
누군가가 가고 싶어하면 그 누군가 간다.
→ 가고 싶어하는 사람이 간다.

你 喜欢 哪个, 我 给 你 哪个。
Nǐ xǐhuan nǎge, wǒ gěi nǐ nǎge.
네가 어느 것이 마음에 들면 내가 그 어느 것을 주겠다.
→ 네 맘에 드는 걸 주겠다.

哪里 需要, 就 到 哪里 去。
Nǎli xūyào, jiù dào nǎli qù.
어디가 필요하다면 그 어디에 간다.
→ 가야 할 곳이 있다면 거기에 간다.

冰箱里 有 什么, 吃 什么。
Bīngxiānglǐ yǒu shénme, chī shénme.
냉장고 속에 뭔가 있으면 그 뭔가를 먹어라.
→ 냉장고에 있는 것을 먹어라.

什么 时候 存够 了, 什么 时候 买 摩托车。
Shénme shíhou cúngòu le, shénme shíhou mǎi mótuōchē.
언젠가 저축이 많아지면 그 언제 오토바이를 산다.
→ 저축이 충분해지면 오토바이를 산다.

앞의 의문대명사는 임의의 것을 가리켜 '누군가' '어느 것인가' 라는 것을 가리키고, 뒤의 의문대명사는 앞의 의문대명사가 가리키는 '그 사람'이나 '그것'을 나타냅니다.

04. 긴축문(紧缩句)

긴축문이란, 단문의 형식이면서 복문에 상당하는 의미 내용을 나타내는 문장을 말합니다. 예를 들면,

你 能 参加 就 来。
Nǐ néng cānjiā jiù lái.
당신이 참가할 수 있다면 오세요.

이런 문장은, 단문 형식이지만, 술부에 '参加'와 '来'라는 두 개의 동사 술어가 있어, 각각 「당신이 참가할 수 있다」「(당신이) 오세요」라는 독립된 내용을 나타내고 있습니다. 그러면 이 두 개의 독립된 내용 사이에는 복문 PQ간의 의미 관계와 마찬가지로, 어떤 의미 관계가 있는 것이며 그 관계를 복문으로 말하면 다음과 같이 됩니다.

如果 你 能 参加, 就 来 (参加)。
Rúguǒ nǐ néng cānjiā, jiù lái (cānjiā).
만일 당신이 참가할 수 있다면, 참가하러 오세요.

이 복문에서 두 개의 내용이 '就'라는 상용 접속사에 의해 긴밀히 압축되어,

你能参加就来。

이라는 단문이 만들어졌다고 생각할 수 있습니다. 다음의 문장,

我们 下 大雨 刮 大风 也 去。
Wǒmen xià dàyǔ guā dàfēng yě qù.
우리는 비바람이 몰아쳐도 간다.

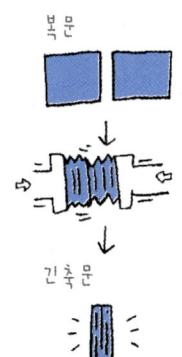

이 문장도,

即使 下 大雨 刮 大风, 我们 也 去。
Jíshǐ xià dàyǔ guā dàfēng, wǒmen yě qù.
설사 비바람이 몰아치더라도, 우리는 간다.

라는 복문에 의해 나타나는 두 개의 독립된 내용을, '也'라는 관련사만으로 긴밀히 압축시켜 단문의 형태가 되었습니다.

복문에 상당하는 내용을 긴밀히 압축하여 나타내기 때문에 이것을 긴축문이라고 합니다. 이 긴축문에는 몇 개의 고정된 패턴이 있는데, 그 대표적인 것으로 다음과 같은 것이 있습니다.

我 越 想 越 生气。
Wǒ yuè xiǎng yuè shēngqì.
나는 생각하면 할수록 점점 더 화가 난다.

天气 越 来 越 热。
Tiānqì yuè lái yuè rè.
날씨가 점점 더 더워진다.

东西 不 好 不 要。
Dōngxi bù hǎo bú yào.
물건이 좋지 않으면 필요없다.

你 非 去 不 行。
Nǐ fēi qù bù xíng.
네가 가지 않으면 안된다.

你 再 忙 也 得 去 一 趟。
Nǐ zài máng yě děi qù yí tàng.
네가 아무리 바쁘더라도 한번 다녀오지 않으면 안된다.

她 一 紧张 就 演不好 了。
Tā yì jǐnzhāng jiù yǎnbuhǎo le.
그녀는 긴장하면 연기를 제대로 할 수 없게 된다.

상용 호응패턴

B ┌ 不但…而且 / 并且…
　└ 不仅…而且…
　　　~일 뿐만 아니라 ~이기도 하다

　┌ 不但不…反而…
　└ 不仅不…反而…
　　　~가 아닐 뿐만 아니라 오히려

　┌ 不管…都 / 也…
　│ 不论…都 / 也…
　│ 无论…都 / 也…
　└ 任凭…都 / 也…
　　　~와는 상관없이 ~다

　不是…而是…
　　　~가 아니고 ~다

　不是…就是…
　　　~가 아니면 ~다

C ┌ 才…就…
　└ 刚…就…
　　　막 ~하자마자 곧 ~

　除了…以外, 还…
　　　~이외에도 또한 ~

F 凡是…都…
　　　무릇 ~은 모두~

　非…不可 / 不行 / 不成
　　　~하지 않으면 안된다

G 固然…但是…
　　　본래 ~이지만, 그러나

H 好像…似的
　　　마치 ~같다

　┌ 或者…或者…
　└ 要么…要么…
　　　~이든지 ~이든지

J ┌ 就是…也…
　│ 即使…也…
　│ 哪怕…也…
　└ 任凭…也…
　　　비록 ~라고 하더라도 ~

　既然…就…
　　　이왕 ~라면

L 连…带…
　　　~부터 ~까지/~하거나 ~하거나

　┌ 连…都 / 也…
　└ 甚至…都 / 也…
　　　~조차도 ~하다

N 难道…吗
　　　설마 ~일 리 없다

　宁可 / 宁愿…也要 / 也不…
　　　차라리 ~일지언정 ~하다/~하지 않다

R 任何…都 / 也…
　　　어떤 ~라도 모두

　┌ 如果…就…的话,
　│ 要是…就…的话,
　└ 假如…就…的话
　　　만일 ~라면

S ┌ (是)…还是…
        ~인지 아니면 ~인지

    ┌ 虽然…但是…
    └ 尽管…但是 / 也…
        비록 ~이지만 그러나

X ┌ (首)先…然后 / 再…
    └ 等…再…
        우선 ~하고, 그리고 나서~

    像…一样 / 一般
        마치 ~같다

Y ┌ 要…了
    │ 快要…了
    │ 快…了
    └ 就要…了
        곧 ~하다

    也许…也许…
        ~일지도 모른다

    一…就…
        ~하자마자 곧~

    一…才…
        ~하고 겨우~

    ┌ 一边…一边…
    └ 一面…一面…
        ~하면서 ~하다

    ┌ 一会儿…一会儿…
    └ ~하는가 했더니 ~하다

    一来…二来…
        처음에는 ~, 그 다음에는 ~

    ┌ 因为…所以…
    └ 由于…因此…
        ~이기 때문에, 그래서~

    有的…有的…
        어떤 것은 ~, 어떤 것은~

    有时候…有时候…
        어떤 때는 ~, 어떤 때는 ~

    ┌ 又…又…
    └ 既…又 / 也…
        ~이기도 하고, ~이기도 하고

    与其…不如…
        ~하기보다는 오히려 ~하다

    越…越…
        ~하면 할수록 ~하다

Z ┌ 再…也 / 就…
    └ (怎么…都 / 也…)
        이 이상 아무리 ~해도 ~하다

    只要…就…
        ~하기만 하면 ~하다

    ┌ 只要…才…
    └ 除非…才…
        ~해야만 ~하다
        오직 ~해야 비로소 ~하다

※묶음 표시를 한 것은 거의 같은 의미로 쓰인다.